Formação de tutores:
f u n d a m e n t o s
teóricos e práticos

Santiago Castillo Arredondo

Catedrático, Faculdade de Educação
Universidade Nacional de Educação a Distância – Uned

José Antonio Torres González

Catedrático, Faculdade de Humanidades e Educação
Universidad de Jaén

Luis Polanco González

Professor de Educação Secundária, Professor-Tutor
Universidade Nacional de Educação a Distância – Uned

tradução de

Sandra Martha Dolinsky

Formação de tutores:
fundamentos
teóricos e práticos

Rua Clara Vendramin, 58 . Mossunguê
CEP 81200-170 . Curitiba . PR . Brasil
Fone: (41) 2106-4170
www.intersaberes.com
editora@editoraintersaberes.com.br

Conselho editorial
Dr. Ivo José Both (presidente)
Dr.ª Elena Godoy
Dr. Nelson Luís Dias
Dr. Neri dos Santos
Dr. Ulf Gregor Baranow

Editora-chefe
Lindsay Azambuja

Supervisora editorial
Ariadne Nunes Wenger

Assistente editorial
Ariel Martins

Revisão de texto
Schirley Horácio de Gois Hartmann

Capa
Denis Kaio Tanaami
Roberto Querido

Fotografia da capa
Comstock

Projeto gráfico
Bruno Palma e Silva

título original
Tutoría en la enseñanza, la universidad y la empresa
Formación y práctica
© 2009, Pearson Educación, S.A.

direitos da edição brasileira reservados à Editora InterSaberes Ltda.

Foi feito o depósito legal.

1ª edição, 2012.

Dados Internacionais de Catalogação na Publicação (CIP)
(Câmara Brasileira do Livro, SP, Brasil)

Castillo Arredondo, Santiago
   Formação de tutores: fundamentos teóricos e práticos / Santiago Castillo Arredondo, José Antonio Torres González, Luis Polanco González; tradução de Sandra Martha Dolinsky. – Curitiba: InterSaberes, 2012.

   Título original: Tutoría en la enseñanza, la universidad y la empresa: formación y práctica.
   Bibliografia.
   ISBN 978-85-8212-363-8

   1. Educação – Finalidades e objetivos 2. Prática de ensino 3. Professores – Formação profissional 4. Tutores e tutoria (Educação) 5. Tutoria em educação I. Torres González, José Antonio. II. Polanco González, Luis. III. Título.

12-090964   CDD-370.71

Índices para catálogo sistemático:
1. Estudo: Técnicas: Educação   370.71
2. Técnicas de estudo: Educação   370.71

Proibida a venda desta edição em Portugal e demais países da Europa.

Informamos que é de inteira responsabilidade dos autores a emissão de conceitos.

Nenhuma parte desta publicação poderá ser reproduzida por qualquer meio ou forma sem a prévia autorização da Editora InterSaberes.

A violação dos direitos autorais é crime estabelecido na Lei nº 9.610/1998 e punido pelo art. 184 do Código Penal.

sumário

nota da tradutora para a edição brasileira, ix
prefácio à edição brasileira, xi
dedicatória, xv
apresentação, xvii
introdução, xxi

unidade didática 1
a tutoria: conceito e aplicação

1. Introdução, 27
2. Objetivos, 28
3. Conteúdos, 28

   3.1 Conceito e valor educacional da tutoria, 28 | 3.2 A importância do professor-tutor, 34 | 3.3 Atividades no processo da ação tutorial, 41 | 3.4 Novas formas de ação tutorial, 46 | 3.5 Dificuldades na prática da ação tutorial, 67

4. Resumo, 69
5. Referências, 70

unidade didática 2
o professor-tutor: formação e compromissos

1. Introdução, 75
2. Objetivos, 76
3. Conteúdos, 77

   3.1 Educação, orientação e formação do professorado, 77 | 3.2 Compromissos relevantes da tutoria, 83 | 3.3 Necessidade de formação do professor-tutor, 99 | 3.4 Capacitação didático-pedagógica para a função tutorial, 106 | 3.5 Propostas de formação específica em competências, 112 | 3.6 Uma proposta formativa dentro da escola, 114

5. Resumo, 117
6. Referências, 117

unidade didática 3
os alunos: objetivo prioritário da tutoria

1. Introdução, 121
2. Objetivos, 122
3. Conteúdos, 122

   3.1 Potencial formativo da tutoria, 122 | *3.2 Desenvolvimento evolutivo dos alunos, 125* | *3.3 Momentos críticos na intervenção tutorial, 139* | *3.4 Educação para o tempo livre, 178*

4. Resumo, 184
5. Referências, 185

unidade didática 4
a tutoria e o Departamento de Orientação

1. Introdução, 189
2. Objetivos, 190
3. Conteúdos, 190

   3.1 Apoio dos órgãos administrativos educacionais à orientação e à tutoria, 190 | *3.2 A orientação educacional e sua organização nas escolas, 193* | *3.3 Estrutura da rede tutorial, 197* | *3.4 Departamento de Orientação: estrutura e funções, 207* | *3.5 Modelos de intervenção: orientação, apoio e assessoria, 211* | *3.6 Novas tendências no processo de orientação e assessoria, 216* | *3.7 Programa de orientação para o acesso à universidade, 219*

4. Resumo, 237
5. Referências, 238

unidade didática 5
técnicas e instrumentos na prática tutorial: a observação e a interrogação

1. Introdução, 243
2. Objetivos, 244
3. Conteúdos, 244

   3.1 A observação, 244 | *3.2 A interrogação, 277* | *3.3 Outras técnicas a serviço da tutoria, 294*
4. Resumo, 296
5. Referências, 297

unidade didática 6
programação da ação tutorial

1. Introdução, 301
2. Objetivos, 301
3. Conteúdos, 302

   3.1 Programação da ação tutorial, 302 | *3.2 Realização de um PAT, 307* | *3.3 Fatores condicionantes da ação tutorial, 328* | *3.4 Modelos de planejamento, 330*
7. Resumo, 341
8. Referências, 342

nota da tradutora para a edição brasileira

O sistema educacional na Espanha é composto de Educação Infantil (*Educación Infantil*), Educação Primária (*Enseñanza Primaria*), Educação Secundária Obrigatória (*Enseñanza Secundaria Obligatoria*), Bacharelado (*Bachillerato*), Formação Profissional (*Formación Profesional*) e Educação Universitária (*Educación Universitária*), etapas distribuídas da seguinte maneira:

> Educação Infantil: de 0 a 6 anos, de caráter voluntário.
> Educação Primária: de 6 a 12 anos, de caráter obrigatório.
> Educação Secundária Obrigatória (ESO): de 12 a 16 anos. Após a conclusão dessa etapa, o indivíduo pode optar pela continuidade de seus estudos em Formação Profissional de Grau Médio (*Formación Profesional de Grado Medio*) ou Bacharelado.
> Bacharelado: dois anos de duração (16 a 18 anos), após os quais o formando pode ter acesso à Formação Profissional de Grau Superior (*Formación Profesional de Grado Superior*) ou à Educação Universitária.

Para total fidelidade às informações transmitidas nesta obra, optamos por manter a terminologia original referente aos níveis de ensino. Pelo fato de a correspondência não ser direta com nosso Ensino Fundamental, Médio e Superior, uma tradução de termos feriria a veracidade das informações e a aplicabilidade do material oferecido pelos autores. O leitor poderá sanar possíveis dúvidas no momento da utilização do material consultando este esclarecimento.

Sandra Martha Dolinsky

prefácio à edição brasileira

A educação vem sendo enfatizada no Brasil não apenas como uma condição necessária ao desenvolvimento social, mas também por sua função econômica. Para se alcançar o objetivo de instaurar uma sociedade mais justa, igualitária, em paz e saudável, exige-se que as pessoas individualmente se desenvolvam, assim como os grupos sociais e os países. Também o crescimento da economia pressiona a demanda por profissionais mais qualificados. Disso decorre a necessidade de assegurar que a educação cresça mais do que a média da economia, como vem ocorrendo, pois ela é, na realidade, ao mesmo tempo, a indutora e o resultado do desenvolvimento social e econômico.

Um sistema educativo de qualidade requer cuidados que vão além do aparato tecnopedagógico, das tecnologias de informação e comunicação, da legislação exigente e de processos educativos formais. Como o propósito de tal sistema é o desenvolvimento humano, em todas as suas dimensões, uma abordagem multidisciplinar desse sistema se faz necessária. É o ser humano que precisa desenvolver-se como fim e meio da evolução social. No Brasil, o avanço da legislação voltada à educação, a ênfase dos governos no aprimoramento do sistema educacional e o crescimento do setor – tanto na área pública quanto na privada – evidenciam a opção do país pelo caminho correto em direção ao desenvolvimento, ou seja, o que privilegia o crescimento das e para as pessoas.

A contribuição deste livro para este necessário desenvolvimento do sistema educativo será significativa. O foco na tutoria como uma função integradora de todas as atividades educativas voltadas ao aluno evidencia como essa estrutura deve ser conduzida de modo a auxiliar o aluno a desenvolver-se. Com a compreensão do processo tutorial como algo não apenas técnico, mas também baseado na interação humana, esta obra ilumina a compreensão acerca da eficaz ação tutorial, do papel fundamental que o tutor desempenha como profissional e agente social. Trata-se de um marco na literatura sobre a tutoria, em razão de sua abrangência, porque vai dos conceitos e dos modelos à prática, do técnico ao humano, da abordagem ampla do sistema educativo aos detalhes operacionais, da política e da estratégia às simples ações cotidianas.

Os autores nos ampliam a visão da função do tutor nos projetos educativos, pois esclarecem que, em qualquer processo formativo, ele tem um papel muito relevante como facilitador do processo de desenvolvimento do aluno. Nesse contexto, podem ser empregadas as denominações de *assessor*, *treinador*, *monitor* ou *tutor*, dependendo da área de atuação, ou seja, respectivamente, nas empresas, nos esportes, nas organizações militares e nas escolas.

Contrariamente à errada percepção ainda existente, o papel do tutor não é menor ou desimportante, opcional ou complementar no sistema educacional, mas fundamental para a eficácia desse sistema. Porém, como indicado no livro, para que a atuação desse agente se revista de efetividade, o tutor precisa sentir prazer em ajudar os alunos em seu desenvolvimento. Respeitada essa condicionante, ao aventurar-se pelas novas sendas do conhecimento, o aluno terá atendida sua necessidade de sentir o apoio da mão amiga e segura daquele que pode conduzi-lo. Esse apoio do tutor, simultaneamente técnico e humano, dá segurança ao aprendiz na aquisição dos conhecimentos, habilidades e valores que irão propiciar-lhe uma nova compreensão do mundo. Diante dessa realidade, em que tantas competências são necessárias, passa a ser extremamente pertinente a questão: Os educadores já nascem tutores ou podem ser formados para isso? A percepção mais forte, segundo se infere do conjunto da obra, é a de que um bom tutor resulta da combinação do talento inato com os ganhos propiciados pela boa formação.

Por essas razões, o papel da tutoria deve ficar adequadamente explícito num projeto pedagógico; de sua atuação depende a ampliação do rendimento do aluno em todos os aspectos. No entanto, como explicitado na obra, embora sejam os tutores os primeiros a presenciar o "momento da verdade" do processo de desenvolvimento do aluno e, por isso, a contribuir para melhorar a ação educativa, todos os atores do processo educativo devem atuar de forma harmônica para propiciar o desenvolvimento do aluno.

Os autores desta importante e inovadora obra têm larga experiência como pesquisadores, professores e tutores e buscam compartilhar os conhecimentos conceituais e práticos adquiridos nessa trajetória com o leitor. A forma como organizaram o livro torna prático seu uso, pois, primeiramente, apresentam a discussão conceitual e metodológica para, em seguida, fornecerem instrumentos muito práticos para o cotidiano da ação tutorial.

O professor Santiago Castillo Arredondo é catedrático da Faculdad de Educación da Universidad Nacional de Educación a Distancia – Uned, em Madrid, Espanha. Sua experiência internacional na implantação e no desenvolvimento de sistemas educativos, especialmente na modalidade a distância, deu-lhe a sensibilidade para os diversos contextos em que um sistema de tal ordem necessita operar. Essa experiência contribuiu para sua compreensão acerca da relevância do conhecimento técnico e também para o entendimento sobre a contribuição fundamental dos processos de interação e desenvolvimento humanos que acontecem na educação. Suas pesquisas e publicações se centram fundamentalmente em temas relacionados com a avaliação da educação, a tutoria e a educação a distância

O professor José Antonio Torres González é catedrático da Faculdad de Humanidades y Educación da Universidad de Jaén, Espanha. Em suas publicações, demonstra o conhecimento prático que desenvolveu, ao longo de muitos anos, no exercício das funções de tutor e orientador.

Luis Polanco González é professor catedrático da Educação Secundária, contexto no qual tem exercido as funções de professor e tutor. Simultaneamente, tem desenvolvido atividades como professor-tutor na Uned. Durante alguns anos, também foi professor colaborador na Universidad Complutense de Madrid.

O caráter vasto e profundo deste livro não exclui o prazer de sua leitura, pois tem o predicado da clareza das explanações, das descobertas sobre as relações entre o trabalho tutorial e os demais elementos do projeto educativo, combinado com a riqueza dos exemplos citados. Sentimos presente em toda a obra o princípio de que a ação tutorial é uma missão técnica complexa e relevante, que necessita ser exercida de forma responsável e humana.

Dr. João Carlos da Cunha
Professor Titular e Coordenador da Pós-Graduação
em Administração da Universidade Federal do Paraná

dedicatória

A todos os profissionais da educação, mestres, professores, tutores ou monitores, que dedicam parte de seu tempo ao desenvolvimento da ação tutorial em favor do potencial pessoal, intelectual e social de seus tutelados, tendo a oportunidade de manifestar, de forma mais explícita, o melhor que têm dentro de si: ser educadores e formadores.

Os Autores

apresentação

Desde sempre o indivíduo – adolescente, jovem universitário ou aprendiz de alguma atividade profissional – necessita de uma mão experiente que o guie, ajude, oriente ou simplesmente lhe facilite uma determinada aprendizagem ou a superação de um problema ou dificuldade específica. Todos já precisamos da ajuda de alguém em algum momento, assim como já sentimos uma profunda satisfação diante da oportunidade de ajudar alguém. Essa necessidade aumenta quando a sociedade se torna mais complexa e, ao mesmo tempo, eleva seus níveis de exigência em relação a diferentes comportamentos e à qualidade de execução destes em todos os âmbitos. A orientação e a tutoria fazem parte de qualquer projeto formativo para permitir ao aluno/aprendiz avançar com mais segurança pela trilha de seu desenvolvimento e formação permanente, como indivíduo e como parte de uma sociedade. A experiência dos docentes e dos monitores, dos tutores, enfim, coloca-se a serviço das pessoas que precisam de ajuda na forma de um acompanhamento que vai além de uma transmissão de conhecimentos. A proximidade do professor/tutor/monitor no caminho evolutivo dos indivíduos influi profundamente no desenvolvimento das capacidades e na melhora do rendimento destes em todos os aspectos.

A tutoria, tal como hoje a conhecemos, foi introduzida no sistema educacional espanhol com a Lei Geral de Educação de 1970, mas as ideias de ajuda, de tutela, de guia etc. foram manifestadas de diversos modos na história da humanidade. Hoje, somos testemunhas de novas formas de oferecer a tutoria e, ao mesmo tempo, vemos a implantação decisiva desse sistema em outros âmbitos, como a universidade, a formação técnica e a empresa. Não obstante, sem dúvida, a presença da tutoria está mais desenvolvida nas sucessivas etapas da educação obrigatória, o que justifica que o maior peso desta obra se centre no âmbito do ensino. Mas deduzimos que muitas das propostas referentes à tutoria que inicialmente estão voltadas para o mundo do ensino podem se voltar, igualmente, com a devida adequação, às atividades de tutoria na universidade e à monitoria na formação profissional e na empresa.

A função tutorial não se circunscreve exclusivamente à realizada pelo tutor com um grupo de alunos, mas está implícita em cada ato docente, ou de monitoria, na medida em que o professor, ou o monitor, soma à sua identidade profissional a de educador, orientador e formador de cada um de seus tutelados. O debate que se propõe, com frequência, gira em torno da tradicional pergunta: o tutor nasce ou se faz? Ao longo de nossa vida escolar e acadêmica, vamos conhecendo mestres que depois recordamos com carinho e respeito: próximos, afáveis, úteis, amigáveis, que possivelmente por isso nos transmitiram um modelo, valores e, ao mesmo tempo, rigorosos conhecimentos científicos que fomos descobrindo e recriando com a ajuda e o estímulo que nos deram.

A reflexão e a pesquisa pedagógica vêm definindo a figura do tutor docente que deve assumir o desafio de uma educação em um contexto cada vez mais plural e complexo. O tutor não apenas marca alguns caminhos seguros para seus alunos, como também estimula o potencial que esses indivíduos têm para a criatividade, a crítica e a adaptação para melhorar pessoal e socialmente. Em variadas atividades formativas das empresas, do exército, da terapêutica, dos esportes etc., está sendo reavaliada a importância de profissionais e equipes (tutores, monitores, assessores, treinadores etc.) que potencializam as capacidades das pessoas e a consecução dos objetivos desejados.

A ação tutorial é uma atividade nobre que requer a devida preparação dos profissionais que forem ocupar-se de sua aplicação, por conta da importância da atuação destes para os tutelados. Com esta obra, queremos contribuir para a formação dos tutores e dos monitores.

A Unidade Didática 1 é dedicada à análise e ao aprofundamento do conceito e da aplicação da tutoria, de sua evolução no tempo, do processo e das novas formas e modalidades da ação tutorial, bem como das dificuldades que essa prática também encontra. A Unidade Didática 2 aborda a figura do tutor, centrada prioritariamente no contexto do ensino, mas aplicável também a outros âmbitos nos quais a ação tutorial é necessária. Analisam-se a formação de que se necessita e os compromissos que se adquirem no desempenho da tutoria e, em consequência, indicam-se propostas de formação em competências.

As Unidades Didáticas 3, 4 e 6 tratam especificamente da tutoria no âmbito do ensino. Em primeiro lugar, apresenta-se uma detalhada exposição das circunstâncias e evolução do aluno como objetivo prioritário da tutoria, dos momentos críticos da intervenção tutorial, dos conflitos escolares, da atenção aos problemas pessoais e da educação para o ócio e o tempo livre. Em segundo lugar, partindo-se do pressuposto de que a tutoria e a orientação são duas faces de uma mesma realidade educacional, estuda-se a estreita relação entre o departamento de orientação e as tutorias nas escolas, os programas de intervenção e a estrutura da rede tutorial. Em terceiro lugar, tendo-se em conta todos esses tópicos anteriores, expõem-se os requisitos, as características e os demais elementos necessários para que, de forma sistemática e programada, se elabore e se desenvolva o plano de ação tutorial (PAT).

A Unidade Didática 5 tem uma grande amplitude, pois traz a análise e a explicação das técnicas e dos instrumentos para o desenvolvimento da prática tutorial em qualquer âmbito: escolar, universitário ou trabalhista. A Unidade Didática 6 trata da necessidade e da importância de se fazer um plano de ação tutorial.

Cada atuação da tutoria é uma grande oportunidade para melhorar a ação educativa e os programas formativos. O conteúdo deste livro é uma modesta contribuição para continuar avançando na reflexão sobre a utilidade e a conveniência da tutoria para os diversos âmbitos educacionais, representando uma ajuda decisiva para uma melhor formação dos futuros tutores. Convidamos nosso gentil leitor a adentrar as páginas que vêm a seguir com o espírito aberto, sem apriorismos ou preconceitos, para analisar as ideias que expomos, contrastá--las com as suas e assumir aquelas que considerar aceitáveis e convincentes. E então, com base em sua convicção pessoal, ele poderá transformá-las em ações educacionais e formativas a favor dos tutelados que tenha sob sua responsabilidade. Vamos lá! Tenho certeza de que o desafio vai valer a pena!

Madri, 1º de fevereiro de 2009
Os Autores

introdução

1. Objetivos desta obra

Com o estudo e a aplicação dos conteúdos propostos neste livro, pretendemos atingir três grandes objetivos gerais:

1. Proporcionar aos professores, tutores ou monitores o conhecimento do conceito pedagógico, do sentido formativo e dos componentes organizacionais da ação tutorial, de tal forma que possam enriquecer seu potencial educador para pô-lo a serviço de seus tutelados – estudantes em geral ou aprendizes profissionais;
2. Oferecer técnicas e instrumentos fundamentais na prática da ação tutorial para que sejam aplicados em aulas e oficinas, segundo as circunstâncias de cada caso, mediante o plano de ação tutorial (PAT);
3. Fazer com que todos os professores tomem plena consciência de que, mais que instrutores e transmissores de conhecimentos, são educadores do potencial pessoal e formativo de seus alunos ou aprendizes, em quem suas atuações deixam marcas para o resto da vida, para o bem ou para o mal.

A elaboração de objetivos mais específicos e operacionais fica ao encargo da iniciativa de cada professor, que os determinará em função do momento e das circunstâncias de cada caso. Neste livro, proporcionamos elementos teóricos de estudo e de reflexão, bem como recursos para o desenvolvimento prático da ação tutorial, orientações, critérios de atuação etc., a fim de que os tutores possam fixar objetivos de atuação a favor de seus tutelados. Em outras palavras, proporcionamos o vime para que cada um possa fazer o cesto sob medida para suas necessidades.

O mestre, o professor, tutor ou monitor deve estar mais perto da clássica figura do boticário, capaz de preparar os remédios ou de elaborar fórmulas magistrais, do que do atendente de farmácia, que se limita a pegar pedidos ou entregar os medicamentos elaborados (e pensados) por outros.

De pouco servirão ao professorado as receitas que outros lhe possam proporcionar se não for capaz de saber justificar sua aplicação e, principalmente, se não for capaz de elaborar as que realmente precisa utilizar com seus tutelados!

2. Orientações para o estudo e a aplicação dos conteúdos desta obra

Este livro não é um manual de estudo propriamente dito; é uma obra eminentemente prática, que começa fundamentando e assentando as bases teóricas das aplicações que propõe. Nesse sentido, pode ser considerada, em parte, um livro que convida ao estudo, à reflexão e ao aprofundamento; à formação, enfim, antes de passar à aplicação prática da ação tutorial.

Com o objetivo de guiar o esforço que deve ser realizado para se chegar, de maneira eficaz, à intencionalidade e à compreensão dos conteúdos das unidades didáticas, propomos as seguintes orientações:

1. A introdução e os objetivos são os tópicos que abrem cada unidade didática e devem ser alvo de atenção e reflexão especial por parte do professor-estudante; é o primeiro contato com o tema.
    > A introdução apresenta um resumo que antecipa os conteúdos fundamentais do tema.
    > Os objetivos correspondem à intencionalidade e aos propósitos que se pretende alcançar mediante o estudo, a reflexão ou a aplicação dos conteúdos.
    > Os objetivos formulados estão em estreita relação com os conteúdos desenvolvidos em cada unidade didática.

2. O estudo dos conteúdos de cada unidade didática começa pela introdução e termina com a bibliografia, passando pela observação e análise dos quadros, gráficos, mapas conceituais etc. Isso quer dizer que todos os tópicos e elementos de realce ou de reforço da unidade didática visam facilitar o estudo e a compreensão de seu conteúdo.

O conjunto das seis unidades didáticas da obra tem um componente teórico e normativo que serve para justificar e fundamentar as atuações práticas que serão aplicadas no desenvolvimento da ação tutorial.

O estudo eficaz do conteúdo de cada unidade didática requer atitude dinâmica e esforçada, de modo que o professor-estudante possa realizar um trabalho racional e reflexivo que passe pela seguinte sequência:

> busca da identidade de cada tema e da relação de cada unidade didática com as demais, assim como de sua aplicação à ação tutorial em qualquer de suas modalidades e campos de atuação;
> realização de uma leitura exploratória do tema em sua totalidade antes da passagem à reflexão e ao aprofundamento de cada tópico;
> realização de um estudo criterioso dos diferentes tópicos do tema, analisando e destacando os pormenores de seu conteúdo sob a perspectiva da prática e de interesses específicos;
> depois de um estudo que promova a reflexão acerca das ideias fundamentais de cada tema, é muito aconselhável sintetizá-las por meio de esquemas, mapas conceituais, quadros sinópticos etc., com vistas a futuras aplicações;
> aproveitamento de todos os elementos de reforço oferecidos na exposição dos temas (quadros, gráficos etc.), analisando seu conteúdo;
> reflexão, individual ou em equipe, sobre a relevância do tema estudado e análise das circunstâncias de sua aplicação nos hipotéticos planos formativos e de ação tutorial.

3. A bibliografia é uma fonte complementar de informação; a ela deve recorrer o professor-estudante para aprender mais, ampliando conteúdos ou aprofundando os já conhecidos. Independentemente da data de publicação, as informações de alguns livros não perderam atualidade e continuam sendo válidas em muitos aspectos. Também será oportuno contar com publicações atuais.

unidade
didática
um

a tutoria: conceito e aplicação

1. Introdução

A tutoria, por meio de diversas modalidades e aplicações, foi se assentando no mundo do *ensino* em todos os seus níveis e etapas. No âmbito da *universidade*, está surgindo com força impulsionada pelas diretrizes do Espaço Europeu de Educação Superior (EEES). Também vem inserindo-se no amplo campo da *formação profissional* e no momento da iniciação nas atividades de trabalho dentro de uma *empresa*. A tutoria está presente nos momentos cruciais das pessoas; pode-se dizer que a tutoria é o *espaço* e o *momento* em que um indivíduo necessitada de *informação*, *orientação* e *ajuda* e é intencionalmente atendido por outra pessoa com a devida preparação e disponibilidade: o professor atende ao aluno; o profissional, a seu aprendiz; o professor universitário, ao estudante; o gerente ou o responsável pelas relações humanas da empresa, ao funcionário recém-admitido.

A presença do tutor nos diversos âmbitos educacionais e formativos é cada vez mais necessária com base na ideia de que a missão da escola não é apenas instruir os alunos, mas também tornar possível que a educação cumpra seu objetivo de obter o pleno desenvolvimento da pessoa humana. Nesse sentido, os mestres e os professores, até agora responsáveis apenas pela instrução, estão sendo instados a exercer também o papel de orientadores de seus alunos, tanto na aprendizagem das disciplinas quanto no pleno desenvolvimento da pessoa. Pode ser que se tenha de identificar a ação educacional com a ação tutorial como um todo na prática docente. A figura do tutor seria um núcleo da instituição educacional, especialmente quando se concebe a função tutorial como uma tarefa de equipe entre os professores e os demais componentes da comunidade educacional. O decorrer natural da vida dos educandos vai apresentando as necessidades reais, individuais e coletivas, que irão marcando o verdadeiro desenvolvimento do currículo.

Os marcos institucionais e a legislação estabelecem parâmetros bastante claros para definir a função tutorial, mas é a experiência docente e as abundantes publicações que determinam o perfil, as atividades e as técnicas que um tutor comprometido deve sempre exercer em uma equipe educacional. A dinâmica variável da sociedade, por sua vez, impulsiona as mudanças no âmbito da educação, de suas instituições e de suas estruturas. Como consequência, a ação tutorial assume novas formas e modalidades para poder desempenhar suas funções formativas em âmbitos que não precisam ser necessariamente escolares.

O conceito de tutoria encerra em si valores de dinamismo, abertura, atitude prestativa, capacidade de ajuda etc. É a ocasião na qual o professor – e qualquer formador em geral – tem a oportunidade de dar o *seu melhor* e de expressar o *educador* que cada um tem dentro de si. Apesar de ser uma atividade sublime e apaixonante, não está isenta de dificuldades advindas de diversos ângulos.

2. Objetivos

1. Analisar o conceito e as modalidades de tutoria;
2. Compreender a figura do tutor como o eixo da ação pedagógica;
3. Entender a ação tutorial como parte inerente à função docente;
4. Estudar as novas formas e âmbitos da atividade tutorial;
5. Conhecer algumas das dificuldades suscitadas pela ação tutorial.

3. Conteúdos

3.1 Conceito e valor educacional da tutoria

3.1.1 Conceito de tutoria

O conceito de *tutoria* circunscreve-se aos modelos de educação personalizada como resposta à necessidade de apoiar os processos educacionais, não somente com atividades do tipo didático-convencional, mas também abordando o conjunto da pessoa, do indivíduo, em suas diversas facetas. A tutoria visa acompanhar os sujeitos nos processos de tomada de decisões desde a esfera puramente acadêmica até a profissional. Por outro lado, denomina-se *tutoria* o espaço e o encontro, ou reunião, entre um docente e um ou vários estudantes, com a finalidade de trocar informações, analisar, orientar ou avaliar um problema ou projeto, debater um tema ou discutir um assunto útil para o desenvolvimento pessoal, acadêmico e profissional de um aluno ou aprendiz. O conceito de tutoria engloba em si determinados aspectos, desde os meramente informativos até aqueles que podem ser considerados mais práticos, como as muitas tarefas das atividades tutoriais.

Podemos definir a tutoria nos seguintes termos (ou em termos similares):

> *A tutoria consiste em um processo de ajuda e acompanhamento durante a formação de estudantes (ou de aprendizes profissionais, quando for o caso), que se concretiza mediante a atenção personalizada a um indivíduo, ou a um grupo reduzido, por parte de professores ou mestres competentes formados para a função tutorial.*

Da definição anterior depreende-se que a tutoria é um processo de acompanhamento de tipo pessoal e acadêmico para melhorar o rendimento, solucionar problemas de aprendizagem, desenvolver hábitos de estudo, de trabalho e de reflexão, de convivência social ou de incursão no mundo profissional.

A ação tutorial se constitui, no contexto acadêmico, em um elemento inerente à atividade docente dentro de uma visão integral da educação. Implica uma relação individualizada com a pessoa do educando, na estrutura dos processos do ensino e da aprendizagem, e a dinâmica de suas atitudes, aptidões, conhecimentos e interesses. A tutoria deve ajudar a integrar conhecimentos e experiências dos diferentes âmbitos educacionais e profissionais. Sob essa perspectiva, o desenvolvimento da função tutorial assegura que a educação seja verdadeiramente integral e personalizada, não se reduzindo a mera instrução ou apresentação de conhecimentos. Nesse sentido, uma das formas de tutoria transforma-se em um método de ensino por meio do qual um estudante ou um grupo pequeno de alunos recebem educação personalizada e individualizada por parte de um professor. Da mesma maneira, a tutoria também pode ser utilizada para proporcionar ensino compensatório ou complementar aos estudantes que tiverem dificuldades ou necessidades especiais que os impeçam de participar de um programa de ensino regular.

Álvarez e Bisquerra (1996) definem a tutoria como uma ação sistemática, específica, concretizada em um tempo e um espaço em que o aluno recebe uma atenção especial, seja individual, seja em grupo, considerando-se como uma ação personalizada porque:

a. contribui para a educação integral, favorecendo o desenvolvimento de todos os aspectos da pessoa: a própria identidade, sistema de valores, personalidade, sociabilidade;
b. ajusta a resposta educacional às necessidades particulares, prevenindo e orientando as possíveis dificuldades;
c. orienta o processo de tomada de decisões nos diversos itinerários de formação e nas diferentes opções profissionais;
d. favorece as relações no seio do grupo como elemento fundamental da aprendizagem cooperativa, da socialização;
e. contribui para a adequada relação e interação dos integrantes da comunidade educacional, por serem todos eles agentes e elementos fundamentais desse entorno;
f. integra-se ao amplo leque da orientação educacional.

Em face dessa complexidade, é fundamental insistir na globalidade e na integralidade da tutoria, destacando a necessidade de não ignorar nenhum dos aspectos que a definem. Dessa forma, os alunos se sentem acompanhados no processo educacional e não recebem atenção apenas quando têm dificuldades, problemas ou em uma situação pontual de tomada de decisão acerca dos itinerários profissionais.

O conceito de tutoria implica considerações como as seguintes:

› constitui um processo contínuo, não pontual;
› desenvolve-se de forma ativa e dinâmica;
› deve ser planejada sistematicamente;
› implica um processo de aprendizagem;
› requer a colaboração de todos os agentes educacionais;
› deve ter o currículo escolar como marco para seu desenvolvimento;
› requer perspectiva interdisciplinar;
› deve propiciar a autonomia e a autorrealização.

3.1.2 Modalidades ou categorias de tutoria

Diversos autores têm apresentado definições do amplo conceito de tutoria, nas quais podemos observar variadas *categorias* ou *modalidades* de tutoria. Já nos referimos anteriormente a algumas delas. Exporemos, adiante, as seguintes categorias ou modalidades de tutoria: *atividade acadêmica, espaço de interação, ação didática* ou *estratégia metodológica*.

a. A tutoria como atividade acadêmica

Entende-se essa modalidade de tutoria como um meio para obter novos conhecimentos ou para complementar a informação oferecida nas aulas ou nos livros escolares. Sob esse ponto de vista, concebe-se a tutoria como a atividade acadêmica que permite a comunicação tutor-estudante e universidade-estudante ou como a atividade acadêmica que se transforma em um momento de encerramento e culminação de unidades didáticas, que possibilita a identificação de conceitos básicos e o domínio das competências exigidas nos conteúdos de um curso. Com essa atividade acadêmica, individual ou de grupo, é possível detectar as dificuldades e as conquistas dos estudantes na aprendizagem. Desse modo, a ação tutorial pode desenvolver melhor a função de esclarecer e orientar os alunos nos temas de seu currículo.

Tendo isso em conta, podemos entender a tutoria como o espaço acadêmico que permite a relação cara a cara entre os estudantes e os tutores, no qual se desenvolve a orientação didática sobre o trabalho discente. É o momento no qual os alunos avaliam seus avanços no desenvolvimento de uma determinada temática para complementar ou revisar o processo de aprendizagem.

A tutoria como espaço acadêmico dá prioridade às questões referentes à aprendizagem e foca sua atenção na obtenção das competências requeridas, tanto de tipo cognitivo quanto de aplicação prática. Nessa modalidade de tutoria, ficam em segundo plano os aspectos relacionados ao desenvolvimento social, afetivo ou pessoal dos estudantes.

b. **A tutoria como espaço de interação**

Nessa conceitualização, entende-se a tutoria como uma relação espaço-temporal que permite tanto ao tutor quanto ao estudante, individual e coletivamente, a construção ou reconstrução de saberes, ferramentas e vínculos didáticos. Essa visão da tutoria amplia o conceito anterior porque implica um momento de disponibilidade para compartilhar reciprocamente não apenas conhecimentos, mas também experiências de aprendizagem e vivências pessoais. Como espaço de interação, a tutoria apresenta termos concordantes com a *tutoria como atividade acadêmica*, visto que é um momento de convergência de interesses, expectativas, necessidades e resultados do trabalho dos atores do processo de formação. Trata-se de um espaço para a reflexão pessoal e grupal, para a consolidação de grupos e para o compartilhamento de experiências com base no dia a dia de cada pessoa. É o momento para o esclarecimento de dúvidas e a integração com outros membros do grupo e serve, ainda, para identificar problemas nos métodos de estudo, na compreensão do conteúdo dos módulos de estudo e nos problemas da vida cotidiana do estudante.

Essa conceitualização da tutoria leva em conta os processos cognitivos e psicossociais do estudante. Concede igual importância ao trabalho coletivo, dando relevância à ideia de estudante como ser social em sua capacidade de interação com seu meio, na relação interpessoal e na comunicação com os outros. Sob essas circunstâncias, a tutoria é um cenário social que permite a identificação de conquistas acadêmicas, das necessidades dos estudantes, dos interesses de formação e da participação em um contexto social e cultural determinado.

c. **A tutoria como ação didática**

Descreve-se, nesse conceito, a tutoria como um momento de realimentação no qual são compartilhados conhecimentos, experiências e pontos de vista e, por sua vez, todo o conteúdo que os estudantes conseguiram obter como resultado de suas atividades de estudo é posto à prova. Nesse sentido, a tutoria é um espaço no qual se expõem inquietudes, se esclarecem dúvidas, e o tutor define sua ação de ensino proporcionando estratégias e métodos de aprendizagem que melhor possibilitem o aprendizado dos estudantes. É o cenário de confiança propício para o encontro dos estudantes com o tutor, que permite uma relação pedagógica facilitadora da aprendizagem.

Com base nesse conceito, concebe-se a tutoria como uma atividade de ensino (por isso é definida como *estratégia didática*) que apoia a aprendizagem do estudante para gerar nele novas expectativas que lhe permitam avançar e aprofundar seus conhecimentos, fazendo render seu esforço, gerando confiança e garantindo os resultados de aprendizagem. Esse conceito de tutoria centra-se basicamente nos processos de ensino, nos quais o tutor tem uma função de destaque. Enfatiza-se a ação do ensino, destacando-se o papel do tutor no desenvolvimento dos processos de aprendizagem dos estudantes.

d. **A tutoria como estratégia metodológica**

Nessa categoria, a tutoria faz parte das estratégias metodológicas para possibilitar o processo de aprendizagem, principalmente quando se trata da *modalidade de educação a distância*. Integra os recursos pedagógicos em um sistema de educação a distância, no qual a tutoria é o encontro periódico previsto no calendário acadêmico para garantir a reunião de um tutor com os estudantes de um programa específico ou de uma disciplina de estudo, a fim de expor os temas, esclarecer as dúvidas ou verificar a consecução dos objetivos; serve também para os estudantes receberem as orientações metodológicas, organizacionais e pessoais que forem necessárias.

Essa modalidade de tutoria é uma contribuição fundamental para um sistema de educação a distância e para o conjunto da instituição. Não consiste apenas em um espaço que possibilita o encontro do estudante com seus outros colegas ou com os tutores para facilitar a compreensão dos temas e o desenvolvimento da aprendizagem. Também serve de conexão e vínculo com a instituição, materializando a *pertinência* do estudante à universidade e a *presença* da universidade no âmbito dos estudantes. Em termos gerais, essa é a modalidade de tutoria aplicada dentro do sistema pedagógico que vem sendo desenvolvido pela Universidade Nacional de Educação a Distância (Uned).

> Na prática da ação tutorial, é difícil se ajustar, de forma exclusiva e ao mesmo tempo excludente, a uma modalidade de tutoria determinada e nem isso é desejável. A realidade educacional em que situarmos a ação tutorial vai exigir de nós a utilização de um ou outro enfoque de tutoria. Em muitas ocasiões, será necessária a aplicação de modalidades diversas, em conformidade com a diversidade da realidade educacional. O conceito de tutoria e as correspondentes modalidades que dela derivam têm diferente aplicabilidade segundo os contextos: o ensino nas escolas, na universidade ou no mundo do trabalho e da empresa. O conceito de tutoria é amplo e universal; são os diferentes âmbitos nos quais se aplica a ação tutorial que definitivamente determinam o enfoque, o sentido formativo e a prioridade dessa prática.

3.2 A importância do professor-tutor

Não podemos falar de *tutoria* e de tudo o que ela significa sem fazer uma referência expressa à figura pedagógica do *professor-tutor*. Ele é o maior responsável por abastecer de conteúdo a tutoria e por realizar as atuações estabelecidas no *plano da ação tutorial*. O perfil profissional do professor-tutor é definido, por um lado, pelas funções que deve assumir e pelas qualidades pessoais que deve possuir e, por outro, pela formação em pedagogia, orientação educacional, didática, psicologia evolutiva etc. que deve receber para reunir as condições necessárias para o adequado desempenho das funções que a legislação educacional lhe atribui.

3.2.1 Perfil, funções e qualidades

Várias são as qualidades que o professor-tutor deve desenvolver para obter uma atuação formativa e um perfil adequado. Muitos autores apontam como essencial em todo profissional docente uma série de características, tais como: autenticidade, maturidade emocional, bom caráter e saudável visão da vida; compreensão de si, capacidade empática, inteligência e rapidez mental, cultural e social; estabilidade emocional, confiança inteligente nos outros, inquietude cultural e amplos interesses; liderança, experiência nas condições de vida em sala de aula, conhecimentos das condições e circunstâncias econômicas, sociais e trabalhistas do momento e da região de influência da instituição educacional.

Por isso, é necessário potencializar e favorecer um perfil específico do professor-tutor que o capacite para dinamizar um processo gerador de ajuda e soluções na tomada de decisões, tanto no âmbito individual quanto em grupo. Esse perfil deve, de qualquer maneira e em qualquer fase educacional, possibilitar-lhe o desenvolvimento de estratégias reais de atuação psicopedagógica em *três direções* essenciais: estabelecimento de relações e interações pessoais com os *alunos*, os *professores* e as *famílias*, negociação dos conflitos e problemas que surgirem na vida cotidiana da escola e conhecimento acerca das propostas e exigências curriculares do nível educacional de seus alunos.*

O professor-tutor deve ter grande estima pelo desempenho da tutoria de seus alunos, além de salutar orgulho; é sua grande oportunidade de *fazer algo a mais* por eles tanto em aspectos escolares quanto pessoais. O empenho, a dedicação e a entrega que deposita na execução de suas atuações tutoriais costumam ser altamente valorizados por seus beneficiários: alunos, professores e pais. Paralelamente, exige-se dele um alto *nível profissional* em suas atuações:

> **Compromisso deontológico** – Trata-se do respeito à liberdade do aluno e à sua intimidade. Quando falta esse aspecto, a tutoria se desvirtua, passando a ser outra coisa: seleção, manipulação, jogo etc.

> **Convicção da eficácia da tutoria** – Os professores sempre orientaram com base em um conhecimento intuitivo. O professor-tutor atual deve dar um passo a mais para se capacitar em conhecimentos psicopedagógicos, sentir-se comprometido e motivado em relação à sua tarefa.

> **Adequadas expectativas sobre o grupo e sobre cada aluno** ("efeito pigmalião") – Segundo os estudos de Rosenthal e Jacobson (1980), a expectativa que

---

* No próximo tópico e na seção 1.3 da Unidade Didática 2, expomos mais detalhadamente as tarefas e as funções do professor-tutor.

um professor-tutor tem do rendimento de seus alunos pode ser atendida por si mesma, embora não guarde, em princípio, relação com a capacidade deles.

É conveniente conhecermos brevemente em que consistiu a experiência dos autores citados, para assim podermos tirar uma conclusão.

Foram atribuídos alunos homogêneos em termos de capacidade intelectual a diferentes professores. Para um dos professores, criou-se a expectativa de que eram alunos com capacidades ótimas; para o outro, de que eram alunos com dificuldades e problemáticos (os alunos eram homogêneos em ambos os grupos).

Passado certo tempo, um novo teste mostrou que o grupo de alunos atribuído ao professor que tinha expectativa favorável havia aumentado significativamente sua capacidade intelectual em relação ao outro grupo.

Conhecendo esse efeito, precisamos ter muito cuidado com as opiniões e os rótulos que impingimos a alunos ou grupos ou que podem vir de outros professores, pois, às vezes, as expectativas criadas por diferentes opiniões podem predispor inconscientemente a uma certa avaliação, fazendo com que a expectativa se cumpra por si mesma. Portanto, é conveniente ao tutor:

› ter uma *atitude adequada* para com os alunos;
› ter *clareza, entusiasmo* e uma conduta que vise obter o máximo de seus alunos;
› evitar o "*efeito halo*": quando um aluno se destaca ou é conflituoso, estendemos essa caracterização a outras situações;
› utilizar diferentes *formas de interagir*: seguiremos os estilos de influência do professor-tutor com base na análise de interação de Flanders (1977):
    › **Estilo indireto** – Aceita os sentimentos dos alunos, tanto os positivos quanto os negativos, sem reprovação alguma, elogia e estimula a atividade dos alunos, brinca para relaxar o clima da tutoria, mas nunca à custa do aluno; aceita ou utiliza as ideias dos alunos, esclarece e desenvolve as sugestões deles e faz perguntas relacionadas com o conteúdo ou com o método, com a intenção de que o aluno responda.

> **Estilo direto** – Expõe fatos ou opiniões sobre o conteúdo ou o método, dá diretrizes e ordens que espera serem cumpridas; critica ou apela para sua autoridade. Suas intervenções têm por objetivo modificar um comportamento do aluno que se considera inaceitável e conhecer os diferentes estilos de liderança, pretendendo adotar em cada momento o mais adequado.

3.2.2 O professor-tutor: docência e tutoria

Apontamos, em diversas ocasiões, que todo *professor, pelo simples fato de sê-lo, já é um orientador*. Um bom professor é aquele que ajuda o aluno a obter a aprendizagem desejada, mas isso se consegue com mais garantias e mais solidamente quando o aluno se desenvolve em todos os aspectos de sua personalidade. O docente intencionalmente pode *motivar, reforçar, corrigir* e *orientar* o aluno de uma maneira integral (*pessoal, acadêmica* e *profissionalmente*) e em sua disciplina. O professor que atua como tutor durante o exercício de sua docência não pretende que o aluno simplesmente reproduza a informação que lhe é transmitida; ele o ajuda a ser o criador de sua própria aprendizagem.

Desde as últimas décadas, vem sendo enfatizado que o aluno deve ser o centro ativo da aprendizagem e que, para isso, o professor deve realizar funções de tutoria e orientação. Embora essas indicações se encontrem no Espaço Europeu de Educação Superior (EEES), esse entendimento está se desenvolvendo também em outros níveis de ensino formal e não formal. Porém, a realização de tarefas tutoriais pode causar alguns problemas aos professores se não forem feitas em um marco institucionalizado, pois muitos afirmam que a função docente principal consiste na aula magistral para transmitir conhecimentos e avaliar a aprendizagem.

O professor que atua como tutor durante as aulas de sua especialidade não precisa ser um profissional com uma capacidade técnica fora do comum, e sim ter formação e sensibilidade quanto à educação integral que o leva a orientar simultaneamente seus alunos para a melhor formação pessoal mediante a melhor preparação acadêmica. A satisfação de realizar essa dupla função (docente e tutorial) está quase sempre associada ao reconhecimento por parte do aluno, quando percebe ter sido acompanhado por um professor exemplar como docente e como formador competente.

Para que o professor possa realizar uma função tutorial útil durante sua docência em uma disciplina, é necessário:

> planejar a função tutorial como parte da função docente;
> formar-se de uma maneira integral, e não apenas na didática da própria disciplina;
> comunicar aos alunos e a seus pais a conveniência de uma educação integral;
> ensinar o aluno a progredir como pessoa integral;
> orientar o aluno para a vida profissional;
> motivar o aluno a ser o centro de sua aprendizagem;
> orientar sobre as técnicas de estudo da disciplina;
> apresentar a informação básica e imprescindível;
> multiplicar as metodologias e as fontes de documentação;
> avaliar os resultados da educação de um modo integral;
> verificar se os resultados acadêmicos melhoram quando o professor de uma disciplina é tutor enquanto exerce sua docência;
> contribuir para a aquisição de valores universais e pessoais.

Os compromissos e as atuações do professor-tutor têm um enfoque inter-relacional com todos os membros e os setores da comunidade educacional, como já apontamos anteriormente. Apresentamos, agora, algumas das múltiplas funções e tarefas que ele pode desempenhar.

a. **Com relação aos alunos**

> É mais facilitador de aprendizagem que transmissor de conhecimentos.
> Motiva para a ação participativa.
> Conhece seus alunos em todos os aspectos de sua personalidade.
> Atende ao aluno individualmente e em grupo.
> Estimula o trabalho em equipe.

- Seleciona material de aprendizagem.
- Sugere o uso das fontes de documentação.
- Orienta sobre processos de aprendizagem.
- Ensina a estudar.
- Integra as tecnologias da informação e da comunicação (TICs) no processo de ensino-aprendizagem.
- Atende à diversidade dos alunos e às suas necessidades específicas especiais.
- Tem como objetivo principal que o aluno domine as competências programadas.
- Organiza a sala de aula de forma não diretiva.
- Favorece as relações de aprendizagem entre os alunos.
- Estabelece relações entre conceitos e procedimentos.
- Avalia favorecendo a autoavaliação.
- Ensina a relacionar as diferentes disciplinas de estudo.
- Educa no sentido de orientar o aluno para a vida.
- Orienta profissionalmente no âmbito da disciplina.
- Leva em conta a personalidade integral do aluno.
- Estimula o aluno a tomar decisões.
- Conta com a responsabilidade do aluno.
- Facilita uma boa adaptação e integração dos alunos na classe e na escola.
- Faz as adaptações curriculares necessárias conforme as características de cada aluno e grupo.
- Detecta as dificuldades de aprendizagem que os alunos possam apresentar e ajuda-os a superá-las.
- Colabora, nas sessões colegiadas de avaliação, com o melhor conhecimento dos alunos e propõe as orientações pessoal, acadêmica e profissional oportunas.
- Informa e aconselha os alunos sobre as decisões que devem tomar ao escolher entre as diversas alternativas que o currículo oferece.
- Ensina a treinar o trabalho em equipe.

> Relaciona o ensino da disciplina com o contexto social e familiar do aluno.
> Programa e colabora com as atividades extracurriculares, especialmente com as relacionadas ao campo de sua especialidade.
> Atua como intermediário quando ocorrem enfrentamentos entre alunos durante a atividade docente.
> Modera lealmente os comentários negativos que possam ser expressos durante as aulas contra outros professores.
> Aborda todas as relações que existam entre a própria disciplina e as outras que o aluno cursa.

b. **Com relação à escola**

> Conhece e implementa o projeto educacional escolar.
> Colabora com o Departamento de Orientação.
> Solicita ajuda a esse departamento.
> Participa da elaboração do plano de ação tutorial.
> Trabalha com a equipe docente à qual pertence.
> Colabora com o tutor do grupo nas sessões de avaliação.
> Auxilia na elaboração da programação geral e na implementação das tarefas de orientação relacionadas com o grupo e a disciplina.
> Transmite ao Departamento de Orientação as necessidades detectadas no grupo de alunos.
> Solicita a esse departamento informação para trabalhar com o grupo na própria disciplina.
> Colabora com o diagnóstico da dinâmica do grupo e das características de cada aluno.
> Coopera com o tutor do grupo nas tarefas tutoriais definidas pela equipe docente.

c. **Com relação aos professores**

> Compartilha com os professores da equipe docente a informação que tem sobre os alunos.

- › Recebe da equipe docente a informação obtida sobre os alunos.
- › Transmite aos alunos, de maneira pertinente, a informação obtida dos demais professores.
- › Coordena o desenvolvimento da própria classe segundo os conteúdos da programação geral da escola.

d. **Com relação à direção da escola**

- › Aplica, durante a docência, as normas de convivência e trabalho propostas pela equipe diretiva.
- › Informa à equipe diretiva sobre o progresso ou os problemas dos alunos em sua disciplina.
- › Solicita informação sobre os alunos para poder desenvolver as funções tutoriais.

e. **Com relação aos pais**

- › Atua em coerência com a intenção educacional da família.
- › Atende tutorialmente aos pais como professor de sua disciplina.
- › Comunica aos pais pessoalmente a avaliação do aluno em sua disciplina.
- › Leva em conta as intenções e as informações educacionais que os pais proporcionam.
- › Informa os pais sobre o andamento de seu filho na disciplina que leciona.
- › Leva em conta a vida familiar do aluno em sua disciplina para obter uma aprendizagem significativa.

3.3 Atividades no processo da ação tutorial

As funções tutoriais anteriormente expostas são evidenciadas nas tarefas e nas atividades que o professor desenvolve nos diversos momentos e situações da ação tutorial. Entre outras, apontamos as que se apresentam nos itens a seguir.

a. **Com relação aos alunos**

- › Organizar *atividades de "recepção"* no início do ano letivo, principalmente para os alunos que chegam à escola pela primeira vez. São atividades especialmente necessárias para os alunos que passam de uma escola de Educação Primária para outra de Educação Secundária, para antecipar-se aos problemas de adaptação derivados, às vezes, da incorporação de uma nova etapa educacional e de uma escola onde convivem alunos de uma ampla e complexa faixa etária;

› Comentar com os alunos, no início do ano letivo, sobre *direitos* e *deveres* e sobre o regulamento de organização e funcionamento da escola, bem como informá-los sobre o funcionamento da instituição;

› Explicar-lhes as *funções e as tarefas da tutoria*, dando-lhes a oportunidade de participar da programação das atividades;

› Conhecer a *situação de cada aluno* no grupo, na escola e em seu entorno familiar e social e intervir para favorecer a integração escolar e social nos casos em que isso for indispensável;

› Compreender a dinâmica interna do grupo e intervir, se necessário, para recompô-la; o sociograma, a observação sistemática e outras técnicas de grupo serão muito úteis para obter informação acerca do nível de coesão ou desintegração do grupo, dos líderes, dos subgrupos, das "panelinhas", dos alunos isolados ou rejeitados etc.;

› Coletar informação sobre os antecedentes escolares e a situação pessoal, familiar e social de cada aluno por meio de relatórios dos anos anteriores, informações de outros tutores e professores, questionários iniciais, entrevistas, observações etc.;

› Analisar com os demais professores as dificuldades escolares dos alunos decorrentes de deficiências instrumentais, problemas de integração e outros, para buscar, caso proceda, a assessoria e o apoio necessários;

› Favorecer no aluno o conhecimento e a aceitação de si mesmo, bem como a autoestima quando estiver diminuída devido a fracassos escolares ou de outro gênero;

› Estimular e orientar o grupo de alunos para que exponham suas necessidades, expectativas, problemas e dificuldades e para que eles mesmos se organizem com o objetivo de propor soluções e linhas de atuação;

› Celebrar assembleias com os alunos para preparar as sessões de avaliação e para comentar e tomar decisões após o resultado destas;
› Auxiliar no aprofundamento do conhecimento das aptidões, dos interesses e das motivações de cada aluno para ajudá-los na tomada de decisões sobre seu futuro educacional e profissional;
› Analisar com os alunos as vantagens e os inconvenientes das diversas opções de itinerários educacionais e profissionais, examinando as que melhor se ajustam a suas possibilidades e preferências, que relação guardam entre si e quais suas repercussões nas alternativas profissionais futuras;
› Colaborar com o professor-orientador, com o Departamento de Orientação e com outros professores para facilitar aos alunos dos últimos anos contatos e experiências diretas com o mundo do trabalho, conhecimento de outras opções e instituições de ensino e, em geral, experiências e conhecimento do entorno;
› Promover e coordenar atividades que fomentem a convivência, a integração e a participação dos alunos na vida da escola e no entorno, como escolha de representantes, festas e excursões, atividades culturais e extracurriculares etc.

b. **Com relação aos professores**

› Realizar reuniões com a equipe docente de cada nível e grupo a fim de elaborar um projeto curricular realista e interdisciplinar;
› Desenvolver uma avaliação formativa e somativa de cada nível e grupo que vá além da obtenção de notas;
› Manter reuniões periódicas e ocasionais, individualmente ou em grupo, com os membros do Departamento de Orientação;
› Coordenar as juntas ou sessões de avaliação de seu grupo tutorial com vistas ao ajuste entre a realidade dos alunos e a motivação de pais e professores no desenvolvimento dos programas educacionais.

c. **Com relação aos pais**

> Reunir os pais no início do ano letivo para informar-lhes sobre os horários dos alunos, a composição da equipe educacional, o calendário de avaliações, as normas sobre o controle de frequência às aulas etc. Nessa primeira reunião, também é necessário comentar com os pais as características da idade e do nível escolar em que seus filhos se encontram, bem como os objetivos e as atividades da tutoria;

> Obter a colaboração dos pais em relação ao trabalho pessoal de seus filhos: organização do tempo de estudo em casa e também do tempo livre e de descanso;

> Preparar visitas a empresas, serviços sociais, culturais, locais de lazer etc. com a colaboração dos pais. Muitas vezes, as escolas têm sérias dificuldades para encontrar empresas ou serviços para organizar suas atividades práticas ou visitas. A Associação de Pais pode conseguir contatos interessantes, principalmente com médias e pequenas empresas. Nesse sentido, os tutores poderiam também aproveitar a oportunidade para convidar certos pais a ir à escola e dar palestras de informação profissional aos alunos da Educação Secundária;

> Manter reuniões individuais com os pais, quando eles as solicitarem ou o tutor as considerar necessárias, antecipando-se às situações de inadaptação escolar, tendo sempre em mente que é fundamental partir de uma postura otimista, de confiança no educando; é muito prático e gratificante falar com os pais também sobre as qualidades de seus filhos e seus progressos;

> Coordenar grupos de discussão sobre temas formativos de interesse para os pais com vistas à educação de seus filhos. Quando esses temas estiverem além da preparação do tutor, este pode pedir a colaboração do professor-orientador ou da equipe de orientação do setor;

> Fazer, no mínimo, três reuniões com os pais ao longo do ano letivo: uma no começo e as outras duas depois da primeira e da terceira avaliação. Essas reuniões servirão para trocar informações e analisar com eles o andamento do ano. Se forem preparadas cuidadosamente, com uma carta convocatória afetuosa e pessoal e uma ordem do dia atraente e sugestiva, essas reuniões têm muitas possibilidades de ser um sucesso, principalmente quando se explica adequadamente aos alunos o objetivo da reunião e eles estimulam seus pais a comparecer.

A importância da tutoria na orientação educacional é reconhecida pelo sistema educacional, que a considera um dos fatores que favorecem a qualidade e a melhora do ensino. Esse processo tem como objetivo otimizar o rendimento do ensino mediante uma atenção ao aluno mais personalizada e integral ao longo de sua escolaridade.

Dos níveis de intervenção possíveis a tutoria é o mais importante, como veremos mais adiante, visto que toda atividade orientadora se materializa no cumprimento da função tutorial, que é inseparável da ação educacional, principalmente quando se pretende uma educação integral e personalizada. Ao contrário do professor transmissor de conhecimentos, a tutoria propõe uma relação mais individualizada entre professor e aluno, de modo a promover neste um entendimento mais profundo de suas aptidões, atitudes, conhecimentos e interesses, o que, por sua vez, resulta em uma resposta educacional mais adequada e eficaz.

Mas, para a realização das atividades tutoriais, o professor precisa contar com recursos e com a oportuna assessoria na utilização de técnicas e material específico para o desenvolvimento de suas funções. Como base de todo princípio, recordemos que a orientação no âmbito escolar tem sempre como protagonistas a criança, o adolescente, o adulto. A orientação, portanto, há de se desenvolver em função deles, no meio em que eles se desenvolvem, potencializando alguns fatores, eliminando outros, ou seja, fazendo da tutoria uma tarefa mais de prevenção e estimulação que curativa.

3.4 Novas formas de ação tutorial

3.4.1 O tutor-treinador: tutor-coach

A sociedade de hoje se caracteriza pela globalização nas relações e pela necessária utilização das novas técnicas de comunicação. Neste mundo, exige-se a educação de pessoas autônomas, criativas, eficazes e úteis para a sociedade. Um novo paradigma de desenvolvimento das competências convida à aquisição de conhecimentos, aptidões práticas e atitudes de aprendizagem permanente, um treinamento para a vida com tempo para amplas possibilidades de desenvolvimento.

Para que as pessoas e os grupos obtenham o melhor desenvolvimento educacional possível, extraiu-se do mundo do esporte o conceito de *coach* (treinado) e o de *coachee* (aprendiz treinado). O tutor pode ser o instrutor necessário para que os praticantes de qualquer saber ou habilidade – e os aspirantes ao aprendizado – obtenham o máximo rendimento. Nager e Shapiro (2000) apresentam o *coaching* – ou treinamento – como o processo no qual se definem os resultados a atingir, mediante o acordo selado entre o treinador e o treinado, fundamentado no trabalho cooperativo de ambos para aumentar as possibilidades de alcançar o maior sucesso possível.

O *coach* é um treinador que tem habilidades específicas para reduzir a distância entre os conhecimentos e as competências que uma pessoa, ou grupo, já tem e aqueles que essa pessoa, a instituição, a empresa ou sociedade desejam. O tutor-*coach* é um profissional do desenvolvimento humano, da otimização dos potenciais pessoais.

Os aspectos que um tutor-*coach* deve considerar nos aprendizes são:

> suas aspirações;
> os conhecimentos e as competências já adquiridas.
> a capacidade de aprendizagem;
> o domínio dos instrumentos de aprendizagem;
> o estilo próprio de aprendizagem;
> o grau de autonomia, autocrítica, autoavaliação, autoaprendizagem.

Conhecendo as melhores circunstâncias em que se pode produzir a aprendizagem, o sujeito enfrenta a tarefa, e o educador o ajuda a encontrar o significado e a relevância das metas a atingir. Para isso, é necessário:

- conhecer a situação atual do aprendiz, bem como do ambiente que o cerca;
- ajudá-lo a visualizar e determinar a meta a atingir no futuro;
- traçar um plano de ação adequado;
- comprometer o sujeito ou o grupo na participação;
- realizar o treinamento com as ações e os suportes adequados;
- acompanhar e avaliar corretamente os processos e os resultados.

As bases para a relação mútua entre treinador e aprendiz são a *exigência* com a *flexibilidade*, a confiança, a máxima transparência, a busca da autonomia, a responsabilidade e a aplicabilidade dos projetos. Confiando na inteligência dos treinados, a *motivação* será conseguida com:

- conquistas observáveis;
- busca de necessidades imediatas;
- proposta de desafios;
- prevenção de dificuldades;
- concreção das tarefas;
- reforço da qualidade obtida;
- potencialização do trabalho em equipe;
- eliminação das causas do medo do fracasso;
- identificação clara dos obstáculos;
- apoio no gosto pela mudança;
- estímulo à reflexão.

É fundamental contar com a gestão e a administração da *inteligência emocional* do treinado, levando em conta a saúde, o estilo de vida e as relações sociais. O tutor-treinador faz o treinado se sentir dono de seu próprio trabalho e, para isso, faz a ele perguntas como:

- O que você quer?
- O que quer mudar?
- Como vai conseguir?
- O que é mais importante para você?
- Quem pode ajudá-lo?

- Quem o impede de conseguir o que você quer?
- O que você sabe fazer para conseguir isso?
- O que lhe falta para conseguir?
- De que ajuda você precisa?
- Que esforço está disposto a realizar?
- O que deve sacrificar?
- Em que posso ajudá-lo para conseguir?
- O que você vai ganhar se conseguir?
- Qual é seu papel nesse projeto?

O aprendiz é aquele que se compromete; o treinador lhe recorda a necessidade, o compromisso, o papel, as habilidades etc.

O *coach*, por sua vez, é o líder que transmite o poder, a força, a autoconfiança e o compromisso de ação ao sujeito que aprende.

Durante o processo de *coaching*, o aprendiz atua muito, e o treinador, pouco. Porém, o tutor-*coach* tem consciência de seu importante papel para a obtenção do sucesso e para isso:

- comunica também com a expressão e a atitude;
- confia em si próprio;
- está disponível para apoiar quando o solicitam;
- afasta-se quando não precisam dele e observa como o aprendiz e a equipe andam sozinhos;
- não é diretivo;
- corrige o tempo todo;
- observa as relações pessoais;
- detecta o estado da motivação;
- vigia as pressões do grupo;
- transmite ânimo;
- aconselha o necessário;
- conversa constantemente e busca o *feedback*;
- faz perguntas poderosas;

- aponta e articula o problema;
- solicita que o aprendiz elabore suas próprias respostas;
- leva em conta as mudanças de circunstâncias;
- aprofunda-se nas motivações do aprendiz;
- propõe contratos discutindo os objetivos a atingir.

O papel principal é do sujeito que aprende, do plano de aprendizagem e da tarefa. O *coach* se mantém o mais à margem possível, mas está sempre em *atitude sinérgica* de comunicação; sabe que a união cooperativa entre treinado e treinador pode ter um efeito superior à soma de suas ações em separado. Triangula o sujeito, a tarefa e a ação. Dá *poder* ao aluno, reforça sua autoconfiança e segurança em si, potencializa sua energia e vontade para que seja o dono de seu trabalho.

O *tutor-coach* ensina o aluno a:

- conhecer suas próprias possibilidades, habilidades, interesses e seu poder de decisão para melhorar sua situação presente e futura;
- traçar sua carreira pessoal, escolar, profissional, social e de vida;
- conhecer os enfoques, caminhos e estratégias alternativas;
- planejar o tempo que deverá empregar;
- contar com uma aprendizagem lenta;
- trabalhar pensando a longo prazo;
- conhecer o preço ou o custo da oportunidade que o processo representa.

O *tutor-coach* enfrenta lealmente a necessidade de progresso, encarando o aprendiz com as tarefas, evitando o enfrentamento entre a sua vontade e a dos tutores ou responsáveis:

- mostra-lhe seu potencial;
- oferece-lhe questionamentos e desafios;
- ensina-o a observar e avaliar os processos e os resultados;
- propõe alternativas para escolher objetivos e procedimentos;
- potencializa a autoestima do aprendiz.

Especialmente, faz o aprendiz ver que o sucesso é mérito principalmente daquele que se esforça em fazer por si mesmo e, ao mesmo tempo, discutem juntos os êxitos obtidos e os erros cometidos.

Visa mais ao *como aprender* que ao *que se aprende*. A ênfase está mais na aprendizagem que no ensino. O treinador está praticamente o tempo todo no âmbito do aprendiz.

O *coaching* também requer um *clima sistêmico institucional* e *social* no qual a transmissão de conhecimentos seja muito menos importante que o compromisso e a ação dos aprendizes para obtê-los e o de seus tutores para lhes facilitar a consecução dos resultados. Relaciona o sujeito com a tarefa e os objetivos da instituição em um alto nível de padrões éticos.

A organização não muda quando os indivíduos não mudam, e estes não mudam quando a instituição não evolui. O *coaching* funciona dentro de uma visão sistêmica: o conhecimento, a aprendizagem, as pessoas, a cultura etc. Parte das seguintes premissas:

› o indivíduo quer progredir;
› quer progredir por e para ele mesmo;
› sabe que precisa da ajuda pessoal dos especialistas;
› conta com os recursos materiais sociais e da instituição.

O tutor-*coach* não é somente aquele que ensina seus conhecimentos; é aquele que faz com que os outros aprendam e conheçam suas possibilidades. O professor-tutor que treina não tem como base a lição magistral; ele ajuda a buscar soluções, promover mudanças, tomar consciência do próprio processo de desenvolvimento de maneira responsável e autônoma.

Em nenhuma hipótese se deve entender o *coaching* como o treinamento ou fomento de uma *competitividade* cega e desmedida que desenvolva no aluno atitudes não solidárias ou de enfrentamentos inadequados para com seus iguais. Muito pelo contrário. O aluno, por meio do *coaching*, apenas *compete consigo mesmo* para obter o melhor de si, desenvolvendo suas potencialidades para satisfazer suas aspirações. Por outro lado, a *competitividade* não é ruim em si; faz parte de nossa mais profunda condição humana. O que se deve fazer a esse respeito é *saber educar a competitividade* dos alunos como elemento de estimulação, motivação e do esforço que precisam pôr em jogo para alcançar as aspirações e as metas que lhes cabem por seu potencial.

3.4.2 Tutoria e "mentorização"

A ideia da tutoria realizada amistosamente por um mentor é milenar. Ulisses encarregou seu sábio amigo Mentor de educar seu filho, Telêmaco, durante sua ausência. Mas não teria de fazer papel de pai, e sim de *guia*, para ensiná-lo a superar as dificuldades que surgissem. Provavelmente, o nome *Mentor* provém, etimologicamente, da raiz indo-europeia *men*, que significa "pensar", "refletir", "recordar"; e *tor* pode se referir à ideia de ação, como na palavra *ator*. A figura do *preceptor* também é antiga e tem o significado de "conselheiro", "guia", "mestre de confiança".

O mentor é um conselheiro ou guia de outra pessoa que trabalha na mesma organização; é uma pessoa de *status* similar, mas com mais experiência. Desenvolve um apoio tutorial que se caracteriza mais pelo conhecimento pessoal que pelas técnicas ensinadas. É compreensivo e motivador, e suas relações são fundamentalmente de ajuda. Sabe ouvir, observar o pupilo e tem a intuição de ler nas entrelinhas da relação que se estabelece entre ambos. Uma de suas virtudes pode ser a de se antecipar na abordagem às dificuldades que surgirão durante a aprendizagem.

Ensina a ler, a ouvir, a comportar-se e facilita a adaptação, indicando os truques que a experiência ensina. Transmite sua sabedoria por qualquer meio de comunicação e o aprendiz aprende mais rapidamente. Este precisa estar aberto às novas ideias que aparecem, com a certeza de que as competências e as habilidades que lhe são comunicadas são sempre bem intencionadas. A grande força do mentor surge de seu conhecimento do meio. O aprendiz, assim, ganha confiança em si ao sentir-se apoiado e motivado. Para que toda essa relação seja eficaz, é imprescindível que esteja enquadrada em regras de compromisso ético conhecidas por ambas as partes.

O papel de mentor pode ser espontâneo, mas os melhores resultados conhecidos ocorreram quando a figura foi institucionalizada.

Um bom mentor não é diretivo, mas acompanha, influencia, adverte... Sempre deixa fazer e convida a refletir antes, durante e depois sobre cada ação. Convida o aprendiz a programar suas ações e controlar as reações que sua intervenção provoca. Tanto no sucesso quanto nas dificuldades, o mentor é um grande apoio emocional.

A relação é horizontal, mas a obliquidade produzida pela maior experiência faz com que sempre haja certa desigualdade, embora a relação se estabeleça com base na confiança e no respeito mútuos. O mentor e o aprendiz assumem uma responsabilidade similar perante o sucesso da missão empreendida, trabalham em colaboração e sentem que o benefício é mútuo.

O mentor ganha em satisfação pessoal, descobre inovações, capta melhor o funcionamento da instituição, recicla-se e evita a rotina. Compartilha o sucesso de seu tutelado e, ao mesmo tempo, aumenta suas competências pessoais, que o tornarão mais eficaz no trabalho pessoal.

A relação entre o mentor e o aprendiz nunca é estática, vai evoluindo ao longo do tempo. Deve se mover entre a lealdade e o espírito crítico, em geral superior no mentor. Mas isso não quer dizer que este último controle, e sim que sua missão fundamental é estimular e animar ao apadrinhar. Os papéis desempenhados não são estereotipados nem fixos; o aconselhamento vai se modulando à medida que o processo avança.

A função de mentorização pode gerar uma economia de energia e de recursos para a instituição, pois pode prevenir erros. Para obter a máxima eficácia do mentor, ele deve ser selecionado por seu perfil de constância, paciência, disponibilidade e flexibilidade na ação.

A figura do mentor pode ter semelhanças com a do treinador (*coach*), mas podem ser apreciadas diferenças significativas. O mentor se volta mais para orientar as habilidades de saber ser e estar do que para as de saber fazer.

O importante é que o aprendiz mais saiba lidar com as relações e papéis esperados dele do que exercer competências de conhecimento técnico e profissional.

O objetivo é que o aprendiz interiorize de maneira pessoal as regras e os compromissos que lhe forem atribuídos.

Por isso, é básico que a relação pessoal seja mais profunda, mesmo que profissional e remunerada, do que uma tutoria acadêmica convencional; a relação é quase imprescindivelmente individual.

A diferença fundamental é que, na mentorização, a relação é sempre bidirecional. O mentor é o referencial, o modelo no qual o aprendiz se reflete, mas o objetivo é que obtenha a própria autonomia. É frequente que o mentor e o apadrinhado mantenham uma relação pessoal depois de superado o período de tutoria institucional.

3.4.3 Tutoria virtual

Tutoria virtual significa a relação entre o tutor e seus alunos por meio de um sistema de comunicação de informática, sem que estejam fisicamente próximos, fora das coordenadas clássicas de tempo e espaço. O advento da internet representou uma mudança decisiva nas possibilidades da comunicação docente, mas, nos anos 2000, desvaneceram-se muitas das esperanças que se havia depositado no ensino realizado por meios eletrônicos a distância, o *e-learnig*. Atualmente, quando se considera sua eficiência econômica, esse método de ensino é imprescindível para que muitas pessoas tenham acesso aos cursos que lhes interessam. A *formação on-line* atende às necessidades de alunos que encontram nela o melhor modo de aprender e de empresas que conseguem um ensino mais eficiente, permitindo compatibilizar o estudo com o trabalho.

O uso das TICs como instrumento básico da tutoria virtual não transforma completamente os métodos tradicionais de ensino, mas renova as competências necessárias em tutores e alunos, bem como as metodologias.

As *competências de um professor-tutor virtual* são, entre outras, as apresentadas a seguir:

a. **Pedagógicas**

- Informa ao aluno as condições da aprendizagem.
- Tranquiliza-o diante da desorientação gerada pela multiplicidade de informações iniciais.
- Cria uma relação de confiança com o aluno.
- Ensina-o a controlar a ansiedade diante da demora das respostas.
- Deixa o aluno em condições de obter o sucesso.
- Acompanha o aluno em sua aprendizagem.
- Elabora itinerários de descoberta.

- › Motiva a autonomia no aluno.
- › Propõe criar novas situações e materiais de aprendizagem.
- › Suscita a reflexão propondo questões adequadas.
- › Motiva o aluno para exercer a autoavaliação.
- › Mantém a motivação do aluno, atento a qualquer dúvida ou dificuldade que leve ao abandono, fidelizando sua participação.
- › Gerencia a distância e minimiza os problemas do isolamento.
- › Participa da avaliação das competências do aluno.

b. **Técnicas**

- › Apresenta os recursos com que se pode contar.
- › Instrui sobre a metodologia a distância e o uso das TICs.
- › Sugere um método personalizado.
- › Domina e utiliza processadores de texto, planilhas de cálculo e bases de dados.
- › Utiliza corretamente plataformas digitais, calendários, fóruns, *e-mails*, *chats*, lousas eletrônicas, administração de documentos, *links*, videoconferências, FAQ, *wikis*, sistemas de busca, *blogs* etc.
- › Utiliza ferramentas de criação de *sites*.
- › Sabe participar de comunicações assíncronas.
- › Usa grande variedade de *softwares* com propósitos determinados.
- › Continua usando, quando for o caso, o correio postal e o telefone.
- › Apresenta as normas de etiqueta da rede.
- › Orienta na execução de tarefas.
- › Ensina a estudar com as novas tecnologias.
- › Sequencia os processos de aprendizagem.
- › Controla os resultados dos alunos.

c. **Sociais**

- › Acolhe o aluno desde o começo do curso.
- › Acompanha-o no cumprimento do projeto de aprendizagem.
- › Mantém a necessidade da relação com o tutor.

- Cria um clima de confiança.
- Convida o aluno a expressar sensações de mal-estar e desconcerto; é um professor-tutor "de guarda", em quem os alunos confiam.
- É um *tutor acompanhante*, que compensa o isolamento do aluno a distância.
- Aconselha o aluno sobre o tempo de dedicação ao estudo.
- Põe o aluno em contato com a instituição de ensino.
- Estimula o aluno a relacionar-se com outros estudantes.
- Cria comunidades de aprendizagem com diversos instrumentos.
- Propõe ao aluno a relação com outros professores.
- Modera o tom das discussões.
- Às vezes, é o único apoio com que o aluno pode contar.
- Avalia constantemente o processo.
- Estimula a autoavaliação.

Os *alunos* da tutoria virtual possuem também competências diferentes. Quando o estudante tem mais iniciativa, o ensino é mais *flexível* e *aberto*, a ponto de *ensino virtual* se tornar sinônimo de *ensino aberto*. Seu caráter de autoformação faz com que as diferenças e os estilos de aprendizagem sejam tantos quantos os diversos alunos, mais diferentes entre si que os que frequentam uma sala de aula convencional.

A partir do momento em que começa sua sessão de estudo, o aluno tem de contar com sua própria motivação e suas próprias ideias prévias. Não conta com a motivação imediata dada por um professor na aula presencial tradicional. Ao contrário, o tutor virtual conta, principalmente, com a iniciativa e a responsabilidade de seus alunos, que:

- são autodidatas, tanto nos procedimentos quanto no uso dos meios;
- têm autonomia, motivação e maturidade suficientes;
- têm, por vontade própria, a disposição necessária para aprender;
- estão mais dispostos a *aprender a aprender* por si mesmos.

A *metodologia* da tutoria virtual procura propiciar a proximidade entre o tutor e o aluno. Desse modo, atenuam-se as defesas que possam ser suscitadas por relações muito hierarquizadas, a ponto de o aluno poder ter a sensação de estar aprendendo por si mesmo de maneira mais clara e decisiva que pelo sistema tradicional de docência. O mais comum é que o profissional de apoio que atua nesse cenário seja denominado *professor-tutor*, ou mais simplesmente *tutor*, mesmo quando tem a missão de avaliar para fornecer um diploma, motivo pelo qual deve atuar com mais rigor e responsabilidade.

A missão essencial de um tutor virtual, como a do tutor presencial, é acompanhar o aluno em seu caminho de aprendizagem. Mas a nova ruptura entre a ação do professor e a do aluno devida ao uso das novas tecnologias proporcionou aos estudantes um grau de autonomia tal que reforça o princípio básico de centrar o ensino nos alunos, atendendo à diversidade destes. As diferenças já não se devem unicamente às competências do aluno; a disparidade de alunos aumentou porque se multiplicaram as possibilidades de diferenciação dos cenários, dos tempos, dos ritmos ou dos fluxos de aprendizagem, bem como das comunidades de estudo.

Os *cenários* são os próprios lares, as empresas, os momentos de espera, os trajetos das viagens, lugares tranquilos ou de relaxamento; qualquer momento é apropriado quando o aluno tem a oportunidade, o desejo ou a necessidade de sentar para estudar e se comunicar com seu tutor.

Do mesmo modo, na tutoria virtual são muito diferentes os ritmos de aprendizagem, os *tempos* empregados na formação (assíncronos e síncronos), a ordem e a sequência de alguns conteúdos.

É muito importante que o tutor virtual domine os *fluxos de trabalho* (*workflow*) para a automatização de sequências de atividades que forem utilizadas no processo de aprendizagem e que oriente o uso de ferramentas adequadas para acompanhá-lo.

Os processos de aprendizagem dependem da quantidade de informação que os agentes da atuação didática possam assimilar e gerenciar. Os conteúdos precisam ser agrupados ou *granulados* como *objetos de aprendizagem* ou *unidades de conhecimento*, para que a aprendizagem possa ser mais personalizada e flexível em relação às necessidades formativas dos alunos.

O tutor virtual utiliza esses *objetos de aprendizagem* como elementos que:

> podem ser reutilizados em diferentes contextos de aprendizagem;
> são transferidos para diferentes documentos e plataformas;

›   podem ser acessados nos momentos e lugares necessários;
›   se organizam como unidades lógicas de conteúdo para facilitar a síntese e as associações;
›   têm um sentido próprio suficiente que permite serem utilizados em diferentes temas e contextos.

O ensino tutorial a distância é especialmente *personalizado*, pois o perfil e as circunstâncias dos alunos fazem com que seja quase imprescindível a máxima flexibilidade dos métodos de ensino-aprendizagem. Para obter essa flexibilidade e individualização da aprendizagem, torna-se necessária a atomização máxima dos conteúdos e dos procedimentos didáticos. Cada átomo resultante dessa análise didática é como um pequeno grão ou pequena parte (*granulação*) que deve ser minuciosamente analisado para que o aluno possa acompanhar o processo de aprendizagem e reforçar ou corrigir a aquisição de cada um dos elementos que constituem o todo. Desse modo, o ensino pode atender simultaneamente a diferentes níveis de conhecimentos prévios, ritmos e estilos de aprendizagem dos alunos.

Contudo, é frequente que os alunos, motivados ou não por seu tutor a distância, requeiram a participação em *comunidades de aprendizagem virtuais*. Formam-se grupos com alunos e um educador com vontade de compartilhar conhecimentos utilizando as diversas ferramentas que hoje em dia as TICs nos proporcionam.

A Organização das Nações Unidas para a Educação, a Ciência e a Cultura (Unesco), na Cúpula Mundial da Sociedade da Informação (CMSI), define as comunidades de aprendizagem virtual como aquelas nas quais os interessados em um tema, aprendizes e especialistas, confluem por meios eletrônicos para se enriquecerem mutuamente. No ensino tradicional, pode ser bem mais difícil fazer com que as pessoas que participam de uma reunião de aprendizagem compartilhem claramente seus interesses e suas motivações de estudo; mas, no ensino virtual, a comunidade de aprendizagem, fazendo parte de uma *infosfera*, pode criar uma inteligência comunitária de enorme poder.

A coordenação dessas equipes de estudo é uma das principais missões do tutor a distância. A internet é, até agora, o instrumento básico de trabalho na aprendizagem colaborativa, quando os papéis a desempenhar são completamente abertos e voluntários. Nesse entorno, a aprendizagem cooperativa é eficaz quando as tarefas estão atribuídas com precisão e visam a um objetivo comum claramente delimitado. Nesse caso, o tutor virtual a distância e seus alunos participam de um dos sistemas mais poderosos de desenvolvimento pessoal, acadêmico e profissional.

Nas organizações humanas, a relevância dos resultados obtidos tem sido proporcional ao grau de comprometimento e coordenação das pessoas que participam do projeto. Nas aprendizagens colaborativa e cooperativa do ensino virtual a distância, a necessidade da participação das TICs implica falar de uma *estrutura eletrônica* dos programas e procedimentos de ensino:

> uma complicada estrutura de sistemas eletrônicos, didáticos e educacionais;
> o espaço didático dinâmico e aberto em estruturas espaciais e temporais;
> a relação entre os procedimentos *sincrônicos* e *diacrônicos* de aprendizagem;
> uma extensa rede ao redor do mundo (*web*).

A reunião de tutores e estudantes em uma rede virtual de aprendizagem materializa uma força e um movimento que faz comparar a revolução da internet com aquela representada pelo advento da imprensa. A mediação de aprendizagem é, com grande clareza, um fenômeno de mediação pessoal e social. Curiosamente, o ensino a distância proporciona, às vezes, uma maior inter-relação entre os alunos e seu professor-tutor; até mesmo provoca uma necessidade de, se possível, manter um sistema misto, no qual o ensino a distância se complement com a proximidade propiciada por uma relação presencial ou, pelo menos, apoiada na visualização das imagens dos participantes. Essa relação de aula *semipresencial*, também denominada de *e-blended* (ensino misto), é ministrada com atividades docentes virtuais e presenciais. Diminuem-se os custos, posto que muitas tarefas podem ser realizadas a distância, por meios eletrônicos e, por outro lado, estabelecem-se situações nas quais o grupo de alunos e seu professor se reúnem para se conhecer, compartilhar experiências e dar continuidade aos trabalhos encomendados. O *e-blended* pode representar um método de trabalho docente que requer importantes mudanças estratégicas no ensino.

3.4.4 Tutoria do Programa de Acompanhamento Escolar

Trata-se de um programa que tem como objetivo a melhora do rendimento escolar e a integração social dos alunos de educação básica que disso necessitarem. Para aplicá-lo, parte-se dos princípios básicos de *igualdade de oportunidades* e *atenção à diversidade*. Esse programa situa-se no marco do plano Proa (Programas de Reforço, Orientação e Apoio), um projeto de cooperação territorial entre o Ministério de Educação, Política Social e Esporte espanhol e as comunidades autônomas para ajudar os alunos com dificuldas nos dois últimos anos da Educação Primária e nos três primeiros da Educação Secundária. O programa atende aos alunos que os professores nem sempre podem ajudar completamente com a atuação em sala de aula. São propostos três objetivos estratégicos: proporcionar o acesso a uma educação de *qualidade* para todos, enriquecer o *entorno* educacional e envolver a *comunidade* local.

Os alunos aos quais se dirige costumam viver em ambientes socioculturais de *desvantagem socioeducacional*. A origem de suas necessidades pode ser de caráter pessoal ou sociocultural, estando em risco de marginalização. Mas entende-se que a melhora dos mais necessitados é benéfica para todos os envolvidos no processo.

Os princípios de *equidade* e *qualidade* estão indissociavelmente unidos a esses programas de assistência e reforço pedagógico. A responsabilidade de solucionar esse problema é compartilhada por todos os membros da comunidade educacional, a escola e o entorno social em que vivem os alunos, pois se considera que a educação é uma *responsabilidade coletiva*.

Portanto, é necessário acompanhar também os pais, para que possam apoiar seus próprios filhos da maneira que desejam, mas para a qual nem sempre estão preparados. Às vezes, a família, em seu conjunto, considera o atraso escolar como algo normal e de difícil solução.

Alguns alunos não sabem manter em sala de aula o comportamento adequado para sua idade e nível educacional. Podem ter a sensação de não pertencer à instituição e de serem rejeitados em quase tudo o que realizam. Ao longo dos anos, evidencia-se neles uma carência de estratégias de estudo e de técnicas de comunicação, como o aproveitamento do tempo, o esforço e a disciplina, a leitura, a escrita e a expressão oral. Às vezes, o número de alunos com essas características é elevado em relação ao grupo, e os professores não podem atender devidamente àqueles que poderiam seguir um curso normal. Em princípio, os alunos que requerem o acompanhamento escolar são normais, mas, se não forem atendidos segundo suas necessidades, com certeza acabarão muito atrasados.

O *acompanhamento* é feito fora do período escolar regular, entre duas e quatro horas semanais, visando a objetivos que vão além dos conteúdos estritamente curriculares. É necessário que o aluno perceba que o professor que lhe dá o acompanhamento visa beneficiá-lo e que, por não ser avaliado diretamente, pode se dirigir ao mestre com toda a confiança para lhe explicar quais são suas dificuldades. Se o profissional de acompanhamento for um professor habitual da escola, o aluno poderá entender que continua sob ameaça, mas também que será ajudado de uma maneira especial e com a garantia de que seu esforço será levado em conta nas avaliações normais.

Os tutores de grupo e os demais professores devem ser informados pontualmente acerca do andamento e do progresso do aluno em acompanhamento. Os próprios tutores do grupo podem se encarregar de entrar em contato com as famílias para avaliar a evolução dos alunos.

Para que o programa consiga os efeitos desejados, convém selar um compromisso concreto no que se refere à frequência regular dos alunos, ao esforço e à avaliação contínua de todo o processo. As avaliações realizadas nos três anos do Programa de Acompanhamento Escolar, dentro do Plano PROA, fornecem resultados significativamente satisfatórios, e esse programa foi aplicado em instituições de ensino de todas as comunidades autônomas.

Formação de tutores: fundamentos teóricos e práticos

Quadro 1.1 – *Programas de acompanhamento escolar na Educação Primária e na Educação Secundária Obrigatória*

	Programas de acompanhamento escolar em instituições de Educação Primária	Programas de acompanhamento escolar em instituições de Educação Secundária Obrigatória
Alunos	Dirigem-se a *alunos* de *5º* e *6º* anos com dificuldades e problemas de aprendizagem, a partir do momento em que se manifestam como: › atraso no processo de amadurecimento pessoal; › pobre integração no grupo e na escola; › ausência de hábitos de trabalho; › atraso no processo de aprendizagem das áreas instrumentais básicas.	Os problemas têm a característica própria das mudanças que ocorrem na adolescência. Os programas dirigem-se principalmente a alunos dos *1º, 2º e 3º* anos com dificuldades e problemas de aprendizagem, que se manifestam como: › deficiências no processo de aprendizagem das áreas instrumentais básicas; › ausência de hábitos de trabalho, escassez de motivação pelo estudo; › atraso no processo de amadurecimento pessoal; › pobre integração no grupo e na escola.
Considerações	› É necessário aumentar o *tempo* de trabalho pessoal do aluno para atividades escolares. › É necessário melhorar o desenvolvimento das *capacidades básicas* em leitura, escrita, solução de problemas e hábitos de estudo. › As *famílias* devem se comprometer com o aumento de seu envolvimento no processo educacional e em sua relação com a escola. › A *escola* deve se comprometer, também, na coordenação da organização, no funcionamento e na avaliação do programa. › Os órgãos administrativos da educação devem confluir para obter a melhor eficácia.	
	› É necessário *prevenir* as *rejeições* escolares que possam ocorrer. › Convém que os alunos cheguem à escola nas *melhores condições curriculares* possíveis.	› A *relação* dos *alunos* com a escola deve melhorar. › É necessário que tenham *sucesso pelo menos em alguma parte* do currículo.
Objetivos	› Potencializar a aprendizagem e o *rendimento* escolar desses alunos mediante: › aquisição de hábitos de organização e constância no trabalho; › estímulo ao estudo, propondo formas de trabalho eficazes; › melhora em habilidades e atitudes associadas à leitura; › melhora da *integração* social, no grupo e na escola; › na Modalidade B, ainda, fixação de conhecimentos e destrezas nas *áreas*	
	› Facilitar a *transição* da Educação Primária à Secundária.	› Facilitar a *integração* à Educação Secundária.

(continua)

(Quadro 1.1 – continuação)

	Programas de acompanhamento escolar em instituições de Educação Primária	Programas de acompanhamento escolar em instituições de Educação Secundária Obrigatória
Tarefas	Na escola, pelo menos durante quatro horas semanais, deve haver: › guia de leitura; › atividades propostas em classe; › fornecimento de materiais; › resolução de dúvidas; › atitudes e hábitos de organização do tempo; › planejamento do trabalho; › concentração, constância; › qualidade na realização e expressão dos resultados; › atividades de lazer e esporte com os monitores; › visitas à biblioteca; › colaboração da prefeitura.	
Modalidades	*Modalidade A* › Os *monitores acompanhantes* são selecionados pela escola, preferencialmente entre estudantes de cursos mais avançados ou veteranos (ex-alunos, estudantes universitários etc. ou também de ciclos formativos de grau superior, no caso da Educação Secundária) que tenham maturidade e responsabilidade para lidar de forma eficaz com crianças de 10 a 13 anos, de modo que estas os percebam como colegas mais velhos que se preocupam com suas necessidades, e não como professores com quem até então não tiveram muita conexão. › Cada monitor cuidará de cinco a dez alunos, dentro de sua escola, durante duas ou quatro sessões por semana. › Um professor será nomeado *coordenador* do programa para se responsabilizar por seu funcionamento, sem prejuízo das funções da direção. Estabelecerá as normas para garantir a coerência dos monitores acompanhantes, servirá de ligação entre os tutores e os monitores e colaborará com a integração do programa na escola. › Os monitores contarão com um material didático adequado, especialmente voltado para o trabalho das técnicas de estudo.	
	Os mentores ou monitores acompanhantes não substituem professores ou tutores nem duplicam sua ação, mas ajudam os alunos a: › planejar e organizar o trabalho escolar; › adquirir hábitos e técnicas de estudo eficaz; › ficar em dia com o andamento das aulas; › melhorar a aprendizagem de aspectos básicos; › resolver adequadamente conflitos que possam ter com outros alunos ou com professores.	Os mentores ou monitores acompanhantes complementam o trabalho dos professores e dos tutores e ajudam a: › estimular o hábito de leitura; › planejar e organizar o trabalho escolar; › adquirir hábitos e técnicas de estudo eficazes; › ficar em dia com o andamento das aulas; › melhorar a aprendizagem de aspectos básicos; › enfrentar de maneira construtiva a resolução dos conflitos com outros alunos ou com professores. Os monitores e os alunos se comprometerão, em curto prazo, a acompanhar e avaliar o trabalho e os resultados com o tutor e, quando for o caso, com o coordenador.

(Quadro 1.1 – continuação)

	Programas de acompanhamento escolar em instituições de Educação Primária	Programas de acompanhamento escolar em instituições de Educação Secundária Obrigatória
Modalidades	*Modalidade B* O acompanhamento é feito pelos professores da própria escola, que ajudam os alunos a recuperar sua atitude positiva em relação ao estudo e a obter os conhecimentos necessários, principalmente nas áreas instrumentais, para realizá-lo. Um professor será coordenador com as mesmas funções que na Modalidade A.	
Remuneração dos professores	Os professores participantes recebem uma *remuneração*.	Não consta.
Papel da escola	A colaboração da escola é voluntária, e a instituição se compromete a: › integrar o programa ao funcionamento da escola; › selecionar os alunos participantes e negociar com as famílias essa participação; › selecionar os monitores ou sugerir os professores; › colaborar na avaliação de resultados.	
Famílias	As famílias se *comprometem* a: › apoiar o comparecimento frequente dos alunos às atividades do programa; › tornar mais visível, perante o aluno, o interesse por sua evolução escolar; › melhorar, em quantidade e em qualidade, a relação com a escola, adquirindo o compromisso de comparecer às reuniões e convocações individuais.	
Administração	A administração educacional se compromete a: › fornecer os recursos financeiros necessários para a aplicação do programa; › proporcionar a formação necessária aos monitores acompanhantes, professores e coordenadores das escolas; › oferecer os materiais adequados para a aplicação do programa; › manter uma estrutura de apoio às escolas que facilite a resolução dos problemas de organização ou de outra natureza relacionados com o programa; › fornecer os instrumentos para a avaliação dos resultados do programa;	
Avaliação e indicadores	Em relação aos resultados escolares, perguntar-se-á aos professores sobre o progresso do aluno em: › autoestima; › integração social. Perguntar-se-á ao monitor e ao aluno sobre a melhora deste último quanto à: › satisfação pessoal; › autoconfiança; › relação com os outros colegas, com os professores. Além disso, coletar-se-á a opinião das famílias acerca de sua satisfação com o programa e sua percepção sobre a evolução escolar dos alunos.	

(Quadro 1.1 – conclusão)

	Programas de acompanhamento escolar em instituições de Educação Primária	Programas de acompanhamento escolar em instituições de Educação Secundária Obrigatória
Avaliação e indicadores	Os indicadores da avaliação serão construídos considerando-se pelo menos os seguintes aspectos: › progresso nos resultados das avaliações: número de áreas com qualificação global positiva em relação à avaliação anterior; › número de áreas com qualificação positiva no tópico *atitude*. Caso não existam notas para atitude, será feita uma pesquisa com o professor sobre o progresso desses alunos em seus hábitos de trabalho (pontualidade, participação em sala de aula, realização de exercícios e tarefas de casa etc.); › autoestima e autoconfiança; › relação do próprio aluno e de sua família com a escola e os professores; › integração social, relação com os colegas.	Os indicadores de avaliação farão referência aos objetivos e atuações apontados: › em relação aos alunos participantes, servirão para avaliar a melhora na situação acadêmica e na aprendizagem: número de disciplinas superadas, número de alunos que passam para o ano seguinte, melhora na atitude, índice de comparecimento às aulas e às sessões de acompanhamento, porcentagem de aulas em que leva a tarefa feita etc. Ainda, servirão para avaliar o grau de autoestima e autoconfiança desses alunos e sua relação com os professores e colegas; › em relação aos monitores de acompanhamento e à coordenação do programa, servirão para avaliar o grau de satisfação dos alunos com seu monitor e com as atividades que ele propõe, a relação dos monitores com o tutor e as equipes de professores e a integração do programa às atividades cotidianas da escola.

3.4.5 Programa de Apoio e Reforço em escolas de Educação Secundária

Nos institutos de Educação Secundária, há uma proporção importante de alunos que partem com desvantagens educacionais desde o início dos estudos. As causas podem ser o baixo nível sociocultural que existe na região em que residem e problemas de aprendizagem que se arrastam há anos. Os órgãos administrativos educacionais atendem, de maneira prioritária, a esses alunos quando o sistema geral não se mostra suficientemente eficaz.

Pretende-se solucionar a sensação de desamparo que existe nessas escolas, enfrentando a situação e melhorando os resultados. Os alunos com necessidade de apoio especial podem ser: imigrantes, pessoas de etnias diversas, com baixa integração social, escolarização prévia breve ou de má qualidade, com desconhecimento ou baixo nível de conhecimento da língua de aprendizagem.

O baixo nível acadêmico desses alunos faz com que, às vezes, sua conduta seja negativa e influa em um clima deteriorado para toda a escola. As instituições de ensino que se encontram nessa situação requerem o apoio da administração. Trata--se de melhorar o clima geral da escola e, ao mesmo tempo, os resultados das avaliações dos alunos. Em primeiro lugar, são atendidas as escolas que demandam maiores cuidados. Seus alunos vivem em um meio cultural que pouco apoia a sua necessidade de aprendizagem, e isso é decorrente de um baixo nível de formação dos indivíduos que compõem a comunidade, do desconhecimento dos recursos do sistema educacional e das poucas possibilidades econômicas e trabalhistas. Os grupos formados por esses alunos são bastante heterogêneos, e isso faz com que seja necessário atender a essa diversidade. Por outro lado, existem alunos que inicialmente poderiam ter melhores resultados se não estivessem em um clima como esse, no qual consideram que ser reprovado na escola é o mais normal. O *Programa de Apoio e Reforço* propõe mecanismos compensatórios para atenuar essas desvantagens educacionais.

O programa comporta recursos suplementares aos habituais e propõe uma mudança na organização e na metodologia do ensino. São desenvolvidas novas *estratégias* para abordar os problemas em três âmbitos:

> na própria escola, com mudanças na organização e no funcionamento;
> na família do aluno, especialmente para favorecer seu relacionamento com a escola;
> no entorno da escola, para melhorar a oferta cultural não escolar.

O *Programa de Apoio e Reforço* dirige-se fundamentalmente a alunos de Educação Secundária Obrigatória, mas também é voltado a alunos de Educação Primária que depois passarão aos Institutos de Educação Secundária. Segundo os resultados obtidos e avaliados, esse programa continuará sendo desenvolvido para atender às necessidades específicas de cada escola. O Conselho de Educação de cada comunidade autônoma assume o compromisso de apoiar, com esse programa, as escolas que estiverem dispostas a comprometer-se com o projeto. Essa colaboração é voluntária e tem como objetivo a mudança no funcionamento da escola com um apoio específico aos alunos necessitados, para melhorar a quantidade e a qualidade da aprendizagem. As *estratégias* básicas a seguir são:

> novas propostas da atenção à diversidade;
> novos procedimentos de coordenação horizontal;
> novos protocolos de relação com as famílias.

A responsabilidade principal do programa é da equipe diretiva, mas pode-se contar com a atuação de um professor responsável pelo acompanhamento e pela avaliação.

As *linhas de atuação* estão voltadas para:

a. Atenção direta aos alunos:

> transição da etapa de Educação Primária à de Educação Secundária;
> desenvolvimento de capacidades;
> reforço educacional complementar;
> biblioteca escolar;
> convivência escolar.

b. Intervenção em conjunto com as famílias:

> colaboração com as famílias;
> mediação socioeducacional;
> relação com seu entorno;
> acompanhamento escolar;
> *workshops* de atividades extracurriculares;
> absentismo escolar.

Essas linhas de atuação dirigem-se a todos os alunos de Educação Secundária, mas os problemas abordados costumam incidir mais nos alunos dos primeiros anos.

Outras instituições locais também podem participar, desde que se ponham à disposição da escola, para fornecer instalações, recursos humanos e materiais ou para cobrir outras necessidades educacionais, sanitárias ou culturais.

A administração educacional estabelece uma rede de apoio, mediante um *site*, para trocar experiências, dados e informações e compartilhar recursos.

As escolas se comprometem a:
- aplicar o programa durante o tempo proposto;
- fazer as mudanças necessárias para implantá-lo;
- melhorar a situação de partida da escola e obter resultados satisfatórios.

Por sua vez, a administração educacional se compromete a:
- fornecer os recursos necessários;
- formar monitores, professores e coordenadores;
- manter a estrutura de apoio necessária;
- fornecer os instrumentos de avaliação.

Os *indicadores da avaliação* do programa serão:
- a proporção de alunos com resultados globais satisfatórios;
- os resultados nas áreas instrumentais;
- a taxa de abandono escolar.

E, por outro lado, os *indicadores pessoais são*:
- a satisfação de professores, alunos e famílias;
- o nível de conflito na escola;
- o grau de envolvimento das famílias (número de contatos anuais com elas) etc.

A informação geral será obtida pelos resultados acadêmicos dos alunos e por pesquisas de opinião breves dirigidas aos participantes.

3.5 Dificuldades na prática da ação tutorial

A função tutorial não está livre de dificuldades e convém conhecer algumas delas para tentar solucioná-las e, assim, contribuir para a melhora da qualidade educacional. Às vezes, os problemas podem ser a carência material, o tempo ou os locais onde se desenvolve o trabalho; mas, muitas vezes, os obstáculos provêm da falta de formação dos profissionais e, mais frequentemente, da ausência de trabalho em equipe e de um programa educacional coerente e consensual. Contudo, a boa vontade, o conhecimento da pedagogia e a entrega profissional podem ser mais fundamentais no progresso da ação tutorial que qualquer tecnicismo ou ação política.

A função tutorial intrínseca à docente precisa superar as dificuldades que surgem ao desempenhar papéis aparentemente contraditórios. Exige equilíbrio entre a ação instrutiva e uma postura afetiva positiva. É preciso ensinar os conteúdos de cada disciplina e, ao mesmo tempo, orientar sobre a maneira de construir a própria aprendizagem de uma maneira ativa. A formação do professor deve conter o equilíbrio entre o máximo nível acadêmico e didático na disciplina que leciona e uma sólida preparação psicopedagógica.

A seguir, enumeramos, de modo resumido, as dificuldades mais comuns que encontram tanto os tutores novatos quanto, muitas vezes, os mais experimentados.

Quadro 1.2 – Dificuldades encontradas pelo tutor

Setor	Dificuldade
Quanto à própria ação tutorial	› Não estar bem definida a atividade tutorial. › Conjugar em uma só pessoa a autoridade, a seriedade e a disciplina da atividade puramente docente com a compreensão e a amizade da atividade tutorial. › Faltar planejamento dessa atividade no âmbito da atuação de cada tutor. › Faltar tempo para essa atividade. › Em alguns casos, faltar local apropriado.
Quanto ao tutor	› Conceder mais importância à instrução dos alunos que à educação. › Dedicar-se apenas à instrução dos alunos devido a pressões dos pais e da sociedade. › Faltar preparação. › Ter dificuldades pessoais para ser tutor.
Quanto ao aluno	› Haver dificuldade em conhecer a fundo a personalidade humana. › Haver dificuldade na abordagem de certos problemas: sexualidade, inadaptações, complexos etc. › Haver dificuldade ao encontrar alunos cuja problemática excede, às vezes, a ação tutorial.

(continua)

(Quadro 1.2 – conclusão)

Setor	Dificuldade
Quanto aos professores	› Faltar colaboração entre os tutores. › Haver desconhecimento e desinteresse pela ação tutorial. › Não haver trabalho em equipe.
Quanto aos pais	› Conceder mais importância à instrução de seus filhos. › Faltar colaboração e interesse. › Ter atitude negativa em relação à escola.
Quanto à escola	› Faltar apoio e interesse por parte da direção. › Não existir o planejamento dessa atividade na escola.

Fonte: Serranos García y Olivas (1989).

4. Resumo

O conceito de tutoria é dinâmico e universal, motivo pelo qual está aberto aos diferentes espaços e momentos para se poder desenvolver as funções tutoriais de diversas formas e modalidades.

O espírito educacional das sucessivas leis do sistema educacional baseia-se na premissa de que o ensino, sem esquecer a instrução, pretende o desenvolvimento harmonioso e integral da personalidade dos cidadãos. Desse modo, em uma sociedade de grandes mudanças, a tutoria, o apoio direto e personalizado aos alunos, é imprescindível. A discussão gira em torno de a quem cabe mais a educação dos jovens: se à sua família ou à escola. Mas o que se conclui é que é uma tarefa conjunta das duas instituições, não se negando aos pais a prioridade que lhes cabe. A tutoria incide no desenvolvimento curricular dentro do marco da orientação, chegando à concreção da vida das aulas.

A organização das tarefas tutoriais implica uma reflexão pessoal e de equipe acerca das necessidades educacionais da sociedade e da própria escola; diante do desafio de obter o melhor desenvolvimento das capacidades dos alunos, toda a programação tutorial deve ser permanente e sistemática. São muitas as necessidades que existem atualmente no campo educacional, e não é uma das menores a de atender à formação, retribuição e reconhecimento dos tutores. Pede-se ao tutor que seja o dinamizador da ação educacional, aquele que conhece melhor seus alunos, o mediador entre a família e a escola, não apenas para solucionar os problemas e as dificuldades, mas também para otimizar todas as capacidades da pessoa que aprende, sem esquecer o princípio de que o próprio aluno é o protagonista de sua evolução. Um tutor deve ser, portanto, muito bem formado em todo tipo de conhecimentos e técnicas educacionais, mas isso não será suficiente se não tiver um estilo pedagógico nato e/ou adquirido.

5. Referências

ÁLVAREZ GONZÁLEZ, M. y BISQUERRA ALZINA, R. (1996): *Manual de orientación y tutoría*. Barcelona: Praxis.

ÁLVAREZ ROJO, V. y otros (1987): *Metodología de la orientación educativa*. Sevilla: Alfar.

BAUTISTA, R. y otros (1992): *Orientación e intervención educativa en Secundaria*. Málaga: Aljibe.

CONSEJERÍA DE EDUCACIÓN Y CIENCIA (1993): *Plan de Orientación Educativa de Andalucía*. Sevilla: Servicio de Publicaciones de la Junta de Andalucía.

DIRECCIÓN GENERAL DE ORDENACIÓN EDUCATIVA Y FORMACIÓN PROFESIONAL (1994): *La atención educativa de la diversidad de los alumnos en el nuevo modelo educativo*. Sevilla: Servicio de Publicaciones de la Junta de Andalucía.

FLANDERS, N. A. (1977): *Análisis de la interacción didáctica*. Salamanca: Anaya, D. L.

LÁZARO, A. y ASENSI, J. (1989): *Manual de orientación escolar y tutoría*. Madrid: Narcea.

MINISTERIO DE EDUCACIÓN Y CIENCIA (1989): *Libro Blanco para la Reforma del Sistema Educativo*. Madrid: Servicio de Publicaciones del MEC.

MORA, J. A. (1984): *Acción tutorial y orientación educativa*. Madrid: Narcea.

NAGER, N. y SHAPIRO, E. K. (2000): *Revisiting a progressive pedagogy: the developmental-interaction*. Albany (New York): State University of New York Press, cop.

RODRÍGUEZ, M. L. y otros (1989): *Orientación profesional y acción tutorial en Enseñanzas Medias.* Madrid: Narcea.

RODRÍGUEZ, M. L. y otros (1983): *Modelos de intervención en orientación educativa y vocacional. Organización de los servicios y recursos.* Barcelona: PPU.

ROMÁN, J. M. y PASTOR, E. (1984): *La tutoría.* Barcelona: Ceac.

SERRANOS GARCÍA, G. de y OLIVAS, A. (1989): *Acción tutorial en grupo. Plan básico de actuación tutorial.* Madrid: Escuela Española.

ROSENTHAL, R. y JACOBSON, L. (1980): *Pygmalion en la escuela: expectativas del maestro y desarrollo intelectual del alumno.* Madrid: Marova.

unidade
didática
dois

o professor-tutor:
formação e compromissos

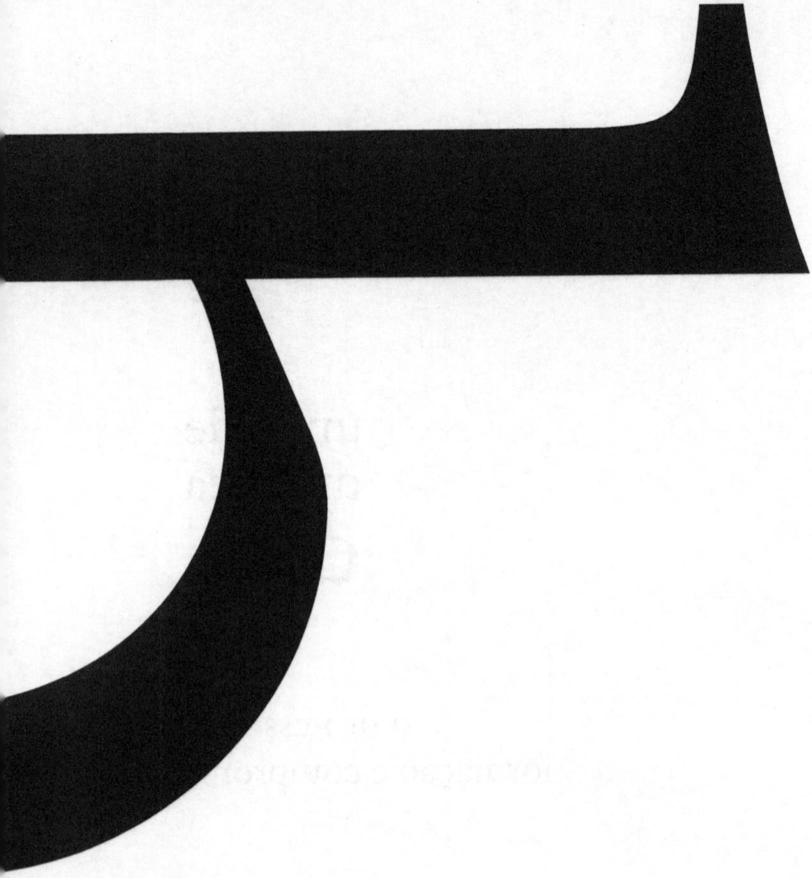

1. Introdução

A atual legislação do sistema educacional espanhol aponta como condição indispensável para uma boa qualidade na oferta educacional o adequado desenvolvimento da função tutorial como parte fundamental da própria ação educacional. A LOE (Lei Orgânica de Educação, 2006) reúne e desenvolve em profundidade o que a LOGSE (Lei Orgânica Geral do Sistema Educacional, 1990) já havia explicitado anteriormente: "A tutoria e orientação dos alunos fará parte da função docente. Cabe às instituições de ensino a coordenação dessas atividades [...]" (LOGSE, art. 60,1).

A resposta educacional não pode reduzir-se à mera instrução nem se basear em uma perspectiva unificadora e competitiva; tampouco se trata de inserir ações de orientação pontuais e isoladas, mas sim de um processo contínuo, integrado, compreensivo, evolutivo, equitativo e que exige constante revisão e aprendizagem. Nesse sentido, exige-se uma nova formação do professorado para que exerça com garantias essa função, ao mesmo tempo que a própria escola é apontada como artífice dessa preparação.

O professor-tutor, além de trabalhar com os tradicionais conteúdos curriculares, deve atender aos aspectos maturacionais, familiares e sociais de seus alunos, paralelamente a outra série de capacidades específicas (trabalhar com os outros, unir ensino com orientação, fazer a mediação com autoaprendizagem, desenvolver um currículo com atenção à diversidade etc.). Por essa razão, precisa de uma formação específica sobre fundamentos, técnicas, procedimentos e recursos que o capacitem para desenvolver, de forma eficaz, sua função orientadora como parte fundamental e inseparável do próprio processo educacional.

Mas qualquer proposta de formação específica deve se encaixar nos parâmetros de desenvolvimento profissional do docente e da própria organização a que pertence. Deve partir da experiência de vida e do saber prático do professor como adulto responsável e profissional, para que seja significativa e para que este *seja* e *se sinta* professor-tutor. Principalmente quando se passa de uma ação tutorial personalizada e individualista para um modelo de *função tutorial*, com diversos programas, níveis de ação e responsáveis por seu desenvolvimento, as propostas formativas e as ações a empreender devem contar, ao mesmo tempo, com a capacidade de aprendizagem organizacional da escola e da equipe à qual o profissional pertence, para que o processo possa ser aplicado em seu contexto.

De qualquer maneira, em toda modalidade de formação, é preciso assegurar a participação responsável e comprometida do professorado que vai exercer a função tutorial; para isso, devem ser consideradas as necessidades, dificuldades, interesses e expectativas desses profissionais. Além disso, precisa existir um acompanhamento das atividades programadas, e estas devem ser desenvolvidas segundo o nível de profundidade e globalidade que o próprio grupo em formação seja capaz de assumir.

A inovação e a formação são dois processos educacionais diretamente relacionados que caminham lado a lado, com o intuito de ir melhorando progressivamente e criando em capacitação e compromisso. É preciso aprofundar em linhas que unam a formação e a ação, e esta deve ser abordada sob uma perspectiva de melhora. Com isso, neste capítulo, pretendemos expor, de um lado, o novo conceito da ação tutorial e o encadeamento desta dentro da própria função docente atual – com seus principais condicionantes, problemas e necessidades – e, de outro, ofertar vias de autoformação válidas para o professorado para que vá adquirindo capacidade e competência para o desenvolvimento da ação tutorial.

2. Objetivos

1. Realizar uma breve descrição do perfil de competências do professor-tutor;
2. Refletir sobre as atuais dificuldades, carências e condições da capacitação dos professores para o desempenho da ação tutorial;
3. Oferecer possibilidades de formação específica do professor-tutor;
4. Propor algumas estratégias de envolvimento e ação em programas de formação-ação e reflexão no seio da instituição educacional.

3. Conteúdos

3.1 Educação, orientação e formação do professorado

Tanto a escola quanto o próprio currículo e a organização devem existir em função do "para que" e "a quem" educar. Nesse sentido, pensamos que é preciso desenvolver capacidades afetivas, cognitivas e sociais para dar aos alunos a autonomia necessária que lhes permita continuar amadurecendo. Em uma sociedade plural e pluricultural, variável e em rápida evolução, com alunos muito diferentes entre si (no que se refere a atitudes, interesses, realidade sociofamiliar e pessoal etc.), a escola tem de atender a essa população em seu conjunto, respeitando suas singularidades e compensando desigualdades. Ao mesmo tempo, deve capacitar-se também para adaptar-se à mudança e à evolução e fazer tudo isso com base na colaboração, na responsabilidade e no respeito.

Para que isso seja possível, não serve qualquer professor nem qualquer escola. Tanto um quanto outro devem se abrir e iniciar processos de reflexão, ação e reconstrução para atender à finalidade educacional.

Essa mesma evolução trouxe consigo a do próprio conceito de orientação e, consequentemente, de tutoria. Passamos por fases orientadas pela ideia de vocação (apoiadas no voluntarismo e nas relações humanas) e por outras mais clínicas e tecnificadas de/para especialistas (para resolver ou corrigir, desenvolver técnicas específicas para diagnosticar e intervir etc.). Mais tarde, observamos uma volta a posturas mais humanistas de assessoria e ajuda qualitativa, que acabaram dando origem a um modelo psíquico-social-pedagógico mais adaptado, contextual e educacional, mas também com pretensão de *profissionalismo*. Nesse marco, a figura do tutor estaria em uma posição central, não por ser o elemento principal, mas por ter de agir como *mediador* entre currículo, interesses e capacidades da criança; entre professores, pais e alunos; entre os alunos entre si e nos processos de ensino-aprendizagem.

A nova concepção educacional de orientação fundamenta-se na ideia de que deve ser seguido, individualmente, por uma classe, por um ciclo e pela própria escola, um plano de ação tutorial que supere a atuação "com os pais" ou individualizada "por classes", para passar a ser uma *função tutorial* desempenhada colegiadamente por um conjunto de pessoas, mas com maior incidência e responsabilidade de cada "tutor" com seus alunos e seu entorno. Essa concepção educacional da função tutorial abriga em si dois níveis ou dimensões de intervenção didática, de comunicação e encontro e organizacional/funcional, que implicam um perfil determinado dessa figura de tutor e, portanto, um novo perfil de formação para ele.

O professor-tutor deve ser um mediador de aprendizagem, comunicação e inter-relações, de modo que precisa saber construir encontros de entendimento com seus tutelados. Precisa de estrutura e possibilidades de funcionamento flexíveis e contextualizadas, propiciadoras de participação, envolvimento, cooperação, comunicação, crítica e melhora. Por isso, o docente deve ser inovador e ter uma visão e uma atuação que ultrapassem as paredes de sua sala de aula, para integrar-se em uma ação global escolar e em um trabalho de equipe. Essa visão deve ser potencializada pela necessidade se oferecer uma proposta curricular significativa, adequada à atenção à diversidade exigida, que apoie e estimule os processos de autoaprendizagem e o desenvolvimento integral dos alunos etc. e que atue dentro dos parâmetros da aprendizagem cooperativa. Além do mais, como vimos em tópicos anteriores, as ações do professor-tutor devem ser: a) atraentes, adaptadas e significativas para seus alunos; b) dinâmicas, flexíveis, participativas, criativas e planejadas; c) plenamente curriculares; d) inclusivas, integradoras, acessíveis e que convidem ao compromisso (escolha, tomada de decisão e posterior realização responsável); e) ações de sentido educacional, não corretivo; e f) ações que atendam a necessidades do grupo e do indivíduo dentro de suas capacidades. A repercussão de tudo isso é que, para desempenhar todos esses papéis e encarar esses desafios, devem existir condições básicas, técnicas adequadas e envolvimento em processos de reflexão, formação e colaboração com colegas. Para observar esses aspectos, acreditamos que se deve empreender um *caminho*, para o qual parece haver hoje importantes empecilhos. Na sequência, tentaremos expor algumas luzes e sombras desse caminho.

3.1.1 Compromisso do professorado com a orientação educacional

A orientação educacional é um permanente compromisso de ajuda que faz parte da função docente para melhor cumprir a missão de atender aos alunos em tudo o que afeta o desenvolvimento integral de sua personalidade, tanto no âmbito escolar quanto no social e no estritamente pessoal e familiar. São muitas as formas de ação de que o professorado dispõe para poder desempenhar as diversas ações inerentes à prática da orientação educacional em qualquer de seus campos, níveis e objetivos. As legislações educacionais atuais que se ocupam desse tema de forma explícita apontam, entre outras, as seguintes formas (LOE, art. 91):

a. a *tutoria* dos alunos, a direção e a orientação de sua aprendizagem e o apoio em seu processo educacional, em colaboração com as famílias;

b. a *orientação educacional*, acadêmica e profissional dos alunos, em colaboração, quando for o caso, com os serviços ou departamentos especializados;

c. a *atenção ao desenvolvimento* intelectual, afetivo, psicomotor, social e moral do alunado;

d. a *contribuição para que as atividades escolares* se desenvolvam em um clima de respeito, tolerância, participação e liberdade, para fomentar nos alunos os valores da cidadania democrática;

e. a *informação periódica às famílias* sobre o processo de aprendizagem de seus filhos, bem como a orientação para que cooperem;

f. a *participação nos planos de avaliação* determinados pelos órgãos administrativos educacionais ou pelas próprias escolas;

g. a *investigação*, a *experimentação* e a *melhora contínua* dos processos de ensino correspondente;

h. os professores realizarão as funções expressas no tópico anterior sob o *princípio de colaboração e trabalho em equipe*.

3.1.2 A responsabilidade do professor-tutor

O professor, como profissional do ensino, deve estar disposto a desempenhar as atividades de orientação educacional tanto individualmente quanto como membro de uma equipe docente, coordenando esforços em favor dos alunos, em particular, e da comunidade educacional, em geral. Isso requer uma nova atitude e *vontade pedagógica* que superem antigas inércias e propostas docentes apoiadas no exclusivo exercício do ensino. O professor, além de docente, assume as responsabilidades de *educador, orientador e tutor*, como membro ativo da escola e da comunidade educacional. Para exercer essas responsabilidades, conta com o necessário apoio da administração.

> "A atividade das escolas recai, em última instância, no professorado que nelas trabalha. Conseguir que todos os jovens desenvolvam ao máximo suas capacidades, em um marco de qualidade e equidade, transformar os objetivos gerais em conquistas concretas, adaptar o currículo e a ação educacional às circunstâncias específicas em que as escolas se desenvolvem, conseguir que os pais e as mães se envolvam na educação de seus filhos não é possível sem um professorado comprometido em sua tarefa. Por um lado, as mudanças ocorridas no sistema educacional e no funcionamento das escolas obrigam a revisar o modelo da formação inicial dos professores e adequá-lo ao entorno europeu. Por outro lado, o desenvolvimento profissional exige um compromisso, por parte dos orgãos administrativos educacionais, com formação contínua do professorado ligada à prática educacional. E tudo isso é impossível sem o necessário reconhecimento social da função que os professores desempenham e da tarefa que desenvolvem."
>
> Para isso, é importante que se preste "uma atenção prioritária a sua formação inicial e permanente, cuja reforma deve ser feita no contexto do novo Espaço Europeu de Educação Superior e com o fim de atender às necessidades e às novas demandas que o sistema educacional recebe. A formação inicial deve incluir, além da adequada preparação científica, uma formação pedagógica e didática, que se complementará com a tutoria e a assessoria aos novos professores por parte de colegas experimentados". (LOE, 2006, Preâmbulo)

O *professor-tutor*, em consonância com o exposto anteriormente, é o *profissional docente formado e especializado* que está à frente de uma tutoria e executa nela um *plano de ação tutorial*, no qual se priorizam as tarefas de *orientação educacional* que serão desenvolvidas em favor de um grupo de alunos.

3.1.3 Funções do professor-tutor

A *tutoria* é um dos recursos mais eficazes para levar a orientação educacional à prática de uma forma real, operacional e eficiente. É o marco, o espaço ou a oportunidade que se põe à disposição do professorado para que, de uma forma institucional, específica e organizada, exerça a orientação educacional. O professor, quando se responsabiliza pela *tutoria* de um grupo, ou de um aluno, está assumindo um conjunto de *funções* com as quais se compromete e mediante as quais pode desenvolver uma série ações de orientação educacional. As *funções do professor-tutor* podem ser analisadas considerando-se os destinatários de suas atuações tutoriais – *alunos, professores* e *pais*. A seguir, apontamos uma série de funções específicas que o professor-tutor deve desempenhar para poder atender aos compromissos exigidos pela ação tutorial.

a. **Com os alunos**

> Ajudar o aluno a descobrir seus próprios valores, interesses, capacidades e a assumir suas dificuldades;
> Ajudar o aluno em qualquer tomada de decisões;
> Ajudar o aluno no desenvolvimento da aprendizagem, verificando a adequação e o cumprimento dos programas;
> Conhecer os problemas e as situações pessoais de cada aluno;
> Facilitar a integração dos alunos em seu grupo/classe e no conjunto da dinâmica escolar;
> Contribuir com a personalização dos processos de ensino-aprendizagem;
> Fazer um acompanhamento global dos processos de aprendizagem dos alunos para detectar as dificuldades e as necessidades especiais, com o

objetivo de articular as respostas educacionais adequadas e reunir, quando for o caso, a oportuna assessoria e apoio;
› Coordenar o processo avaliador dos alunos e assessorar sua promoção de um ciclo a outro;
› Favorecer os processos de amadurecimento vocacional, bem como de orientação educacional e profissional dos alunos;
› Fomentar, no grupo de alunos, o desenvolvimento de atitudes participativas tanto na escola quanto em seu entorno sociocultural e natural;
› Informar aos alunos, pontualmente, seus resultados acadêmicos;
› Informar ao grupo a respeito de recursos e atividades interessantes que existam em seu entorno mais imediato, contribuindo, dessa forma, com o desenvolvimento de *hobbies* e habilidades diversas;
› Organizar atividades escolares e extracurriculares.

b. **Com os professores**

› Coordenar o ajuste das programações ao grupo de alunos, especialmente no que se refere às respostas educacionais às necessidades especiais e/ou de apoio;
› Coordenar o processo avaliador realizado pelos professores do grupo/classe, bem como, em geral, a informação acerca dos alunos que têm vários professores;
› Possibilitar linhas de ação com os demais tutores no marco do projeto educacional da escola e, quando for o caso, do Departamento de Orientação;
› Participar da elaboração de objetivos educacionais da escola;
› Coordenar as reuniões de avaliação;
› Levar à junta de avaliação as opiniões e as dificuldades do grupo, propondo objetivos concretos e comuns, que serão revistos na sessão seguinte.

c. **Com os pais**

> Contribuir para o estabelecimento de relações fluentes com os pais, que facilitem a conexão entre as escolas e as famílias;
> Orientar os pais sobre o momento evolutivo do aluno e a forma de abordar os possíveis problemas, colaborando com o serviço de orientação;
> Envolver os pais em atividades de apoio à aprendizagem e à orientação de seus filhos;
> Informar periodicamente os pais sobre todos os assuntos que afetem a educação de seus filhos;
> Informar os pais sobre a organização, as normas ou as decisões do professorado ou da junta de avaliação, se necessário;
> Atualizar os pais pedagogicamente;
> Informar sobre as faltas, o incidentes ou as sanções;
> Dinamizar todo o processo de coordenação e cooperação entre grupo, escola e família.

3.2 Compromissos relevantes da tutoria

Muitos podem ser os compromissos e as urgências envolvidos no atendimento da tutoria em um período determinado, seja por exigências de planejamento, seja por necessidades peculiares de uma escola específica, seja por circunstâncias peculiares imprevistas. Mas, à margem de exageros ou preferências, parece evidente que, no ambiente escolar, existem duas prioridades relevantes do sistema educacional que se destacam dentre outras igualmente importantes: a *atenção à diversidade* e o *desenvolvimento das competências básicas*. Não são temas de responsabilidade exclusiva da tutoria, mas cabe a ela, e especificamente ao professor-tutor, a tarefa de impulsionar, fomentar e verificar a aplicação de ambos os compromissos escolares e educacionais.

3.2.1 Atenção à diversidade

O professor-tutor, em sua responsabilidade na tutoria, com o apoio e a assessoria do Departamento de Orientação e com a participação dos professores da instituição educacional, tem a obrigação de possibilitar o desenvolvimento integral, intelectual, social e pessoal a todos os alunos sob seu encargo, cumprindo os princípios e as diretrizes apontados na lei vigente (LOE, 2006) quanto à *atenção à diversidade* e às diferenças dos alunos. Parte-se do *princípio de inclusão* como o único meio de garantir o desenvolvimento com sucesso de todos e favorecer a equidade que contribua para uma maior coesão social. A educação deve se adequar às diferentes aptidões, interesses, expectativas e necessidades dos alunos, bem como às mudanças por que passam eles e a sociedade. A atenção à diversidade é desenvolvida também sob o *princípio de compreensão*, pois a escola é um direito e uma oportunidade para que todos atinjam o mínimo desenvolvimento esperado na sociedade atual.

A atenção à diversidade, sendo um princípio, é necessária em todas as etapas educacionais e a todos os alunos, e não é uma medida para poucos. Leis anteriores da mesma categoria contemplavam a importância de se atender às diferenças individuais, mas a LOE considera, sob o enfoque do Preâmbulo, que atender à diversidade do alunado e a suas diferenças é um desafio para obter a equidade, visto que o acesso geral à educação gerou grande complexidade no ensino. O professor-tutor, em sua responsabilidade tutorial, deve estar atento à exigência de flexibilidade do sistema educacional que coordena, e, por sua vez, a escola, com a autonomia que lhe é reconhecida, deve adotar medidas organizacionais e curriculares pertinentes, que permitam a tutores e professores atender com *qualidade* a todos os alunos, segundo as circunstâncias específicas em que se encontram e as características que os diferenciam.

A atenção à diversidade requer a observação de algumas características conforme as diferentes *etapas* educacionais em que for contemplada.

a. **Educação Infantil**

É única, com identidade própria, e não se propõe que nela se contemple a atenção à diversidade; mas será necessário fazê-lo em virtude da natureza educacional da etapa e em cumprimento aos princípios fundamentais da educação. Contudo, os artigos da LOE trazem medidas singulares para as crianças que tenham especial dificuldade devido a suas *condições sociais*.

b. **Educação Primária**

A ênfase está na *prevenção das dificuldades* da aprendizagem, dando-se *atenção individualizada*, atuando-se com *mecanismos de reforço* tão logo as dificuldades sejam detectadas. Deve ser feita uma *avaliação de diagnóstico* das competências básicas no fim do segundo ciclo para formar e orientar, fornecendo-se o *relatório* necessário sobre a situação dos alunos e da própria escola, para, assim, serem adotadas as medidas pertinentes que permitam melhorar as possíveis deficiências detectadas.

c. **Educação Secundária**

Deve-se combinar o princípio de uma *educação comum* com a *atenção à diversidade*, permitindo que as escolas adotem com *flexibilidade* e *autonomia* as medidas organizacionais e curriculares mais adequadas às características de seus alunos. Deve-se levar em conta especialmente a aprendizagem dos alunos e favorecer a capacidade de *aprender por si mesmo*, bem como de *trabalhar em equipe*. Nos três primeiros anos, o ensino deve centrar-se no *reforço das capacidades básicas* para os que necessitem, e o quarto ano deve ter um caráter orientador, visando aos estudos pós-obrigatórios ou à incorporação à vida profissional. Este último ano tem uma organização flexível das disciplinas comuns e *opcionais* para oferecer mais possibilidades de escolha aos alunos em função de suas expectativas e interesses.

O orientador (Departamento de Orientação) faz uma *avaliação psicopedagógica* e emite um relatório com os dados relevantes sobre o aluno, considerando:

› o *histórico educacional e escolar do aluno*: dificuldades, competências, estilo de aprendizagem, autoestima, motivação, expectativas, interesse por ser atendido;

› o *contexto escolar*: relatórios dos professores sobre rendimento, interesses, adaptação ao grupo;

› o *contexto familiar*: nível e clima da família, expectativas sobre o filho, apoio, colaboração com a escola, possível apoio às medidas educacionais.

Estas são algumas das *medidas* gerais de atenção à diversidade na Educação Secundária Obrigatória (ESO):

› adaptações do currículo;
› integração de disciplinas em áreas;
› agrupamentos flexíveis;
› desdobramentos de grupos;
› oferta de disciplinas opcionais;
› programas de reforço;
› programas de tratamento personalizado para o alunado com necessidade específica de apoio educacional.

Para os alunos com dificuldades especiais de aprendizagem, deve haver um programa de *diversificação curricular* a partir do terceiro ano; além disso, para evitar o abandono escolar precoce, oferecem-se expectativas de formação e qualificação posteriores que facilitam o acesso à vida profissional para alunos maiores de 16 anos.

Os alunos maiores de 16 anos que não tiverem obtido o diploma em ESO devem ter a possibilidade de dispor de programas de *qualificação profissional inicial* que os capacitem a ingressar no Sistema Nacional de Qualificações e Formação Profissional.

A *orientação educacional e profissional* dos estudantes é considerada o meio necessário para a obtenção de uma formação personalizada, que integre conhecimentos, destrezas e valores. A *formação profissional* deve oferecer também diversidade de profissões e flexibilidade que permitam a inter-relação de seus vários subsistemas.

d. **Bacharelado**

É organizado também de maneira flexível, para que os alunos possam escolher disciplinas da modalidade e outras opcionais.

Entre as medidas de atenção à diversidade, destacam-se as *adaptações curriculares*, a integração de disciplinas em áreas, os agrupamentos flexíveis, o desdobramento de grupos, a oferta de disciplinas opcionais, programas de reforço e programas de tratamento personalizado para o alunado com necessidades específicas de apoio educacional. As escolas devem ter a flexibilidade e a autonomia necessárias para organizar os grupos e adotar as medidas pertinentes para atender à diversidade e às características dos alunos. Em nenhum caso essas medidas podem representar uma discriminação que impeça alguns de atingir os objetivos e a graduação correspondentes.

O *projeto educacional escolar* deve levar em conta as características do entorno social e cultural da escola e determinar a forma de atenção à diversidade dos alunos e a ação tutorial.

Para garantir a equidade na educação, propõe-se que os grupos de alunos que requeiram atenção educacional diferente da regular, por apresentarem alguma necessidade específica de apoio educacional, sejam tratados para obter a plena inclusão e integração. A atenção integral será dispensada a partir do momento em que a necessidade for identificada, sob os princípios da inclusão, garantindo a escolarização, assegurando a participação dos pais nas decisões que afetem a educação, assessorando-os e informando-os, de maneira individualizada, a respeito da ajuda na educação de seus filhos.

A atenção educacional diferente da regular pode ser exigida em razão das seguintes situações, observando-se que cada uma requer uma atuação específica:

› *necessidades educacionais especiais*, por incapacidades ou transtornos graves de conduta, sendo necessário o desenvolvimento de programas adequados;
› *altas capacidades intelectuais*, devendo-se identificar as características do aluno e fazer uma avaliação precoce; flexibilizar a duração dos estudos não apenas em função da idade;
› *incorporação tardia ao sistema educacional*, por proceder de outros países ou por qualquer outro motivo, devendo-se considerar as circunstâncias, conhecimentos, idade e histórico acadêmico do aluno, levando-se em conta seus

conhecimentos prévios; proporcionar escolarização especial simultânea à participação em grupos regulares, informando-se os pais acerca dos direitos, deveres e oportunidades que o sistema educacional espanhol comporta.

Outro fator que exige atenção educacional especial são as *condições pessoais ou de histórico escolar*. Na tutoria, uma das formas de compensar as desigualdades é conhecer, elaborar e aplicar programas específicos desenvolvidos nas escolas segundo as *necessidades* dos alunos e as *circunstâncias* ambientais. Os fatores que geram desigualdades podem provir de âmbitos sociais, econômicos, culturais, geográficos, técnicos e de qualquer outra natureza. Os critérios de referência que podem ser levados em conta são a população em geral que se encaixa na idade da etapa, a natureza real dos alunos específicos da escola em que se trabalha e a realidade mais concreta dos indivíduos, das relações e das dinâmicas de grupo que se produzem no grupo/classe com que se trabalha.

O *Departamento de Orientação*, ao elaborar seu *Plano de Orientação e Atenção Tutorial* (Poat), conta com a colaboração da *tutoria* e dos professores para:

› formular os objetivos de atenção à diversidade;
› planejar o apoio dentro e fora da sala de aula e do grupo de referência;
› organizar as atividades dos profissionais da escola para aqueles a quem compete a atenção à diversidade;
› coordenar a equipe docente;
› colaborar com as famílias;
› usar e ensinar a usar a rede de recursos;
› acompanhar e avaliar as atividades.

Os *documentos* que um tutor deve conhecer, dos quais devem constar as medidas de atenção à diversidade, são:

› o Projeto Curricular Escolar;
› o conjunto de Adaptações Curriculares;
› o Programa de Diversificação Curricular (PDC);
› o Plano de Compensação Educacional;
› os Ditames de Escolarização;

- o Programa de Garantia Social;
- as Medidas de Apoio e Reforço.

Os tutores devem colaborar com o Departamento de Orientação na *avaliação* das necessidades específicas dos alunos, na *elaboração* das adaptações curriculares e na *coordenação* dos programas de intervenção atribuídos à equipe educacional do grupo que exerce a tutoria.

Para os alunos do PDC, o Poat aponta que os professores e os tutores devem:

- acompanhar os processos de ensino e aprendizagem dos alunos;
- motivar os alunos segundo as necessidades que estes apresentam;
- reforçar os processos cognitivos e os hábitos de estudo dos alunos;
- ensinar os alunos a se relacionarem socialmente;
- orientar os alunos sobre os projetos acadêmicos e profissionais que cada um pretende desenvolver.

A *formação permanente* do professorado deve se referir a aspectos como coordenação, orientação, tutoria, atenção educacional à diversidade e organização.

A *bagagem profissional* que um tutor deve ter para atender à diversidade inclui:

- saber observar as características diferenciais de cada aluno;
- conhecer as estratégias para prevenir e resolver os conflitos;
- dispor de baterias de recursos para atender aos diversos interesses, capacidades e níveis curriculares;
- gerenciar os recursos necessários para a aplicação de métodos, instrumentos, indicadores de avaliação, adaptados a cada perfil de desenvolvimento individual;
- possuir as habilidades necessárias para motivar a personalidade de cada aluno;
- desenvolver a relação com as famílias para coordenar, com elas, a adaptação dos estudos a cada aluno;
- relacionar-se com a equipe docente para harmonizar a intervenção educacional dos alunos.

Enfim, o tutor, o orientador e as equipes docentes devem trabalhar *conjuntamente* na atenção à diversidade, detectando o quanto antes os casos e aplicando as intervenções de trabalho. Do mesmo modo, é muito importante a *colaboração das famílias*, pois seu consentimento por escrito é necessário para desenvolver as medidas de atenção à diversidade, quando forem específicas. O tutor desempenha um papel fundamental na transmissão de informações e conselhos aos pais, bem como na coordenação de todo o tratamento, sua avaliação e consequentes decisões tomadas.

Em coordenação com o *Departamento de Orientação*, o tutor deve:

> coletar informação por meio de uma *ficha personalizada*, na qual incluirá:
>> dados pessoais e familiares;
>> dados do histórico familiar e escolar;
>> características pessoais: interesses, motivação e estilos de aprendizagem, estrutura familiar e estilo de vida, integração à escola, atividades de lazer;
>> nível de desenvolvimento e competência curricular;
>> projeto de vida;
>> medidas educacionais personalizadas;
>> resultados acadêmicos anteriores;
>> relatórios do curso e etapas anteriores.

> conhecer, propor, desenvolver e avaliar as medidas de atenção à diversidade de seus alunos nas sessões de avaliação que presidem;

> tratar, nas sessões de avaliação, da aprovação dos alunos que estão sob um programa específico;

> reunir-se regularmente com os pais ou responsáveis para receber informações sobre a situação do desenvolvimento personalizado de seus filhos;

> procurar fazer com que o aluno, segundo suas características e idade, participe ativamente de seu plano personalizado de aprendizagem e desenvolvimento;

> otimizar, para os alunos com necessidades educacionais especiais, as possibilidades de integração à sala de aula e ao grupo de referência;

| Formação de tutores: fundamentos teóricos e práticos

> obter um clima de classe adequado para a convivência e o trabalho escolar, no qual sejam aceitos todos os integrantes do grupo.

Uma das questões que geram mais controvérsia entre os professores em relação ao tratamento da diversidade é a possibilidade de rebaixar os níveis para integrar todos os alunos. A solução proposta é aplicar as ações necessárias para que todos os discentes cheguem ao nível básico determinado no currículo.

A atenção à diversidade representa um paradigma no qual se ajustam os interesses, as capacidades e as necessidades dos alunos para que tenham acesso à cultura básica e essencial para se desenvolverem pessoal, social e profissionalmente.

Alguns professores dão mais ênfase à sua tarefa de ensinar uma disciplina do que à observação e à avaliação dos processos e dos resultados de aprendizagens obtidas. Mas, para promoverem um ensino de qualidade satisfatória para todos, em conjunto com a comunidade educacional, o professor e o tutor devem reconhecer e gerir os processos necessários para atender às necessidades educacionais específicas e pessoais de todos os alunos. O desafio é introduzir *programas, mecanismos e técnicas* que tornem acessível a todos os alunos a educação básica oferecida no currículo. O tutor é o *pivô*, a *peça-chave*, a *pedra angular* em que se apoiam o orientador e o professor de cada disciplina para proporcionar a atenção à diversidade dos alunos.

3.2.2 Fomento das competências básicas

A legislação educacional (LOE, 2006, art. 91) sustenta que algumas das funções do professorado são a tutoria dos alunos, a direção e a orientação da aprendizagem e o apoio ao processo educacional, em colaboração com as famílias. Portanto, cabem ao professor-tutor a orientação educacional, acadêmica e profissional dos alunos, a atenção a todo o desenvolvimento intelectual, afetivo, psicomotor, social e moral, bem como a organização das atividades complementares dentro e fora da escola.

A ideia é proporcionar a todos os jovens uma educação completa na qual adquiram as *competências básicas* necessárias para a sociedade atual, de maneira que se estimulem neles a autonomia e o aprendizado por si sós.

Na *sociedade do conhecimento*, as competências são uma parte fundamental do currículo. Nesse marco, o aluno é o ator, o centro; o professor ajuda, apoia, treina. A formação se dá tanto dentro quanto fora do sistema educacional, pois a aquisição de competências pessoais e profissionais é uma tarefa de educação ao longo da vida. O papel do professor-tutor no currículo é o de coordenador do plano de estudos e de carreira para a vida e a profissão. Um novo paradigma educacional de educação para as competências defende que um aluno bem formado deve *saber ser* e *saber estar* em qualquer circunstância e ao longo de toda a vida.

O aumento de informação circulante obriga a retomar tanto o *saber* quanto o *saber fazer*. Os trabalhos atuais variam em natureza, e os trabalhadores precisam adaptar-se às mudanças. Solicita-se aos educadores, e em particular aos professores-tutores, que enfatizem o rigor da aprendizagem e seu enfoque prático. Pode ser relativamente simples entender quais são as competências que tornam uma pessoa útil, mas é um problema importante pôr em prática as programações e os métodos educacionais que desenvolvam essas competências.

Na nova definição do currículo, as *competências* adquirem um papel fundamental para determinar a formação que os alunos hão de receber. O professor-tutor coordena a criação, a implementação e a avaliação dos objetivos e das competências com base em:

> um *currículo tradicional*, que propõe a transmissão dos conhecimentos e do saber;
> um *currículo aplicado*, que tem como objetivo a aprendizagem de habilidades e destrezas relativas ao saber fazer;
> um *currículo aberto*, que enfatiza o reforço das atitudes de saber ser e saber estar.

O *Programa Definição e Seleção de Competências* (DeSeCo), desenvolvido pela Organização para a Cooperação e o Desenvolvimento Econômico (OCDE), destaca as competências essenciais para a vida das pessoas e para o bom funcionamento da sociedade:

a. Competências para utilizar bem os instrumentos socioculturais necessários para interagir com o meio:
   › conhecimento;
   › linguagem;
   › símbolos e números;
   › informação e conhecimento prévio;
   › instrumentos físicos das novas tecnologias.

b. Competências para interagir em grupos heterogêneos:
   › relacionar-se bem com os outros;
   › cooperar e trabalhar em equipe;
   › ter habilidade para gerenciar e resolver conflitos.

c. Competências para atuar de forma autônoma:
   › compreender o contexto em que se atua e se tornam decisões;
   › criar e administrar planos de vida e projetos pessoais;
   › defender e afirmar os próprios direitos, interesses, necessidades e limites, os próprios projetos de vida.

As *competências-chave* (*key competencies*) favorecem o planejamento do currículo, relacionando entre si todas as disciplinas de estudo. O professor-tutor deve levar em conta:

› que sejam relevantes não apenas para os especialistas, mas também para todas as pessoas;
› que possam desenvolver-se em contextos específicos;
› que permitam a incorporação à vida adulta de maneira satisfatória, a inclusão social e o emprego;
› que se crie o hábito de desenvolver, de maneira autônoma, uma aprendizagem permanente;
› que os resultados sejam bem valorizados pelo indivíduo e pela sociedade.

As competências básicas podem ser desenvolvidas na função tutorial, enfatizando-se a aquisição de atitudes pessoais e considerando-se cada disciplina de aprendizagem como dependente das demais e, ao mesmo tempo, destacando-se o valor transversal e a aplicação das competências na vida diária:

> A *competência linguística* é a base de qualquer outra aprendizagem. O idioma é o veículo do pensamento, da expressão de emoções e da própria linguagem, ou metacognição.

> A *competência matemática* visa superar as dificuldades que a aquisição dos conteúdos dessa disciplina representa, e, para isso, levam-se o pensamento e a precisão do cálculo às situações tanto da vida cotidiana quanto do prazer do pensamento matemático.

> A *competência cultural e artística* é desenvolvida no que concerne à sensibilidade, à tolerância, às relações pessoais e à conservação do patrimônio.

> A *competência relativa ao tratamento da informação*, ou *competência digital*, leva a um clima de eficiência, empregabilidade, responsabilidade e autonomia.

> A *competência relativa ao reconhecimento do mundo físico e à interação com ele* significa a educação para o trabalho pelo conhecimento dos meios e dos recursos para a vida. É desenvolvida com a autonomia na tomada de decisões e com um consumo responsável, bem como com a conservação do meio ambiente e a atitude para obter qualidade de vida.

> A *competência para construir uma vida social e cidadã* fundamenta-se nos valores de convivência, paz, democracia, autonomia, defesa e solidariedade.

> A *competência de aprender a aprender* é favorecida com o autocontrole, a disciplina, o silêncio, as técnicas de estudo, a eficiência no trabalho, a colaboração e a autoavaliação, até chegar ao prazer de estudar e aprender por si mesmo.

> A *competência para obter autonomia e iniciativa pessoal* representa a proposição de um projeto de vida, uma autonomia de mentalidade empresarial, o desenvolvimento da vontade, a constância, a criatividade, a crítica, a cooperação e a confiança no trabalho.

Além dos conhecimentos, são necessárias destrezas e atitudes desenvolvidas em contextos específicos, mobilizando-se recursos psicossociais. O contexto da escola é um lugar privilegiado para que os alunos aprendam e treinem as habilidades que serão necessárias ali e em outros âmbitos da vida menos protegidos e, às vezes, mais complexos. Nesse contexto escolar, o tutor deve conjugar todos os recursos pessoais do aluno, dos professores e das famílias.

O tutor tem a função de potencializar a aquisição de competências, tais como as descritas a seguir.

a. **Em relação aos alunos**

> Conhecer os alunos individualmente;
> Facilitar a personalização do ensino;
> Ensinar seus alunos a estudar;
> Favorecer a tomada de decisões individual e coletiva;
> Orientar para a vida e a profissão;
> Favorecer o clima de convivência e aprendizagem;
> Fomentar a participação e a inclusão de todos os componentes do grupo;
> Coordenar o processo de avaliação;
> Estimular a participação na escola e no entorno social;
> Fazer dos alunos participantes de sua própria avaliação.

b. **Em relação aos professores**

> Coordenar a equipe docente para o melhor desenvolvimento da *transversalidade* das competências;
> Coordenar as programações das diversas disciplinas em função de competências básicas e comuns;
> Coordenar as sessões de avaliação sob o critério da aquisição das competências.

c. **Em relação às famílias**

> Facilitar a relação entre a família e a escola no que se refere à programação de competências;

> Facilitar a informação recíproca;
> Fomentar a colaboração da família.

A tutoria para a obtenção das competências precisa superar uma dificuldade inicial: parte-se da ideia de que é mais complicado que simplesmente ensinar uma disciplina. O professor pode ter a impressão de que tudo recai sobre as costas da figura do professor-tutor. Há necessidade de uma reflexão acerca do papel tradicional dos professores e uma nova cultura educacional que apoie e reforce a função tutorial em todos os membros de uma equipe docente.

Do professor-tutor espera-se que coordene todo o desenvolvimento dos alunos. Para isso, é necessário:

> entender até onde pode chegar o aluno;
> conhecer os fatores estruturais que facilitam a empregabilidade, especialmente em relação ao gênero;
> situar o aluno nos cinco níveis de qualificação profissional;
> sentir-se protagonista da mudança na autonomia de seus alunos;
> ter orgulho de sua tarefa social como profissional;
> realizar uma educação realista na sociedade;
> convidar o aluno a ser o protagonista de seu desenvolvimento;
> entender que o aluno muda, resiste, mas quase sempre agradece a ajuda recebida quando reconhece o apoio como uma das causas de suas competências pessoal, social e profissional.

Para a ajuda tutorial que o aluno requer em todo o seu caminho de vida rumo à empregabilidade e à inserção social e profissional, as competências-chave que devem ser dominadas são as descritas a seguir:

> conhecer e gerir os recursos de emprego, desde a pedagogia infantil até a passagem por diversos *workshops* de formação profissional;
> identificar e valorizar as próprias capacidades, conhecer a si próprio em potenciais e limites pessoais, de maneira evolutiva e realista;
> ter disposição para a aprendizagem, valorizar as obras benfeitas, evitando-se as precipitações e o pouco compromisso com as próprias realizações;

- situar-se no contexto profissional para que o trabalho seja positivo para a própria pessoa e para o entorno empresarial e social;
- desenvolver as habilidades de comunicação, gerir a inteligência emocional, expressar os próprios sentimentos e pensamentos, ouvir os outros e dar-lhes atenção, pondo-se no lugar deles;
- potencializar as habilidades sociais, comunicar-se com os colegas de equipe e trabalho, relacionar-se correta e lealmente com os superiores em atitude assertiva;
- aprender a trabalhar em grupo e colaborar na realização das tarefas de uma equipe, participando dos objetivos comuns;
- desenvolver a responsabilidade, envolvendo-se no trabalho pessoal, considerando-o como parte da realização e satisfação pessoais;
- fomentar a adaptabilidade, adquirir habilidades para se adequar positivamente às mudanças e aos imprevistos;
- organizar o próprio trabalho, adquirir progressivamente a independência necessária e relativa à própria idade e à natureza das tarefas;
- aperfeiçoar as competências para negociar e aumentar a disposição para o diálogo, buscando-se posições de aproximação, especialmente em situações de conflito;
- gerenciar as situações de estresse, conhecer e administrar estratégias de resposta diante das dificuldades, frustrações e tensões que o trabalho possa gerar.

A *educação por competências* pode desconcertar professores e tutores se estes não se sentirem capazes de proporcionar todas as chaves para se obter a qualidade requerida nessa aquisição. Propomos algumas pautas ou sugestões para analisar essa situação:

- O professorado em geral e o professor-tutor não são os únicos responsáveis pela educação por competências.
- O professor é o dinamizador da aprendizagem em uma sociedade que cada vez mais apresenta maiores desafios.
- Mais que nunca, é fundamental o trabalho em equipe com os demais professores de um grupo e de uma instituição.

› A educação é um fato não necessariamente ligado a escolas.
› A escola não é a única transmissora de conhecimentos.
› O aspecto acadêmico não é o único importante em uma escola.
› É imprescindível determinar e gerir uma organização flexível do ensino.
› O conhecimento, a metodologia e a avaliação de cada pessoa e tipo de aluno devem ser personalizados.
› É preciso superar a ideia de exclusividade na transmissão, motivação e credenciamento dos saberes e das competências.
› O credenciamento em uma competência pode se dar mais pelo domínio dela do que pelo processo de aquisição seguido para obtê-la.
› A aprendizagem das competências é uma tarefa sempre inacabada.

A função tutorial, no que se refere à aquisição de competências pelos alunos, pode centrar-se nos aspectos fundamentais de *saber*, *saber fazer*, *saber ser/estar* e *saber conviver*, de modo a permitir-lhes:

› julgar os conhecimentos de cada disciplina como algo reconhecido cientificamente e, ao mesmo tempo, submetido ao princípio de falsificabilidade: *saber*;
› saber aplicar o que conhecem na solução de qualquer situação problemática: *saber fazer*;
› julgar com autonomia ética e estabelecer seu compromisso pessoal e social: *saber ser* e *saber estar*;
› saber respeitar as opiniões, as crenças dos outros e ter um atitude aberta à compreensão das diferenças interculturais: *saber conviver*.

Para isso, o professor-tutor deve apoiar-se nos *quatro pilares* que a Unesco propõe como os princípios pedagógicos que guiam a educação em todo o mundo:

› aprender a ser;
› aprender a aprender;
› aprender a fazer;
› aprender a conviver.

3.3 Necessidade de formação do professor-tutor

No que se refere à necessidade de formação do professor-tutor para desempenhar as funções de orientação em sua classe, concluímos que há diversas disfunções e carências formativas importantes nos atuais professores em exercício que dificultam o correto desenvolvimento da função de tutor (Torres, 1995). Entre outras, destacam-se as apresentadas no quadro a seguir.

Quadro 2.1 – Carência na formação do professor-tutor

Dimensões da formação	Principais resultados da pesquisa
Conhecimento da orientação	› Há carências significativas na formação inicial, com incidência mais teórica que prática. › Embora demonstrem conhecimento da função tutorial, a maioria dos profissionais a separa de sua ação cotidiana dentro da sala de aula, deixando-a quase em ações pontuais individuais ou coletivas de assessoria. › Os professores mostram carências importantes no conhecimento e no emprego de técnicas, programas e tarefas próprios da orientação.
Atitude para com a tarefa orientadora	› Embora seja valorizada, não a consideram tão importante quanto caberia esperar/desejar. › Mostram que é uma atitude pessoal e sem muita importância em uma escola e/ou em reuniões de equipe. › Seu envolvimento cresce quando outros colegas (da escola) influenciam.
Aptidão para o desenvolvimento de tarefas de orientação educacional	O professorado não se sente capacitado para o desempenho dessa função. Em especial, no que se refere a: › unir a ação às tarefas cotidianas de classe; › diagnosticar e intervir em casos de necessidades especiais; › aplicar certas técnicas; › aplicar e desenvolver programas específicos; › confeccionar e desenvolver adaptações curriculares individualizadas.

Fonte: Torres (1995).

Embora essas deficiências, em si, sejam altamente significativas, são ainda mais por se referirem aos professores de Educação Primária, que receberam uma formação específica didático-pedagógica e de psicologia evolutiva e que formam – por tradição – o setor de profissionais da educação que mais trabalha o tema. Na Educação Secundária, essas carências formativas se acentuam, posto que esse professorado se caracteriza, em grande medida, por sua formação inicial de pouco ou nenhum componente pedagógico, com um perfil profissional e exigências sociais que seguem mais a linha de bons instrutores e conhecedores, com rigor científico, de sua área, mais que da didática dela, com um claro distanciamento do alunado e de suas circunstâncias. Nisso incidem também fortemente as próprias condições de trabalho, que não estão pensadas para desenvolver essa função tutorial que agora se demanda com insistência.

Ocorrem, de fato, motivos de tensão cotidiana que dificultam, na prática, o desenvolvimento da função tutorial. Desse modo, é frequente unir o "fornecimento de conteúdos" com a adequada atenção à diversidade ou haver o tradicional conflito entre motivação-esforço-responsabilidade e exigência, para não nos aprofundarmos nessa linha. Às vezes, apesar de estarem planejados programas, ações e intervenções nesse sentido, a própria dinâmica de classe e as exigências do dia a dia levam o professorado pelo caminho de suas rotinas, e essas propostas vão ficando somente nas "boas intenções". Outras vezes, apesar de existirem acordos entre colegas, também se encontram empecilhos para aplicá-los em suas aulas e em momentos e ações pontuais. Na prática, a tarefa de educar (ensinar, orientar e mediar) é complexa e, quando não existem diretrizes realistas e com os pés no chão acerca do que é a função tutorial e de como aplicá-la, esta acaba sendo um apêndice bonito e apenas parte desse discurso retórico que tão frequentemente acompanha a pedagogia. Por isso, é necessário pesquisar novos âmbitos, marcos globais e estratégias que tornem possível a formação do professor-tutor – muito além de concepções simplistas e individualistas – dentro dos projetos educacionais e para sua aplicação.

| Formação de tutores: fundamentos teóricos e práticos

O tema da orientação e tutoria – como parte integral da própria ação educacional – é um pilar da aplicação e do desenvolvimento da atual reforma; não é à toa que a própria administração educacional criou diversos subprogramas específicos de atuação nesse sentido e, desde 1970, proliferam cursos sobre tutoria, técnicas de estudo, dinâmicas de grupos etc., além de muitas outras ações pontuais e periféricas a ela. Desde 1990, vêm sendo desenvolvidos planos e programas nesse sentido e tem-se dado trânsito livre às experiências de formação nas escolas, das quais muitas se têm dedicado a analisar sua realidade e a fazer tentativas para solucionar as dificuldades e disfunções encontradas nesse campo.

Existe uma série de condições que dificultam a implantação da orientação e da ação tutorial: tanto no âmbito institucional (não há condições necessárias) quanto escolar (rigidez, falta de coordenação e de perspectiva global); no que se refere aos professores (falta de preparação e atitude) e aos pais, que nem sempre têm consciência da importância dessa ação. Apesar disso, vem sendo realizado um duplo esforço – por parte dos profissionais da educação e da própria administração – com vistas à formação de tutores, mas que se traduz em uma realidade pouco lisonjeira, pois os programas de formação são bastante generalistas e pouco adaptados às necessidades reais dos professores, desligados da realidade das escolas e sem continuidade. Aliás experiências interessantes são marginalizadas por não seguirem a linha prioritária dos diferentes órgãos administrativos da educação ou por estabelecerem ofertas de formação baseadas em necessidades administrativas, em análises pouco rigorosas da realidade. E há, ainda, muitas outras questões colaterais a resolver.

Por outro lado, devemos considerar que, apesar do avanço impulsionado pela legislação educacional no âmbito da função tutorial, no que se refere à atualização e à institucionalização desta nas escolas, os tutores estão se vendo sufocados pelo volume de novas demandas de formação que lhes chegam e com o pouco apoio técnico e organizacional de que dispõem. Desse modo, começam a vislumbrar novas possibilidades de formação que atendam realmente às necessidades sentidas nessa ordem das coisas, que fomentem a reflexão, a participação e o envolvimento desse campo para que se comece a caminhar com senso de globalidade. É nessa direção que apontam as novas possibilidades das atuais propostas de formação em escolas (Escudero, 1993; Bolívar, 1996), que começam a cristalizar-se em propostas e experiências interessantes de elaboração de planos de ação tutorial e de autodesenvolvimento, com um oportuno nível de assessoria externa.

Nesse sentido, trabalha-se considerando uma série de aspectos que podem otimizar essa formação. Por um lado, são propostas (Álvarez, 1995) diversas tipologias de programas integrados e abrangentes sobre o que representa a função tutorial e de formação psicopedagógica em geral. Além disso, há programas diferenciais que atendem às necessidades específicas que vão surgindo conforme se desenvolve a intervenção orientadora. Contudo, evita-se a banalização e assegura-se a existência de diferentes níveis de aprofundamento e a necessária continuidade do processo formativo, bem como a contribuição das condições de infraestrutura e de recursos que possibilitem essa formação (formação de formadores, existência de assessores, potencialização de ações de autoformação, motivação do professorado, garantia da coordenação etc.), além de outras ações estratégicas de esclarecimento de intenções e necessidades, começando pelas escolas em que exista uma boa predisposição, para depois tentar a difusão dessas propostas/experiências. Por outro lado, são oferecidos marcos globais com os quais se iniciam processos de elaboração de planos de ação tutorial com base em uma metodologia de processo e de acordo com os parâmetros da revisão da função tutorial na escola (García, Moreno y Torrego, 1996).

Sob essa última perspectiva (uma metodologia que cria participação, envolvimento e capacidade e, ao mesmo tempo, serve para resolver problemas), começa-se por processos de revisão geral do desenvolvimento da função orientadora e tutorial das escolas (onde estão, aonde querem chegar e como procederão para isso) e do saber prático dos professores como adultos e profissionais, da memória organizadora da escola, de sua cultura e das possibilidades de encontro e ação possíveis dentro desses referenciais. Desse modo, é importante ir construindo marcos culturais e organizacionais com potencialidade para revisar a prática cotidiana em classe/escola, descobrir e construir capacidades de inovação e melhora e, por último, propor alternativas viáveis, sob a perspectiva do trabalhar juntos, tornar claras perspectivas, papéis e responsabilidades e começar a andar, refletir, reorientar e crescer. É evidente que é preciso uma boa preparação dos professores-tutores para poder levar à prática, de uma maneira eficaz, os compromissos formativos da orientação em geral e da ação tutorial em particular. Para isso, deve-se organizar ações formativas (cursos, seminários, jornadas etc.), dentro ou fora da instituição educacional, nas quais se abordem aspectos teóricos e práticos que afetam a elaboração, a aplicação e a gestão da ação tutorial, sobre os quais o professor-tutor deve ter a devida preparação:

a. **Organização da função tutorial na escola**
   > Envolvimento do professorado;
   > Definição dos objetivos prioritários;
   > Tarefa de coordenação em etapas;
   > Estratégias de aplicação.

b. **Programação do horário de tutoria com o grupo/classe**
   > Melhora da aprendizagem;
   > Participação do aluno na escola;
   > Melhora do desenvolvimento pessoal e de suas relações no grupo.

c. **A avaliação e o tutor**
   > Conhecimento e acompanhamento individual do aluno;
   > Planejamento conjunto de atividades escolares;
   > Coordenação entre níveis: currículo e tutorias.

d. **Relação entre tutores e departamentos**
   > Conhecimento, por parte do tutor, da programação e dos critérios de avaliação de cada disciplina;
   > Conhecimento das atividades interdisciplinares que podem ser organizadas nos diversos níveis;
   > Coordenação formativa entre tutores e departamentos.

e. **Atenção à diversidade e tutoria**
   › Contribuição para o planejamento de atividades de reforço de disciplinas não assimiladas;
   › Conhecimento e acompanhamento das possíveis adaptações do currículo para determinados alunos.

f. **Desenvolvimento da personalidade do aluno**
   › Bases biológicas da personalidade do aluno;
   › Influências ambientais;
   › Fundamentos da aprendizagem: motivação, aprendizagem significativa etc.

g. **Informação acadêmica e profissional**
   › Estrutura do sistema educacional;
   › Cursos de preparação de acesso à universidade;
   › Módulos profissionais.

h. **Reforço dos elementos socioafetivos**
   › Tomada de consciência e esclarecimento de valores;
   › Desenvolvimento das atitudes democráticas e compreensivas etc.

| Formação de tutores: fundamentos teóricos e práticos

A formação de tutores e a ação tutorial poderiam ser representadas, graficamente, do seguinte modo:

Figura 2.1 – Formação de tutores

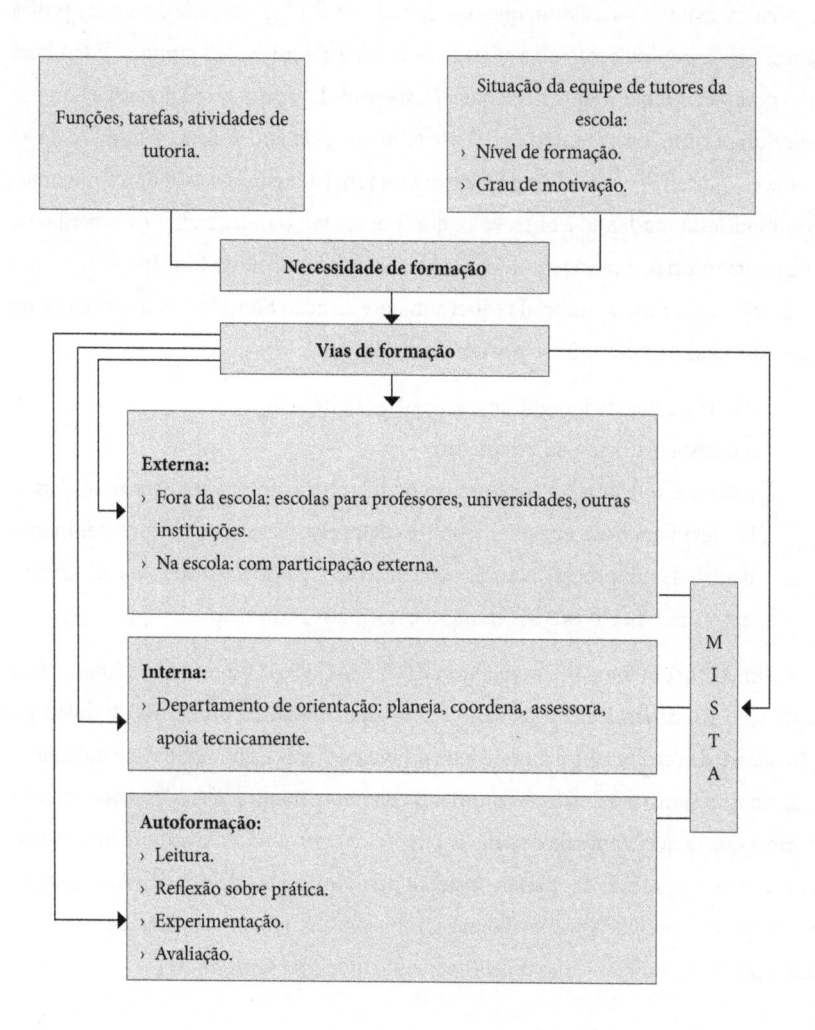

```
┌─────────────────────────────┐   ┌─────────────────────────────┐
│ Funções, tarefas, atividades│   │ Situação da equipe de tutores│
│ de tutoria.                 │   │ da escola:                  │
│                             │   │  › Nível de formação.       │
│                             │   │  › Grau de motivação.       │
└──────────────┬──────────────┘   └──────────────┬──────────────┘
               │                                 │
               └────────────┬────────────────────┘
                            ▼
              ┌──────────────────────────┐
              │ Necessidade de formação  │
              └────────────┬─────────────┘
                           ▼
              ┌──────────────────────────┐
              │    Vias de formação      │
              └────────────┬─────────────┘
                           ▼
```

Externa:
› Fora da escola: escolas para professores, universidades, outras instituições.
› Na escola: com participação externa.

Interna:
› Departamento de orientação: planeja, coordena, assessora, apoia tecnicamente.

Autoformação:
› Leitura.
› Reflexão sobre prática.
› Experimentação.
› Avaliação.

MISTA

3.4 Capacitação didático-pedagógica para a função tutorial

A orientação é um direito dos alunos e, por isso, requer uma adequada preparação específica, evitando-se, assim, que seja deixada para a *boa vontade* de alguns professores, para a improvisação ou a atuação isolada de algum *franco-atirador*. E também não pode ser simplesmente decretada. Nesse sentido, aceita-se como fato e tem prevalecido por um longo tempo que *"todo professor, pelo fato de sê-lo, é tutor"*, e dá-se por certo que está preparado para exercer essa função. Apenas nestes últimos tempos, o enfoque está mudando e observa-se que, por ser vital o adequado desempenho de sua tarefa tutorial, o professor deve se formar e melhorar nessa função.

A prática da função tutorial requer uma preparação tanto individual quanto de equipe, de tal maneira que se possam assumir:

› os princípios de integração e globalização de ações;
› a transversalidade da orientação;
› a perspectiva de ação colaborativa no marco de um projeto educacional escolar devidamente contextualizado (participação, formação, comprometimento dentro de um processo de desenvolvimento – pessoal e institucional – etc.);
› outras perspectivas mais técnicas e normativas da ação.

Assim, o documento *La accioón tutorial* (CECJA, 1995)* faz referência à necessária formação em dinâmicas de trabalho em equipe, mediante processos de investigação/ação e de resolução colaborativa de problemas reais e cotidianos que indaguem a dimensão transversal da ação tutorial plenamente integrada ao desenvolvimento normal do currículo em sala de aula. Isso representa para a administração um esforço de oferecer programas de aperfeiçoamento nessa linha e na de elaboração e dotação de materiais e recursos que facilitem essa função, além de uma adequada estrutura organizadora e funcional das escolas para que tudo isso seja possível.

---

* Sigla correspondente a *Conselho de Educação da Junta de Andaluzia*.

A necessidade da formação está amplamente argumentada, mas, como apontam Castellano e Delgado (1995), existem outras condições inerentes que devem ser levadas em conta para abordar um modelo e conteúdos de formação de tutores, tais como:

> os componentes instrutivos e formativos devem ser atendidos de forma equilibrada;
> o processo de ensino-aprendizagem não é competência exclusiva do professor, de modo que devem ser considerados novos âmbitos e componentes;
> a formação integral dos alunos deve contemplar esferas pessoais, vocacionais, sociais e acadêmicas;
> a tutoria precisa de um período escolar específico para intervir.

Álvarez (1995) aponta que a formação do professor como tutor pode se concretizar em quatro áreas ou dimensões:

> formação atitudinal;
> formação teórico-científica, que fundamente sua prática tutorial;
> formação em recursos para a resolução de problemas de sua prática diária;
> formação para avaliação e investigação/reflexão sobre sua própria prática, para contrastá-la com seu próprio saber prático e científico.

Torres (1996) propõe, nesse sentido, um programa de *investigação/ação colaborativa como método nuclear na formação do professorado em tarefas de orientação educacional*, cujas características essenciais apresentamos no quadro a seguir.

Quadro 2.2 – Programa de investigação/ação colaborativa na formação do professorado em tarefas de orientação educacional

Elementos	Descrição da dimensão
Objetivos	› Obter a aquisição de conhecimentos teórico--práticos sobre o tema; › Exercitar processos de reflexão sobre sua prática orientadora; › Desenvolver atitudes positivas em relação ao trabalho em equipe etc.; › Adquirir competências e desenvolver habilidades em técnicas específicas; › Capacitar para analisar a realidade e desenvolver programas de intervenção.
O que (conteúdo)	Estudo teórico-prático sobre orientação; estratégias em sala de aula; ação tutorial; implicações organizadoras e curriculares da ação tutorial; estratégias de intervenção; diagnóstico e tratamento; programas específicos; avaliação; cooperação etc.
Como (estratégias)	Reflexão sobre a prática; indagação colaborativa; investigação/ação; trabalho em equipe docente; formação em instituições com o objetivo de solucionar problemas da ação tutorial; registro de incidências; leituras; assessoria externa etc.
Recursos	O próprio grupo de professores e os diversos assessores externos; histórias de vida; diários e registros de casos; perfis; documentos e informes de trabalho; dossiês informativos; material de uso em tutoria; exemplos de unidades didáticas etc.
Características	A formação, nesse sentido, deve ser global em relação a toda a escola, prática, conectada a sua realidade e problemática específica, envolvente etc.
Quem forma	Diversos tipos de formadores com experiência no tema. Um formador necessário é o próprio grupo de professores como tal e sua capacidade de cooperação, indagação, participação, trabalho e reflexão sobre sua prática.

(continua)

(Quadro 2.2 – conclusão)

Elementos	Descrição da dimensão
Onde e para quem	Na escola e para sua equipe docente ou um de seus ciclos ou etapas.
Critérios	Partir das necessidades dos participantes e da realidade e projeto educacional do qual fazem parte; realizar um diagnóstico do projeto com eles; deixar claras as intenções e os posicionamentos teórico-práticos; trabalhar procedimentos, estratégias, técnicas, exemplificações de ações etc.; avaliar o processo e os resultados (acompanhamento/assessoria).
Condições	Ter estrutura flexível que permita a participação em horário letivo e sem interromper outras atividades; atender a uma necessidade da própria escola e, portanto, com motivação por parte do professorado; estabelecer um compromisso e distribuição de responsabilidades etc.
Obstáculos a superar	Falta de coordenação; tempo; rotinas; atitude passiva em atividades de formação; aceitação do assessor externo; falta de pontos comuns priorizados etc.

Fonte: Torres (1996).

Por último, para explicar um pouco mais esses conteúdos e necessidades de capacitação para o exercício da função tutorial, tentaremos explorar um pouco mais as implicações formativas que correspondem a cada função e âmbito de intervenção desse profissional. Assim, poderíamos expor as seguintes sugestões de ação/capacitação:

> atuar como intermediário (mediador);
> conhecer a realidade de seus alunos em todas as suas dimensões (pessoal, social, familiar, escolar);
> ajudar seus alunos a conhecerem a si próprios e a seus familiares e demais professores;
> oferecer possibilidades de diálogo e saber ouvir, estar e mostrar-se próximo, ter uma atitude cooperadora;

› oferecer experiências de melhoria da qualidade de vida, de participação e de tomada de consciência, de elaboração de seus próprios projetos de vida;
› ter competência (tanto individual quanto para atuar em uma equipe ou com outro especialista) para analisar a realidade, formular projetos de ação adequados aos resultados dessa análise, avaliá-los etc.;
› conhecer suas capacidades e limitações para atuar de forma realista, mas com uma visão de superação e melhora;
› ter uma atitude reflexiva e crítica para com a prática e a teoria educacional;
› considerar os diversos estilos de aprendizagem e de ensino mais pertinentes a cada caso e pôr em prática um processo de ensino-aprendizagem que os conjugue e articule sem diferenças significativas;
› favorecer a comunicação entre níveis, pessoas, grupos etc.;
› lidar com desenvoltura com um amplo leque de estratégias, técnicas e alternativas para prever, conhecer e compreender todos os âmbitos que lhes são próprios e intervir neles.

Apresentamos, a seguir, um quadro descritivo com algumas propostas de *competências* desse "novo" professor, capaz de criar e interagir em um clima de compromisso com um processo de revisão da escola com base no aprender fazendo, por considerarmos esse aspecto também pertinente no momento de abordar um modelo e conteúdos de formação para o adequado desempenho da função tutorial – que não é outro senão o exercício como professor.

| Formação de tutores: fundamentos teóricos e práticos

Quadro 2.3 – Capacidades do novo professor-tutor

Competência em...	Fazendo...
› aprender a trabalhar em grupo e a colaborar com colegas de modo efetivo; › analisar e compartilhar experiências e derivar disso conclusões reflexivas para sua melhora; › planejar atuações e aplicá-las; › aprender métodos de avaliação da escola (realidade) e de autoavaliação; › desenvolver funções de estímulo e coordenação do processo de trabalho; › adquirir atitudes e capacidades para a autonomia e a resolução de problemas.	› análise compartilhada da própria prática; › planejamento conjunto com equipe de professores; › seleção e sequenciamento de conteúdos, atividades e opções metodológicas; › seleção e elaboração de materiais; › determinação de critérios para a avaliação e a tomada de decisões; › ensaio crítico de novas opções (inovação); › diálogo profundo, sob uma perspectiva aberta, mas fundamentada etc.

Fonte: Adaptado de Escudero (1993).

Como síntese do que se espera da atuação do professor-tutor em consequência de suas características pessoais e da preparação técnica recebida, listamos, no quadro a seguir, algumas das qualidades mais apreciadas nesse profissional.

Quadro 2.4 – Qualidades do professor-tutor

Dever ser:	Deve saber:
› compreensivo; › mente aberta; › flexível, não rígido; › bom observador (de processos e dificuldades); › firme em seus princípios; › confiável; › gentil; › hábil para sugerir, e não para impor; › assertivo, não agressivo nem passivo.	› exercer autoridade no momento adequado; › motivar e ativar o aluno; › educar: formar e informar; › exigir sem cansar e sem castigar; › prestar atenção no momento adequado; › elogiar, valorizar e motivar; › ajudar o aluno no maior número de tarefas possível; › as características de cada idade educacional.

3.5 Propostas de formação específica em competências

> A formação do professorado deve "representar uma ocasião e uma oportunidade para aprender de novo, ou para reconstruir, a partir do que já se sabe, novas ideias, conhecimentos e concepções educacionais, novos métodos, estratégias e habilidades, o uso de novos materiais e a capacidade de desenvolver com os alunos as relações pessoais e sociais que sejam educacionais" (Escudero, 1993, p. 327).

Seguindo o autor citado, inovação e formação do professorado "*devem ser como duas faces de uma mesma moeda*", e os docentes devem aplicar o aprendido para questionar, reavaliar e melhorar sua prática, sendo esse mesmo questionamento parte do processo de formação. Assim, pois, com a formação, os professores aprenderão e desenvolverão:

› diversos conhecimentos para *fundamentar e dar sentido e finalidade à tarefa educacional*;
› novas habilidades e competências profissionais práticas;
› disposições, atitudes e competências para aprender a aprender na própria prática;
› outras atitudes que lhes possibilitem obter uma visão de conjunto e trabalhar/participar com outros no desenvolvimento da escola.

Para isso, a perspectiva mais coerente nos parece ser a da formação nas escolas – não apenas fisicamente nelas, mas verdadeiramente centrada e inserida na própria vida do professor, da sala de aula e da escola.

A formação deve seguir processos reflexivos tanto para as pessoas individualmente quanto para a equipe docente, para que possa decodificar a realidade educacional. Com eles, descreve-se e reinterpreta-se a realidade, elaborando-se propostas superadoras de ação educacional. A reflexão pode ser feita com base em perguntas simples (O que aconteceu? Como? Por quê? Que evidências tenho disso? O que mais sei? Que relações podem ser vistas? De que outra maneira isso é possível?) ou seguindo-se um processo perfeitamente estruturado de descrição, informação, confrontação e reconstrução da prática e da teoria em ação. Esse processo deliberativo proposto é mais produtivo se conjugado com outros de uma forma dialética e implica: a) abertura mental quanto à disposição cognitiva para buscar e construir alternativas, aceitar outras perspectivas e riscos; b) responsabilidade, vendo consequências e implicações das decisões; c) *"ser todo coração"* (Dewey), demonstrando entrega, compromisso, envolvimento e humanidade; d) racionalidade técnica que garanta a validez e a operatividade do processo; e) ação prática, para não ficar na mera teoria; e f) uma vertente emancipadora, crítica e autocrítica, para trazer à tona a verdade, os limites e os conflitos, bem como os possíveis consensos que possam ser estabelecidos para melhorar.

"As mudanças (ou a formação) podem, sem dúvida, ser prescritas e legisladas, mas somente quando envolverem as escolas e os professores afetarão o ponto--chave: o que os alunos aprendem e como os professores ensinam" (Bolívar, 1996, p. 42). Sob essa perspectiva, a formação deve fazer ganhar em autonomia e ser intrínseca ao processo profissional, capacitando em conhecimentos, destrezas e atitudes para a reflexão crítica dentro de um marco de ação colaborativa para mudar as pessoas e, principalmente, os contextos. A formação deve envolver os próprios professores-tutores e ser dinâmica (um processo contínuo) dentro da escola, flexível em relação a problemas, sentimentos, capacidades e ter um adequado nível de compromisso, acompanhamento, assessoria e avaliação, para que seja possível. "A aprendizagem dos professores, como profissionais adultos, não se produz primariamente em situações escolarizadas, e sim no contexto organizacional de trabalho" (Bolívar, 1996, p. 37), de modo que seus conteúdos e suas formas de obtê-los não podem ser determinados *a priori* e sem a participação do professor. Nesse sentido, serão suas próprias situações de trabalho (dificuldades, dúvidas, possibilidades, sucessos, experiências anteriores, história de vida – pessoal e grupal –, tentativas de ação etc.) os contextos mais adequados para sua formação. Com isso, também se caminha rumo à reestruturação das próprias escolas, aprofundando-se ainda mais, se possível, a visão de *função orientadora e tutorial*.

Uma formação dentro da escola e para sua reestruturação não é apenas questão de intenção; é necessário haver, também, tempo e espaço profissional que possibilitem o encontro, que permitam trabalhar juntos, compartilhar ações e decisões, além de dinâmicas de apoio coerentes com um modelo de processo, que deverão ser consideradas, potencializadas e mantidas. Sem elas, é francamente difícil encontrar o momento e a necessidade de se encontrar, de comentar, pedir ajuda, sugerir, selar acordos, coordenar, assumir cotas de ação compartilhada e sair do gueto do atualismo e de nossa rotineira perspectiva.

3.6 Uma proposta formativa dentro da escola

Qualquer ação formativa que vise repercutir em novas formas de fazer escola e mudar as atitudes nesse campo deve avaliar bem o contexto em que se desenrola, basear-se em experiências anteriores do professorado e trazer soluções próximas a seu conhecimento prático profissional e às necessidades de atuação sentidas por esses professores no exercício de sua profissão. É preciso pôr os pés no chão e ir devagar, sem pressa, mas sem pausa, desenvolvendo desde ações muito simples e facilmente realizáveis, que não requeiram já de saída um grande esforço e mudança, até outras mais comprometedoras e estruturantes. Deve-se caminhar com uma perspectiva fundada em ações concretas, de fácil aplicabilidade, mas sem perder a perspectiva integral que deve presidir qualquer ação no âmbito da função tutorial, voltando-se sempre aos grandes traços, aos marcos de referência, aos canais de comunicação entre estratégias e ações, aos porquês e para quês de tudo isso, com versatilidade e flexibilidade suficientes para fazer transferências e relações ou adaptações a cada momento e situação.

Para elaborar uma proposta formativa nessa linha, partiremos de um exemplo de processo seguido por uma instituição educacional – modelo de processo – mediante um projeto de formação para alcançar a elaboração de seu plano de ação tutorial, apresentado no Primeiro Encontro Estatal de Formação em Centros, celebrado em Baeza (VV. AA., 1997). Nesse sentido, na citada experiência, descrevem-se os seguintes passos: a) contato inicial entre um grupo matriz e os assessores do centro de treinamento de professores; b) detecção de necessidades com base na elaboração conjunta de uma lista de conquistas e necessidades; c) categorização e priorização das necessidades mediante a técnica do diamante; d) esclarecimento e descrição, em uma mesma linguagem para todos, dos diferentes posicionamentos, das dúvidas e das dificuldades sobre as quais se vai atuar, até chegar a um consenso básico e operativo que permita iniciar o processo; e) planejamento da atuação, determinando-se os níveis de ação, de coordenação interna e as responsabilidades de cada um, além das necessidades de assessoria externa. O resultado expresso por esse grupo de professores é que o processo de desenvolvimento influenciou o próprio projeto escolar – mas não no nível pretendido, por não ter a adesão de todo o professorado –, o trabalho com os alunos, as relações com os pais e o clima de comunicação entre os próprios professores.

Vemos com García, Moreno e Torrego (1996) a potencialidade para provocar e estimular essa formação mediante a elaboração de um plano de ação tutorial para a escola, desde que seja feito sob a perspectiva de um processo contínuo de autoavaliação e melhora da instituição de ensino (Escudero, 1993; Bolívar, 1996). Portanto, a proposta que aqui apresentamos consiste em um processo cíclico e recorrente de reflexão-ação-revisão-ação na justificação, planejamento, desenvolvimento e avaliação de um plano de ação tutorial que torne possível essa formação. Esse plano deve ser:

> fruto de um trabalho em equipe, argumentado, implicativo e participativo, para que capacite e mude atitudes, além de provocar a reflexão da equipe para que essa função não seja suplantada por um "especialista";
> um plano de ação realista e realizável, e não apenas considerações de futuro;
> um conjunto de hipóteses de trabalho que partem de uma análise da realidade;
> dinâmico, com suporte escrito/formal, mas como documento que vai se reconstruindo e sujeito a constante debate;

> flexível e aberto, não unidirecional;
> passível de admitir ajuda técnica, se necessário, que contará com a visão, as opiniões e as perspectivas de outros envolvidos em seu desenvolvimento (sejam os pais, seja o próprio alunado).

Por tudo isso, propomos que sejam seguidas, a modo puramente indicativo, as seguintes fases:

> **Criação de condições:** momento em que se faz um contato inicial com o tema e suas possibilidades, analisando-se possíveis vantagens e condições de melhora, apoio e resistências.

> **Diagnóstico prévio:** identificação das situações que se relacionam com o desempenho e a finalidade da função tutorial, das pessoas das quais surge a demanda e do porquê; observação dos níveis de concordância e possibilidades de ação; contemplação das experiências prévias, das dificuldades presentes e, principalmente, do estado da situação na escola.

> **Esclarecimento de conceitos e princípios:** apresentação da ideia de escola, de educação e de tutoria que se pretende.

> **Marco geral:** estabelecimento de uma realidade organizadora e funcional, nível de competências e disponibilidade, possíveis alternativas.

> **Autoavaliação geral e particular:** elaboração de uma lista consensual de necessidades e conquistas, ordenada por categorias e âmbitos de ação.

> **Priorização de âmbitos:** determinação dos aspectros pelos quais se vai começar a revisar e buscar soluções, vendo-se os pontos fortes e fracos, as possíveis explicações e soluções viáveis, as áreas a acompanhar e potencializar.

> **Planejamento:** justificação e apoio, objetivos, linhas de atuação por âmbitos e dimensões, estratégias a utilizar, estabelecimento de condições organizacionais/funcionais, elaboração de indicadores e critérios de ação e avaliação.

> **Aplicação:** implementação do processo e da reflexão colaborativa sobre ele.

> **Revisão e possível reorientação:** deve ser contínua, para retomar o ciclo em outro novo âmbito de ação/formação.

4. Resumo

A função tutorial tem uma série de importantes desafios e implicações, para os quais se necessita uma adequada formação, que não se consegue apenas com a graduação inicial ou com ações formativas fora do contexto. Para que essa formação seja pertinente e possa capacitar, mudar atitudes, para que seja prática e reestruturadora da escola a fim de melhorá-la, são necessários estudos em escolas com base em processos colaboradores de autoavaliação, inovação e argumentação em torno da prática da tutoria. Também é preciso delimitar marcos de ação/reflexão que possibilitem o encontro profissional e a busca de soluções para os problemas mais urgentes dessa realidade educacional da função tutorial, com os meios e as possibilidades de que se dispõe, mas com uma visão global e perspectiva de futuro.

5. Referências

ÁLVAREZ, M. (1995): "Tutoría y orientación: la formación de tutores"; en: Sanz, R., Castellano, F. y Delgado, J. A. (eds.): *Tutoría y orientación*. Barcelona: Cedecs, 187-202.

ARNAIZ, P. y ISUS, S. (1995): *La tutoría, organización y tareas*. Barcelona: Graó/Aula.

BOLÍVAR, A. (1996): "Aprender en el centro, construir la innovación". *Revista Educación Acción*, 0, 33-43.

CASTELLANO, F. y DELGADO, J. A. (1995): "Introducción, tutoría y orientación: la formación de tutores"; en Sanz, R., Castellano, F. y Delgado, J. A. (eds.): *Tutoría y orientación*. Barcelona: Cedecs, 183-185.

CECJA (1992): *Plan Andaluz de Formación Permanente del Profesorado*. Sevilla: Servicio de Publicaciones.

CECJA (1993): *Plan de orientación educativa de Andalucía: criterios básicos para su ordenación*. Sevilla: Servicio de Publicaciones.

CECJA (1995): *La acción tutorial. Cajas Verdes de la Reforma (Primaria/ESO).* Sevilla: Servicio de Publicaciones.

ESCUDERO, J. M. (1993): "La formación del profesorado centrada en la escuela"; en Lorenzo, M. y Sáenz, O. (coords.): *Organización escolar, una perspectiva ecológica.* Alcoy: Marfil, 321-337.

GARCÍA, R., MORENO, J. M. y TORREGO, J. C. (1996): *Orientación y tutoría en la Educación Secundaria: estrategias de planificación y cambio.* Zaragoza: Edelvives.

HERNÁNDEZ, J. (1995): "Expectativas y temores ante la orientación y tutoría en la reforma"; en Sanz, R., Castellano, F. y Delgado, J. A. (eds.): *Tutoría y orientación.* Barcelona: Cedecs, 203-208.

MEC (1990): *La orientación educativa y la intervención psicopedagógica.* Madrid: Servicio de Publicaciones.

PÉREZ, R. (1996): "La acción tutorial en la Educación Secundaria. Límites y posibilidades"; en Pérez, R. (coord.): *La Educación Secundaria Obligatoria: exigencias educativas de la comprensividad.* Oviedo: Uned, 189-216.

RODRÍGUEZ, S. (1994): "Presente y futuro de la orientación educativa"; en VV. AA,: *La orientación educativa a punto.* Madrid: Ceis, 15-31.

RUS, A. (1996): *Tutoría, departamentos de orientación y equipos de apoyo.* Granada: Universidad de Granada.

TORRES, J. A. (1995): *La dimensión orientadora em la formación del profesorado de Educación Primaria.* Uned: Tesis doctoral (microfilmada por el SPIC de la Universidad de Jaén).

TORRES, J. A. (1996): *La formación del profesor tutor como orientador.* Jaén: SPIC de la Universidad de Jaén.

VILLAR, L. M. (coord.) (1995): *Un ciclo de enseñanza reflexiva.* Bilbao: Mensajero.

VV. AA. (1997): "Formación en centros: una vía para llegar al plan de acción tutorial"; en *Actas del Primer Encuentro Estatal de Formación en Centros.* Linares: CEP, 151-159.

unidade
didática
três

os alunos: objetivo
prioritário da tutoria

1. Introdução

Cada aluno é um ser único, protagonista de sua própria história. Seu projeto pessoal de vida não pode ser realizado por outra pessoa nem por meio de uma educação padronizada. Por isso, de alguma maneira, nunca deixamos de ser *alunos, discípulos, estudantes* ou *aprendizes* de algum preceptor, mestre, professor ou chefe e de alguma disciplina, temática ou atividade profissional que precisemos aprender: um *aluno* ou *estudante* em relação a seu mestre ou professor das disciplinas que está aprendendo, do *colégio* ao qual pertence ou da *universidade* em que estuda; e um *aprendiz* em relação à *escola profissionalizante* onde aprende um ofício ou a uma *empresa* à qual acaba de se incorporar e na qual se prepara para desempenhar uma determinada profissão no mundo do trabalho.

O sistema educacional e a formação/aprendizagem ao longo de toda a vida favorecem a consolidação da ação tutorial. O professor-tutor é o núcleo aglutinador das interações educacionais na escola. É o verdadeiro impulsor da tutoria educacional; o educador é quem ajuda no desenvolvimento integral de seus alunos e os assessora individualmente e em grupo, conhece o ambiente acadêmico e social em que se desenvolvem, comunica-se com as famílias, coordena-se com os docentes de seu grupo de alunos, utiliza recursos e estratégias pedagógicas adequadas para atingir os objetivos educacionais formulados e avalia o trabalho pedagógico realizado. Enfim, a tutoria é um processo de ajuda para a aquisição e o desenvolvimento da maturidade pessoal, por meio de situações diversas nas quais se dá ao aluno a capacidade de tomar decisões. Nesse processo, a colaboração entre professor e aluno representa uma atividade por meio da qual os dois se aperfeiçoam mutuamente.

Os alunos são o objetivo prioritário da ação tutorial. A tutoria acompanha as vicissitudes da vida escolar e profissional, mas, de um modo especial, nos momentos que requerem uma especial intensidade e preocupação. São os *momentos críticos, conflituosos* ou de *especial atenção* para os quais é necessário determinar, com a devida antecedência, as ações pertinentes a desenvolver.

Para desempenhar adequadamente todas essas funções, é necessário que o professor-tutor realize estudos diagnósticos dos problemas para poder enfrentá-los com conhecimento e preparação suficientes. Não obstante, às vezes, a intervenção educacional requer a participação de profissionais especializados em orientação, de modo que essa responsabilidade será compartilhada com eles, de maneira coordenada, para cumprir as metas formativas propostas.

2. Objetivos

1. Conhecer o potencial formativo da tutoria para os alunos;
2. Conhecer as características evolutivas dos alunos;
3. Apontar os momentos críticos na intervenção tutorial;
4. Conhecer estratégias de intervenção nos conflitos escolares;
5. Elaborar modelos para a prevenção, o desenvolvimento e a intervenção;
6. Prestar especial atenção às crises pessoais na adolescência;
7. Rentabilizar os valores do tempo livre e prevenir possíveis problemas.

3. Conteúdos

3.1 Potencial formativo da tutoria

O potencial formativo da tutoria em favor dos alunos é amplo e diverso tanto pela temática quanto pelos diferentes modos de abordar as múltiplas questões a que se pode atender com as atuações tutoriais. A tutoria deve procurar suscitar ou fazer emergir os interesses dos alunos, de modo que pouco a pouco possam ir definindo e consolidando ou reorientando seus critérios ou tendências, segundo suas possibilidades e oportunidades, em relação a seu projeto pessoal de vida. Também não é conveniente tratar muitos temas ao mesmo tempo. É mais oportuno precisar com clareza algumas pautas de trabalho que sejam alcançáveis pelo aluno, que exijam esforço, mas que deixem bastantes possibilidades para a consecução dos objetivos determinados pelo aluno em colaboração com o professor.

3.1.1 Amplitude e diversidade da ação tutorial

Dentro do amplo leque de possibilidades que a tutoria oferece, apontamos alguns campos ou âmbitos nos quais podem ser efetivadas muitas das intervenções. O primeiro é a *individualidade* de cada aluno. A tutoria deve abordar temas pessoais do estudante: desenvolvimento de valores e atitudes, características fundamentais da personalidade, níveis de rendimento acadêmico, desenvolvimento da afetividade e o consequente desenvolvimento do juízo, inserção na vida social, socialização na família etc.

Um segundo campo de temas de objeto da tutoria pessoal abarca a *orientação escolar* dos alunos, sendo toda a atividade voltada à melhora das condições de aprendizagem, do desenvolvimento de habilidades sociais e do conhecimento das aptidões e das atitudes de cada aluno, a fim de organizar os itinerários a seguir em sua formação acadêmica. Dessa forma, melhorarão as condições para a instrução em particular e a educação em geral. Fomentar atitudes positivas para com o estudo, facilitar as opções curriculares, preocupar-se com a integração dos alunos em sala de aula, orientar as sessões de avaliação do grupo, detectar as mudanças que ocorrem no grupo etc. são alguns dos aspectos que se deve abordar na atenção tutorial.

O terceiro aspecto a considerar refere-se ao desenvolvimento da *orientação profissional* ou *vocacional*, procurando-se ensinar ao aluno a elaborar seu próprio projeto vocacional, com as contribuições do diagnóstico orientador, produzido e direcionado a cada aluno, segundo sua realidade acadêmica, maturidade intelectual e nível de desenvolvimento de atitudes que facilitem a prática de valores, bem como a capacidade para tomar decisões coordenando todos os dados.

O último refere-se à ação de propiciar a *orientação para a incorporação ao mundo do trabalho*. Podemos considerar que a orientação para o trabalho, para a carreira pessoal é uma tarefa contínua, começando em uma idade precoce, no mínimo desde que o indivíduo faça uso da razão. Contudo, é no final da Educação Secundária Obrigatória que se abrem diversos caminhos, que vão dos relacionados à inserção no mundo do trabalho até a formação profissional ou a escolha de um dos bacharelados em direção à universidade. Em qualquer um dos casos, o tutor tem de informar o aluno, o qual deve contar com si mesmo, com a instituição acadêmica e com a família para chegar ao melhor conselho orientador. Watts (1980) refere-se a quatro aspectos para ele fundamentais em relação a essas situações, a saber:

> tomar consciência e conhecer suas próprias possibilidades;
> conhecer as possibilidades e as alternativas profissionais depois da escolaridade;
> saber como tomar decisões;
> conhecer e compreender o mundo e o papel do trabalho em sua futura vida profissional.

3.1.2 Prioridade da ação tutorial: os alunos

O tutor precisa de referenciais prévios para poder obter o conhecimento de cada aluno. Esse conhecimento é adquirido de modos diversos e complementares, a saber: um diagnóstico do aluno, que inclua indicadores que lhe permitam conhecer a maturidade intelectual e afetiva deste, suas habilidades sociais, memória, criatividade, nível acadêmico, capacidade de utilizar procedimentos para a ação e o desenvolvimento de atitudes e valores, bem como certos transtornos ou disfunções. Porém, os conhecimentos que os testes psicométricos e projetivos proporcionam, apesar de importantes, não são suficientes. É necessário que o tutor conheça, por meio de diversas entrevistas com outros professores-tutores anteriores, algumas características do aluno que não podem ser percebidas mediante testes e que são perceptíveis por meio da observação do tutor e de sua experiência para interpretar o conhecimento da realidade pessoal de cada estudante.

Mas, para se conhecer o aluno, são necessárias outras ações: a relação com os pais, que informarão o professor-tutor sobre diversos aspectos de um modo mais enriquecedor e completo. Existem questões acerca das quais somente pessoas que desempenham um papel permanente em relação às crianças, como os pais, podem fornecer dados. Porém, a verdadeira eficiência da tutoria como ação formativa está na capacidade do professor-tutor para a comunicação, para se relacionar com seus alunos e conseguir que surja entre eles uma comunicação fluente, na qual o aluno se "abre" para o tutor como pessoa que pode orientá-lo na apaixonante tarefa que representa a formação de sua personalidade. Será trabalho do professor que desempenha funções de tutor aproximar-se dos alunos por meio de temas ou questões que possam interessar a eles, demonstrando-lhes lealdade e comprovando que sua tarefa se encontra na orientação e não na doutrinação.

Em consonância com Alcázar e Martos (1994), consideramos que "cabe distinguir entre a função orientadora do trabalho de qualquer professor, que corresponde ao encarregado do curso, por meio de atuações grupais e das indicações ocasionais que possa fazer pessoalmente a um aluno, e aquela que é própria do preceptor ou tutor, que pressupõe uma base indispensável de confiança mútua".

As ações próprias da tarefa tutorial voltam-se para quatro grandes campos:

> propiciar orientação pessoal aos alunos;
> participar da orientação escolar dos alunos;
> colaborar com a orientação profissional e vocacional;
> propiciar orientação nas crises e nos conflitos dos alunos.

3.2 Desenvolvimento evolutivo dos alunos

3.2.1 Durante a Educação Infantil

A Educação Infantil, dedicada a crianças de 0 a 6 anos, é a primeira etapa do sistema educacional e possui características e identidade próprias. Tem intenção educativa e deve contar, desde o primeiro ciclo, com uma proposta pedagógica específica, posto que o ensino dos conteúdos é organizado como um processo de aprendizagem ao longo da vida, e essa etapa tem uma enorme importância no desenvolvimento da aprendizagem e da personalidade. Uma peculiaridade essencial desse período é seu caráter voluntário e a responsabilidade fundamental de pais e mães de cooperar estreitamente durante toda a etapa.

Quanto ao desenvolvimento cognitivo, durante o período sensório-motor, de 0 a 2 anos, a inteligência evolui de maneira prática, baseando-se em ações e percepções muito concretas. Os bebês tocam, pegam e apalpam tudo com a boca;

assim conhecem os objetos e suas características e chegam à generalização das habilidades adquiridas para resolver outras situações similares.

A partir dos 18 meses de idade, o desenvolvimento do cérebro permite que o conhecimento prático vá se transformando em representativo ou simbólico (2-4 anos); as crianças já conseguem imaginar aquilo que são capazes de entender e sabem que existem pessoas e acontecimentos, mesmo que não os vejam diretamente. A linguagem vai se desenvolvendo de maneira sistemática ao adquirirem a função simbólica e a capacidade de realizar jogos imaginados.

Entre os 4 e os 7 anos, o pensamento é mais intuitivo e baseia-se com mais precisão nos dados percebidos. O raciocínio e as operações mentais são concretas e apoiam-se na manipulação dos objetos com que se relacionam.

Com respeito à aquisição das relações pessoais, antes dos 2 meses, os bebês se comunicam, por meio do olhar, com as pessoas que se aproximam e aceitam qualquer uma que cuide deles adequadamente. Até os 6 meses, são capazes de diferenciar aqueles que lhes são mais próximos dos estranhos.

A partir dos 6 meses e até os 3 anos, desenvolve-se sua autonomia e mostram desconfiança perante os desconhecidos. Buscam ajuda, mas querem ser o mais independentes possível e impor suas próprias regras, que são diferentes das dos adultos.

Dos 3 aos 6 anos, desenvolve-se a etapa lúdica. As crianças têm, em algumas ocasiões, de superar o conflito entre o que querem fazer e a conveniência ou o juízo moral dos adultos. A condição positiva ou negativa das ações vai depender principalmente das consequências que originarem, se prêmios ou castigos. A inteligência prática leva-os a satisfazer suas próprias necessidades e, às vezes, as dos outros.

    a. **Objetivos da ação tutorial durante esta etapa**
   › Facilitar a recepção e a integração das crianças em seu grupo e em sua classe;
   › Coordenar a informação e a participação entre a escola e a família;
   › Implicar os pais no desenvolvimento da aprendizagem e evolução de seus filhos;

- Personalizar o ensino e a aprendizagem, atendendo à particularidade de cada criança;
- Desenvolver as atividades que envolvam participação, solidariedade, justiça, igualdade, cooperação e relações sociais na classe e no entorno;
- Fomentar o autoconhecimento e a autoaceitação da criança para favorecer seu desenvolvimento pessoal positivo;
- Ensinar a criança a respeitar as diferenças das pessoas com quem convive na escola, na família e no meio social;
- Levar a criança a desenvolver as capacidades afetivas e conhecer as normas elementares de convivência e relação social, bem como a exercitar-se na resolução pacífica de conflitos;
- Ensinar a criança a amar, compartilhar, ouvir e dialogar;
- Promover os hábitos de higiene, autocuidado e alimentação adequados;
- Ensinar a criança a pensar para facilitar as estratégias na aquisição de hábitos e tarefas;
- Acompanhar o processo evolutivo da criança para detectar as possíveis dificuldades em seu desenvolvimento.

b. **Meios e recursos para a consecução dos objetivos**
- Dias com atividades de recepção (apresentações e primeiro contato entre alunos, professores e demais membros da comunidade educacional);
- Reunião geral entre o tutor e os pais do grupo;
- Entrevistas individuais e pessoais com as famílias;
- Atividades gerais e particulares para propiciar o conhecimento das instalações e das normas;
- Assembleias de grupo nas quais cada um expresse suas ideias e sentimentos, respeitando sua vez de falar e as expressões dos outros;
- Exercícios, em situações reais de conflito, sobre as atitudes necessárias para favorecer o diálogo e a retomada das relações pessoais;
- Passeios ao entorno natural, cultural e institucional: mercado, teatro, colégios maiores, festas do município, carnaval etc.;

> Celebração de acontecimentos como o Dia da Paz ou dos Direitos das Crianças;
> Festas no aniversário da escola e relacionadas a ocasiões como as estações do ano: as folhas, a neve, os jardins, a água; festas de fim de ano e de "formatura";
> Celebração do Dia dos Pais, das Mães, do Livro etc.;
> Participação fixa ou espontânea em oficinas (horta, cerâmica, pintura, jogos, culinária etc.), tendo em conta a educação para a carreira e a igualdade de gênero;
> Atenção individual a alunos que tenham problemas de adaptação ou aprendizagem;
> Coordenação habitual com os profissionais da escola que tenham relação com as crianças do grupo;
> Participação ativa na programação da ação tutorial da escola, em seu desenvolvimento e avaliação.

3.2.2 Durante a Educação Primária

A psicologia evolutiva indica que, por volta dos 6 anos, ocorre o despertar da razão e, com ela, o da consciência moral. A criança começa a ter noção dos valores, mas predominam os componentes racionalistas e mnemônicos (a regra conhecida é repetida muitas vezes).

Aos 8 ou 9 anos, desenvolve-se o sentido moral. É a idade da diferenciação. A criança começa a avaliar e a analisar os motivos e as consequências das ações, e a consciência moral se torna mais coerente. Seu raciocínio depende, em grande medida, do que possa observar e perceber e reduz-se à compreensão de ideias concretas e ligadas à realidade em que vive. Desenvolve-se também a capacidade de considerar várias alternativas para resolver um problema e a de se colocar no lugar do colega. A atitude crítica vai se refletindo na tomada de postura em meio às regras e às proibições de pais e professores, o que leva a criança a observar a conduta daqueles que a cercam e a regular sua vida segundo o que observa.

No terreno da sexualidade, apresenta grande curiosidade intelectual, especialmente pelas questões relativas ao sexo e ao nascimento dos bebês. Também nesse âmbito se manifestam o desejo de exploração e a necessidade de perguntar, próprios dessa idade. A criança está na idade em que se forma a consciência de si mesma, diferenciada, e se configura a personalidade tipicamente masculina ou feminina. Adota papeis de identificação com um dos pais, o de seu próprio gênero. Os interesses vão se centrando mais no mundo de seus colegas que no dos adultos.

Os alunos do primeiro ciclo da Educação Primária se importam com o que os outros pensam deles. Surge a sensação de vergonha ao se saberem julgados pelos outros e, mais tarde, o medo do ridículo ou da crítica. É o momento de ensiná-los a superar isso para que sejam capazes de tomar decisões morais baseadas na verdade, mesmo que não *"pegue bem"*.

No fim da Educação Primária, convém informá-los acerca das mudanças que vão sofrer e, desse modo, prepará-los para a puberdade: ganhar em amizade e em tratamento, confiando neles como filhos e alunos; fortalecer sua vontade, reforçar sua autoestima etc. É um bom momento para manter conversações sobre temas atuais apresentados pelos meios de comunicação. Nessa idade, é necessário responder com disponibilidade e clareza às questões que levantam de uma maneira natural, com uma linguagem simples e acessível, de modo que possam compreender o que lhes é explicado.

a. **Objetivos da ação tutorial durante esta etapa**
   › Desenvolver na família, no colégio e na sala de aula um clima moral baseado na justiça, na sinceridade e na preocupação com os outros;
   › Fomentar o desenvolvimento da pessoa: que aprenda, pense, sinta, decida e atue;
   › Ensinar a tomar decisões que representem levar à prática seus pensamentos ou sentimentos morais;
   › Promover relações de cooperação, ajuda e respeito mútuo diante de um excessivo individualismo e egocentrismo.

Trata-se de estimular em cada criança:

> o respeito por si própria e pelos outros;
> a conduta cooperativa com seus irmãos e colegas;
> a capacidade de se colocar no lugar do outro;
> o raciocínio moral;
> a gentileza;
> o amor pela verdade;
> a responsabilidade;
> o companheirismo e a amizade;
> o senso de justiça;
> a força e a sobriedade;
> a atitude de participar e de compartilhar responsabilidades na família e na sala de aula;
> o hábito de cumprir seus deveres cívicos e cooperar na vida social.

b. **Meios e recursos para a consecução dos objetivos**
> Desenvolvimento regular do ensino;
> Fomento da reflexão nas conversas pessoais com o professor-tutor;
> Desenvolvimento de um programa de educação em valores que inclua:

> > aquisição de conceitos morais básicos, que atendam a suas inquietudes e dúvidas, segundo sua capacidade;
> > dramatizações (*role-playing*), nas quais a criança assuma o papel de outra pessoa;
> > deliberações e juízos morais sobre exemplos da literatura infantil ou da vida real (pequenos casos);
> > participação dos alunos no planejamento e na avaliação das atividades de ajuda a colegas, trabalho cooperativo, prestação de diversos serviços sociais etc.;
> > responsabilidades em sala de aula;
> > criação de modelos, por meio da literatura e do cinema infantil.

3.2.3 Durante a Educação Secundária

Seguindo as contribuições da psicologia evolutiva e sem cair em *lugares-comuns* ou *padrões* simplificadores, nesta etapa convém distinguir dois períodos.

O primeiro, dominado pela puberdade ou pré-adolescência, que podemos situar entre os 12 e os 14 anos, começa quando surgem as primeiras mudanças físicas especificamente sexuais. Por volta dos 11 anos, nos meninos (nas meninas um pouco antes) aparecem essas transformações: pelos, mudanças na voz, desarmonias motoras e de expressão típicas desta etapa, em contraste com a graça e a flexibilidade da criança.

Também em relação à conduta se observa a desarmonia geral antes mencionada. São características dessa idade tanto a instabilidade entre pontos extremos do comportamento quanto as reações contrapostas. Assistimos a um desmoronamento da conduta infantil, acompanhado do surgimento de formas de comportamento negativas e extremas (apatia, irritabilidade, oposição, hostilidade, indiferença, isolamento, agressividade etc.), e a uma diminuição do rendimento escolar.

Neste período crítico de amadurecimento, predominam, aparentemente, os aspectos negativos sobre os positivos. A paciência e a prudência de pais e professores são imprescindíveis, bem como a grande confiança na criança. Desse modo, será possível orientá-la, corrigi-la e ajudá-la a amadurecer, fomentando o otimismo e oferecendo-lhe motivações que deem sentido ao que deve fazer.

No campo das funções intelectuais, a primeira mudança importante é a transformação do pensamento lógico concreto em abstrato. O pensamento começa a tornar-se independente da imaginação. Outro aspecto importante a considerar é a substituição da memória mecânica pela lógico-discursiva. Essa mudança influencia decisivamente no rendimento acadêmico, já que a capacidade de reter mecanicamente tende a cessar, e a memória lógico-compreensiva não está suficientemente exercitada. Convém fomentar o espírito de trabalho. Por último, vale destacar a influência da fantasia, que gira em torno de temas erótico-sexuais e projetos ambiciosos e irreais, sendo a criança o herói.

No que se refere a tendências, destaca-se a falta de congruência dos próprios impulsos, questão que se manifesta na avidez de experiências, a qual se materializa em desejo de aventuras, excursões, exploração de cavernas, atividades ao ar livre etc. Essas manifestações têm também sua expressão intelectual, identificada no desejo de ler e na curiosidade investigativa: jogos de química, invenções etc., que se alternam com repentinos períodos de tédio, apatia. As crianças manifestam necessidade de estar ocupadas, de fazer exercícios físicos e de dominar sua imaginação. Por isso, é muito oportuno fomentar *hobbies*, como esportes, excursionismo, atividades manuais, bem como leituras amenas e de qualidade.

O sentido da amizade não amadureceu ainda e costuma manifestar-se em gregarismo, com uma poderosa influência da turma, na qual, às vezes, os indivíduos se submetem incondicionalmente ao líder ou tentam tiranizar os menos dotados. É muito importante conhecer o ambiente do grupo de amigos da criança para ensinar devidamente o respeito humano e procurar fazer com que se ajudem entre si. É interessante fomentar a fluidez nas relações e a capacidade de serviço.

Durante essa idade, surge a sexualidade como tendência consciente e acentuada, a qual fica condicionada ao desenvolvimento afetivo. Como aspectos significativos desse período temos a instabilidade e a predisposição ao medo e à ansiedade. O mais importante e característico dessa etapa é o início do desenvolvimento da própria intimidade. Surgem condutas egocêntricas e presunçosas (fala em primeira pessoa, sente-se vítima etc.), bem como uma desconfiança generalizada. A criança precisa de segurança, e podem aparecer dúvidas e sentimento de inferioridade. Em muitas ocasiões, ela enfrenta pessoas ou situações para conseguir a autoafirmação.

É preciso manifestar disponibilidade para ajudar os indivíduos a evitar complexos de inferioridade, problemas de autoestima, por meio de uma adequada atenção pessoal que lhes permita conhecer suas qualidades, como ponto de apoio para sua segurança pessoal.

A insegurança pessoal provoca, igualmente, hipersensibilidade e noção do ridículo, que, paradoxalmente, são acompanhadas por um vivo desejo de liberdade, autoafirmação e autossuficiência, o que, às vezes, leva a repudiar as contribuições dos outros. É necessário educar "em" e "para" a liberdade, sempre unida à responsabilidade pessoal.

Durante esta primeira etapa, interessa dar continuidade aos objetivos e aos meios formativos previstos na anterior, mas tratando mais estreitamente de temas que se relacionem com as necessidades e com os interesses dos alunos dessa idade, em que eles mantêm uma atitude prática característica, pela qual são inclinados a assimilar concepções relativas à afetividade em forma de sentenças e ditados populares.

A segunda etapa, entre os 15 e os 18 anos, é constituída pela adolescência propriamente dita. Nessa etapa, os hábitos adquiridos anteriormente serão muito importantes na formação dos próximos anos, quando ocorre uma transformação profunda da personalidade, tanto no amadurecimento afetivo quanto no intelectual.

Indagam-se com mais persistência o *porquê* e o *para quê*, relativos ao sentido da vida. O raciocínio moral dos jovens é essencialmente indutivo, baseado nas experiências morais, motivo pelo qual os principais meios para estudar e avaliar as situações morais são a reflexão e o diálogo. Os jovens têm necessidade de se sentir úteis, de encontrar significado no que fazem, o que explica, em parte, seus radicalismos: não são amigos da moderação e buscam ater-se às consequências, o que não quer dizer que, de fato, sejam consequentes. Com o radicalismo vem a insatisfação quando não vivem segundo os princípios e os valores que defendem.

Surge a capacidade geradora de conhecimento e aumenta o interesse pelo sexo oposto. É a época das primeiras *paixões*. Além disso, as pessoas buscam, no sentido amplo da palavra, a amizade. Ou seja, buscam alguém que saiba compreender e compartilhar seus problemas, incertezas, ilusões, entusiasmos e desânimos, que, mesmo sendo seus, não compreendem. Mostram maior interesse pelos temas sociais.

Precisam de orientação sobre seus impulsos e tendências, sobre as finalidades de seu despertar sexual, sobre as relações com o sexo oposto etc., de modo que é importante que o tutor se sintonize com os alunos, ajudando-os a conversar em um clima de respeito e confiança para tornar possível um diálogo verdadeiro, tendente à melhora pessoal.

Os adolescentes precisam se certificar de que são aceitos e ouvidos, mas sua recém-descoberta intimidade os leva a detestar as manifestações externas. O que buscam é acolhimento, compreensão, avaliação de seu "eu".

Com a adolescência, vive-se um novo período de formação da autoestima: os jovens são mais suscetíveis ao que se pensa deles. Há uma maior preocupação com a imagem e o interesse em serem aceitos socialmente, a ponto de a aceitação pelos iguais se transformar no motor principal de muitas ações. A lealdade aos amigos e a solidariedade grupal são mais valorizadas que a adesão a um código de conduta para adultos.

É característica dessa idade a atitude crítica, visto que começam a pensar *por própria conta*, a querer conquistar sua liberdade, e ocorre um enfrentamento dos valores, que são vividos com uma profundidade nova. Passa pelo crivo de seu próprio julgamento tudo o que se diz a eles, não se aceitando facilmente as ideias alheias, embora eles mesmos não tenham certeza do que pensam ou querem. Todo esse processo de se abrir para novas experiências que são transcendentes a sua pessoa vem acompanhado pelo despertar de uma grande sensibilidade: tudo é sentido e vivido com maior intensidade; estão como *em carne viva*, e tudo os afeta mais. Isso dá lugar à instabilidade emocional tão característica dos adolescentes.

a. **Objetivos da ação tutorial durante essa etapa**
   › Atingir o desenvolvimento do conhecimento moral e dos hábitos de raciocínio, de modo que os jovens sejam capazes de avaliar com critério moral objetivo os acontecimentos, as pessoas, as situações que fazem parte de sua vida;
   › Promover hábitos para tomar decisões coerentes com seu modo de pensar e cumprir os compromissos livremente adquiridos, de modo que – com sua atuação pessoal responsável – superem a insegurança de se manifestar como são por medo "do que vão dizer";
   › Fomentar a participação social responsável nos âmbitos das instituições de ensino.

Essas pretensões implicam desenvolver ações concretas para atingi-las, voltadas para os seguintes aspectos:

   › autoconhecimento;
   › capacidade de focar positivamente os problemas e os hábitos de reação positiva diante das dificuldades, das contradições e das atuações equivocadas;

- desejo de buscar a verdade e a capacidade de argumentar a seu favor;
- autodomínio para manter disposição para com a melhora pessoal: constância e persistência em tarefas difíceis;
- consciência das exigências fundamentais da dignidade do homem;
- amizade e lealdade;
- exigências pessoais na atuação familiar, profissional e social;
- responsabilidade em seu trabalho e solidariedade;
- amor à liberdade e respeito pela diversidade;
- respeito e atitude aberta para com outras opiniões;
- prudência para selecionar leituras, espetáculos, diversões etc., contando com os princípios em que se fundamenta o modelo formativo escolhido;
- confiança e sinceridade em relação às pessoas que os apoiam em sua formação: pais e professores.

b. **Meios e recursos para atingir os objetivos apontados**
- Desenvolvimento regular do ensino;
- Orientação pessoal, baseada no respeito e na confiança, que fomente modelos para enfrentar os problemas com sentido moral, tomando decisões livremente e aplicando-as de maneira responsável;
- Sentido positivo da realidade, atendendo a cada aluno tal como ele é, favorecendo-se tudo aquilo que tem de positivo, tanto no que se refere à pessoa quanto à idade; por exemplo, a sensibilidade tão acentuada dos adolescentes nesse período da vida pode ser orientada à delicadeza no trato com os outros;
- Favorecimento do desenvolvimento do juízo crítico, mas com cuidado para não assumir posturas negativas;
- Fomento de atitudes por meio das quais se abordem os problemas com otimismo e seriedade, sabendo que, mesmo que não se resolvam, o estudo de uma circunstância sempre implica melhora pessoal;
- Atitude de respeito e acolhimento para com os adolescentes, que deve manifestar-se na facilidade dos alunos de se expressarem e de serem ouvidos pelo tutor. Essa atitude implica não reduzir o que é pessoal a

algo comum; frases como "isso acontece com todo o mundo", "logo passa" despersonalizam a orientação e fazem o aluno perder a confiança no tutor. Não podemos esquecer que "a confiança não se exige, se oferece e se merece". O tutor deve apoiar-se no desejo de autenticidade que o aluno manifesta, ou seja, no desejo de atuar em consonância com o que é.

Outra qualidade que se deve despertar nos alunos consiste na paciência ou capacidade de saber esperar, tanto em relação a si mesmo quanto ao que acontece à sua volta, especialmente nas situações difíceis. São ocasiões em que se amadurece e se aprende. Não convém fomentar a impaciência no aluno, exigindo-se coerência em aspectos que não são tão importantes quanto se quer fazer crer. A exigência – que se refere, sempre, a suas decisões pessoais – deve existir em relação àqueles temas que são fundamentais: estudar, ter respeito pelas opiniões dos outros, saber compartilhar etc.

Devemos ensinar a refletir, ajudando o aluno a distinguir o que para ele é importante agora daquilo que pode ser importante no futuro; suscitar em cada aluno inquietudes que o conduzam a questionar-se, sem rejeição e sem medo; ajudá-lo a refletir para que se conheça melhor: O que está acontecendo em ele? Por quê? Que consequências tem ou vai ter tudo isso para sua vida?

3.2.4 Educação em valores

O desenvolvimento de um programa axiológico deve incluir uma série de estratégias por meio das quais podemos desenvolver atitudes positivas em relação a determinados tipos de valores. Não se trata de dar lições magistrais aos alunos, e sim de conjugar diversas estratégias complementares e desenvolver ações por meio das quais os estudantes possam consolidar sua escala de valores. Técnicas como o *role-playing (RPG)*, investigação científica, dilemas morais, investigação jurídica, entre outras, devidamente articuladas e harmonizadas, podem oferecer a possibilidade de educar em valores e atitudes.

"Os valores servem como padrões para guiar a vida dos homens porquanto são expressões idealizadas, capazes de satisfazer às necessidades humanas entendidas em seu sentido mais amplo" (Ortega, 1994). Os valores que fomentamos em nossos alunos serão o fundamento das condutas pessoais e sociais destes. Um programa para o desenvolvimento de valores pode trabalhar:

> o estudo e a discussão de situações morais conflituosas;
> a análise de casos, escritos ou em vídeo, sobre a realidade cotidiana;
> o estudo de filmes com problemas definidos e dirigidos à juventude;
> a realização de projetos ou dramatizações de juízos ou situações morais;
> a participação do aluno em projetos de ação social, em favor de pessoas desfavorecidas etc.

3.2.5 Atuações em grupo na ação tutorial

A tutoria não se centra apenas na atenção individual aos alunos; também pode se articular como meio de ação coletiva que, oportunamente coordenada com as atenções pessoais, constitui elemento de grande eficácia para o bom funcionamento do grupo/classe. Analisamos brevemente duas atuações grupais de maior relevância na dinâmica da vida escolar*.

a. **Assembleia de curso**

Essa atividade é uma sessão de trabalho realizada com uma periodicidade determinada, na qual os alunos tratam com o professor-tutor temas relacionados à docência, ao convívio escolar e outros relacionados às finalidades educacionais, além de opinarem acerca das incidências mais significativas registradas durante o período entre duas sessões.

---

* Os institutos *assembleia de curso*, *centros de trabalho*, *departamento didático de família profisional* e outros apresentados no decorrer desta obra, bem como a figura de alguns profissionais da área da educação, fazem parte do marco educacional espanhol, mas não temos correspondentes diretos para eles aqui no Brasil. De qualquer maneira, estão claramente descritos e é interessante conhecer suas dinâmicas para aplicação no âmbito de nossas escolas. (N. da T.)

A importância desse meio de orientação grupal é que os alunos participam de seu próprio processo educacional, fortalecendo os laços de amizade entre os colegas e facilitando a tomada de decisões de uma maneira ponderada, aspecto tão crucial nessa idade. Fomenta-se o trabalho em equipe e dificulta-se a marginalização de alunos. Costuma-se estabelecer um ambiente positivo, no qual os estudantes exercitam e desenvolvem sua liberdade, favorecendo a iniciativa pessoal e modos práticos de aplicar princípios gerais de convivência.

O desenrolar de cada assembleia é determinado pela maturidade dos alunos e pelos problemas que surgem em cada momento. De qualquer forma, e sem menosprezar o tratamento das questões que seja necessário abordar, são temas desse tipo de reunião:

› avaliação dos objetivos alcançados na reunião precedente;
› comentário de alguns temas de interesse sobre a avaliação anterior e sobre a dinâmica das diversas disciplinas;
› informe do delegado de curso sobre as decisões tomadas na reunião anterior;
› propostas de atuação perante problemas levados à reunião;
› revisão geral do funcionamento da classe;
› tratamento de atividades culturais, esportivas ou de outro tipo.

Como em qualquer reunião de trabalho, a eficiência dos meios de orientação fundamenta-se na preparação adequada dos conteúdos, na fluidez da participação e na tomada de decisões. Em qualquer caso, a reunião de curso deve se desenrolar de modo positivo e estimulante, evitando-se fazer divagações ou referências pessoais, que não conduzem a nada positivo. É interessante que os alunos exponham com naturalidade suas sugestões e contribuições, propondo – na medida do possível – soluções e modos de aplicá-las.

O professor-tutor deve tentar fazer com que os alunos vejam a importância da atividade desenvolvida de forma cooperativa e dos meios adequados para superar os conflitos que surgem da convivência.

b. **Conselho de curso**

Trata-se de outro meio de orientação de alunos em grupo e pode ser desenvolvido a partir da Educação Secundária Obrigatória. Por meio do conselho, desenvolve-se o senso de responsabilidade, o companheirismo, o espírito de serviço aos outros e a aquisição de hábitos sociais.

O conselho de curso é integrado pelo delegado de curso, o subdelegado, o secretário do curso e o professor-tutor. Os alunos que participam desse conselho são escolhidos por seus colegas.

O modo prático de desenvolver a atividade e os assuntos dos quais o conselho se ocupa depende da maturidade dos alunos, bem como da habilidade do professor para direcionar os temas.

O conselho de curso é um meio muito eficaz para se obter a integração de todos os alunos da série ao grupo, manifestada por meio da cooperação e da solidariedade entre os colegas, de modo que todos alcancem os objetivos previstos, segundo suas possibilidades. Por meio desse instrumento, prevê-se a possibilidade de aplicar o reforço dos alunos por meio de monitorias para recuperar determinadas disciplinas, desenvolver destrezas ou habilidades sociais etc.

3.3 Momentos críticos na intervenção tutorial

Embora a tutoria em todo o sistema educacional seja um *processo contínuo*, nem todos os momentos da escolaridade exigem a mesma intensidade nas atividades de intervenções tutoriais. Estas são determinadas tanto pelo desenvolvimento psicológico do aluno quanto pela mudança de nível educacional ou modalidade de aprendizagem.

3.3.1 Momentos críticos escolares

Os *momentos críticos* exigem a atenção prioritária mais evidente da atividade orientadora, que requer uma preocupação vigilante diante das possíveis situações de conflito entre o aluno e o seu entorno. São momentos em que a orientação deve atuar com prioridade, facilitando o diagnóstico e a tomada de decisões.

Um momento crítico representa uma inflexão no sentido evolutivo, motivo pelo qual a tomada de decisões do principal responsável, bem como dos implicados em sua orientação, é de fundamental importância. Portanto, entende-se como "momento crítico aquele de maior incidência conflituosa no sujeito, derivado de sua especial situação como escolar em confluência com sua evolução psicológica" (Lázaro y Asensi, 1989, p. 27).

Podemos localizar momentos críticos em relação à orientação pessoal, associados a situações específicas, derivadas do desenvolvimento tanto físico quanto psicológico do adolescente. Também sob a perspectiva escolar, existem outros momentos derivados de determinadas funções ou atividades escolares: promoção de série, escolha de disciplinas opcionais, sessões de avaliação etc.

3.3.1.1 Momentos críticos na trajetória do sistema educacional

Consideramos como momentos críticos mais significativos aqueles que surgem como consequência do avanço do aluno ao ir passando de uma etapa a outra ao longo do sistema educacional. Vejamos alguns exemplos:

> superação dos ciclos na Educação Primária;
> início da escolaridade em Educação Secundária Obrigatória;
> começo do Bacharelado;
> escolha da modalidade de Bacharelado – projeção universitária;
> momentos de orientação profissional – futuro desenvolvimento profissional.

A esses momentos podemos acrescentar outros considerados cruciais ou relevantes e que estão presentes na vida escolar:

> sessões de avaliação e promoção escolar;
> conflitos pontuais: classe, grupo;
> problemas pessoais;
> organização do tempo livre.

3.3.1.2 Entre a puberdade e a adolescência

Em paralelo ao avanço no sistema educacional, o alunado também atravessa momentos que influem de forma determinante no crescimento cronológico, que afetam o desenvolvimento físico, socioafetivo, psicológico etc. e que necessariamente interferem na vida escolar e pessoal do aluno.

Independente do enfoque psicológico com que contemplamos o aluno durante o período dos 12 aos 18 anos, devemos considerar que estamos diante de um adolescente com os consequentes – em maior ou menor grau – problemas e dificuldades dessa etapa de educação.

Não é objetivo destas páginas apresentar em profundidade as características que definem a adolescência; não obstante, de forma resumida, reunimos os aspectos dessa etapa que mais se destacam e que podem ser úteis para o tutor.

a. **Transformações fisiológicas rápidas** – Devem-se à atividade do crescimento; ocorre o surgimento dos caracteres secundários sexuais, o desenvolvimento dos órgãos sexuais etc.

b. **Nova organização estrutural da personalidade** – É difícil entender o adolescente em razão das suas contradições e da ambivalência que predomina em sua vida; do gosto pela solidão e da necessidade da turma; do desprezo pelo adulto; da angústia, do desalento unido a momentos de grande otimismo etc.

c. **Desenvolvimento da inteligência** – Ocorre o aperfeiçoamento das operações formais da inteligência. Entre os 11 e os 13 anos, já se desenvolve a capacidade para o pensamento científico, ou seja, para raciocinar com base em hipóteses e, a partir dos 14 anos, as operações dessa capacidade são realizadas de forma melhor. O adolescente pode, por exemplo, inferir a lei que rege um determinado fenômeno e também dissociar os elementos que fazem parte dele; é capaz de resolver situações por meio do jogo das probabilidades e do cálculo proposicional etc.

d. **Rápida evolução sexual** – Evolui do narcisismo inicial até o pleno desenvolvimento e a relação madura a dois.

e. **Novo marco de relacionamento com os pais** – Existe um certo distanciamento em relação aos pais, depois um interesse aumentado pelo próprio eu e, por último, o compromisso de novas relações amistosas, amorosas, sociais. A desmistificação da figura paterna, a revolta contra os pais, certa renúncia à imagem paterna etc. levam o adolescente a configurar um novo tipo de relação com os pais.

f. **Evolução moral** – Em razão do novo foco no porvir e como consequência também de deixar os estreitos marcos familiares para trás, o adolescente encontra o caminho aberto para o mundo dos valores. Surge, então, uma "explicação" pessoal desse mundo dos valores, que, embora conduza ao abandono de alguns deles, leva à elaboração de uma escala, posto que o mundo do homem é necessariamente um universo de valores.

g. **Sociabilidade** – Com a maturidade, as possibilidades associativas se multiplicam e as relações sociais são descobertas de uma forma melhor. Graças à aprendizagem das relações com o outro, a amizade juvenil permite que se tome consciência da realidade do outro, que se formem atitudes sociais e que se tenha a experiência das relações interpessoais. A amizade tem uma função de integração à sociedade. A pertinência do jovem à turma pode ajudar a aprendizagem da vida em sociedade.

3.3.1.3 Dificuldades na vida escolar

As profundas transformações que ocorrem durante a puberdade e a adolescência repercutem com frequência na vida escolar dos alunos, chegando a alterar o habitual rendimento acadêmico e o comportamento social deles. Sem a intenção de sermos exaustivos nem de cairmos em *lugares-comuns* sobre essa faixa etária, listamos a seguir algumas das dificuldades mais apontadas pelos estudos empíricos da psicopedagogia.

a. **Período entre 12 e 14 anos**

› *Dificuldades relativas a aptidões*, com níveis baixos ou muito baixos em:
  - *raciocínio abstrato* (capacidade de indagar, deduzir ou raciocinar de forma lógica);
  - *raciocínio numérico* (capacidade de realizar cálculos numéricos);
  - *fator verbal* (compreensão e fluidez verbal).

› *Dificuldades de concentração*, principalmente em alunos lentos, insuficiência de descanso, preocupações etc.

› *Baixo rendimento*: rendimento escolar inferior às próprias possibilidades ou devido a uma inteligência geral baixa.

> *Dificuldades pessoais*: os problemas derivados da personalidade incluem dificuldades para a relação social, inibição, insônia, nervosismo e irritabilidade, relações familiares problemáticas, maus hábitos, transtornos somáticos, fobias à presença de professores, autonomia insuficiente, excesso de dominância, baixa estabilidade emocional, falta de força de vontade etc.
> *Dificuldades de orientação*: às vezes, os alunos trazem de anos anteriores dificuldades decorrentes de uma orientação deficiente ou inadequada.
> *Outros problemas*: sequelas de problemas originados na Educação Primária (dislexias, disgrafias etc.), falta de organização, desconhecimento de métodos de estudos, dependência excessiva, problemas no relacionamento com o grupo etc.

b. **Período entre 15 e 18 anos**

Os problemas dos alunos neste período são parecidos com os do período anterior, mas adquirem maior importância pelo futuro imediato que os espera – a universidade e o mundo do trabalho.

> *Orientação dos estudos*;
> Dificuldades relacionadas às *aptidões e ao rendimento*, que aparecem fundamentalmente nos alunos com baixa motivação pelos estudos ou com carências intelectuais importantes;
> *Problemas de personalidade* (neurose de fracasso etc.);
> Problemas derivados de *condutas inadequadas*: alcoolismo, dependência de drogas, violência etc.

3.3.2 Programas de prevenção, desenvolvimento e intervenção

Em contraposição ao tradicional modelo de orientação, que era entendido como *serviço*, cujas principais funções são o diagnóstico psicopedagógico, o tratamento de casos problemáticos e a assessoria, apresentamos como alternativa um planejamento que prioriza os princípios de prevenção e desenvolvimento, dirigido a todos os alunos, e enfatiza o princípio de *postura proativa* como antecipação da demanda ou do problema, de modo a eliminar os possíveis obstáculos ao desenvolvimento dos alunos. A prevenção e o desenvolvimento são os pilares sobre os quais se apoia o conceito atual de orientação. Como consequência, devem estar presentes nos programas de intervenção psicopedagógica.

    a. **Programas de prevenção**

    Conforme Caplan (1964), as intervenções preventivas são feitas em três níveis:

> **Prevenção primária** – Refere-se à prevenção no sentido mais amplo. O objetivo consiste em evitar o surgimento do problema ou reduzir a frequência de novos casos problemáticos. A prevenção pode se dirigir a pais, professores, alunos e a toda a comunidade. No âmbito escolar, é necessário conhecer o quanto antes as características e as circunstâncias pessoais do aluno, a fim de detectar as possibilidades de risco de surgimento de dificuldades.

> **Prevenção secundária** – Tem por objetivo descobrir um problema, transtorno ou processo e acabar com eles o quanto antes ou remediá--los parcialmente. As intervenções dirigem-se a problemas como dificuldades de aprendizagem, conflitos pontuais (classe, grupo), problemas pessoais etc.

> **Prevenção terciária** – Tem como finalidade deter ou retardar a evolução de um processo, transtorno ou problema, atenuando suas consequências. Dirige-se a pessoas que já apresentam problemas com drogas, alcoolismo etc. As intervenções consistem em terapias, reabilitação psicológica, reinserção social etc.

    b. **Programas de desenvolvimento**

Dotar o aluno das competências necessárias para enfrentar as demandas de cada etapa evolutiva ou proporcionar a ele situações de aprendizagem de vida que facilitem a reconstrução e o progresso dos esquemas conceituais são objetivos plenamente assumidos pelas propostas da orientação para o desenvolvimento (Rodríguez, 1993).

Com base no princípio de desenvolvimento, é possível elaborar programas para facilitar o desenvolvimento pessoal (habilidades para a vida, habilidades sociais, desenvolvimento de competências), para o esclarecimento de valores e para a tomada de decisões.

c. **Programas de intervenção**

Os programas de intervenção se referem a um contexto determinado e atendem a necessidades específicas. Para Rodríguez (1993), a intervenção social implica os seguintes aspectos:

› A atividade orientadora deve estar voltada à modificação de aspectos específicos do marco educacional (direção, sistemas de avaliação etc.) e do contexto social (emprego para o jovem, assistência social etc.).

› O orientador deve conscientizar o aluno, orientando-o acerca da existência de fatores ambientais que atrapalham a consecução de seus objetivos pessoais.

› É necessário admitir a existência de uma real discrepância entre os objetivos e valores do aluno e os da instituição educacional, bem como entre os da pessoa e os da sociedade. O conflito gerado não se resolve por meio do ajuste ou adaptação do indivíduo; deve-se fazer um sério esforço para mudar determinadas características do contexto.

3.3.3 Sessões de avaliação e promoção escolar

3.3.3.1 Desenvolvimento da avaliação educacional

A avaliação é uma das ações educacionais de maior destaque e alcance realizadas em uma instituição educacional. Avaliar é analisar processos e resultados, comparar o processo e a mudança do aluno e com as atividades docentes, estabelecendo-se um sistema para entender melhor as dinâmicas e para poder atuar sobre elas o mais acertadamente possível.

Podemos verificar que existem diversos níveis e campos de avaliação que vão se concretizando e se definindo nos critérios gerais de avaliação e que se adaptam a circunstâncias e características do meio em que a avaliação é aplicada. Todos os níveis requerem a responsabilidade e a coordenação necessárias para um processo eficaz de avaliação, motivo pelo qual todos os setores implicados devem assumir um grau suficiente de participação e compromisso nessa tarefa fundamental do sistema educacional.

O planejamento da avaliação deve ser minucioso e envolver todos os professores de uma escola ou, se for o caso, os docentes que atuam em um grupo/classe.

Um momento especialmente importante, no qual o tutor se relaciona com o grupo de professores, são as juntas de avaliação.

Um grupo/classe é o conjunto de alunos de um mesmo ano escolar que tem o mesmo horário e compartilha os mesmos professores. Estes formam a equipe docente, que atua como equipe de avaliação nas reuniões dedicadas a isso.

Cabe ao tutor coordenar as sessões de avaliação, com a finalidade de que sirvam como pontos de encontro, reflexão e tomada de decisão, unificando critérios na orientação tanto acadêmica quanto pessoal dos alunos.

Segundo Fernández (1991), a presença do tutor em uma junta de avaliação contribui para que:

> a equipe de professores leve em conta os aspectos do grupo na avaliação;
> cada aluno, ao ser avaliado, seja considerado em sua totalidade, com suas capacidades intelectuais e circunstâncias pessoais e escolares;
> a equipe de professores reflita, reavalie sua atuação com o grupo/classe e tome decisões compartilhadas de intervenção para melhorar o andamento do grupo.

a. **Aspectos a considerar nas reuniões de avaliação**

Cuerda e outros (1996) introduzem uma série de dificuldades que convém levar em conta:

> As reuniões das equipes educacionais estão excessivamente burocratizadas, centradas em aspectos puramente formais, sem considerar a avaliação como fonte de informação para a adequação do processo de ensino-aprendizagem e a atenção à diversidade.

> Não existem acordos de grupo ou não são respeitados, quando existem.
> Quando se selam acordos na equipe educacional, estão centrados exclusivamente no aluno e raramente nos demais envolvidos no processo de ensino-aprendizagem.
> A participação dos alunos é insuficiente.

b. **Dinâmica das reuniões de avaliação**

Como já apontamos, a junta de avaliação é um momento de análise, coordenação e decisão sobre a situação de um grupo/classe e cada um de seus integrantes, mas também faz parte de um processo no qual podemos distinguir várias fases, como as que descrevemos a seguir.

1. *Atuações anteriores à sessão de avaliação*
    a. Atividades prévias dos professores das diferentes áreas
        > *Coleta de informação:* analisar toda a informação, os formulários e as instruções entregues pelo tutor, pela Chefia de Estudos e pelo Departamento de Orientação; registrar por escrito toda a informação; preencher todos os questionários, guias de observação etc. dos alunos que, a princípio, apresentam necessidades de atenção à diversidade.
        > *Preparação da reunião de avaliação nas diversas disciplinas:* caráter opcional. Por meio de uma assembleia, abordam-se os seguintes aspectos: análise dos resultados acadêmicos; clima de classe (respeito mútuo, ambiente de trabalho, colaboração entre os alunos, entre os alunos e o professor etc.); sugestões de melhora para a próxima avaliação.
    b. Atividades do tutor
        > Realização de uma simples análise estatística das notas obtidas pelos alunos;
        > Entrega da análise aos demais professores da equipe educacional e determinação da ordem do dia da sessão de avaliação;

> Análise dos diversos questionários fornecidos pelos professores e elaboração de um resumo dos comentários feitos e das propostas apresentadas em relação a determinados alunos e à dinâmica do grupo;
> Entrega ao aluno representante, na junta de avaliação, de uma cópia da ordem do dia, indicando data, hora e lugar da sessão;
> Revisão, com o representante dos alunos, do resumo da sessão de preparação anterior e esclarecimentos pertinentes acerca de como devem ser suas intervenções na sessão de avaliação.

c. Sessão de tutoria – pré-avaliação em grupos
> *Objetivo*: realizar, por parte do grupo/classe, a revisão e a análise de seu funcionamento como grupo tanto em relação ao rendimento acadêmico quanto no que se refere à adaptação, ao ambiente de trabalho em sala de aula, às dificuldades que tenham surgido etc.
> *Metodologia*: confecção de um questionário de autoavaliação (trabalho em pequenos grupos, assembleia de classe, elaboração de um informe pelo representante que registre os acordos selados para apresentá-los na sessão de avaliação; esse informe deve incluir propostas de melhora).

d. Atividades do Departamento de Orientação – planejamento do processo e apoio aos tutores e aos professores na realização de suas tarefas
> Proposta sobre critérios e estratégias para realizar a sessão de avaliação nas reuniões das equipes educacionais;
> Entrega de material de apoio para o desenvolvimento das atividades de alunos e professores;
> Colaboração do orientador junto ao tutor em tarefas como preparação geral do conteúdo da sessão.

2. Desenvolvimento da reunião de avaliação

Cabe ao tutor, como coordenador da junta de avaliação, atuar como moderador, potencializando o desenrolar da reunião.

a. Objetivos da reunião da equipe docente
   › Analisar e avaliar o funcionamento do grupo quanto a atitudes, convivência e clima de trabalho;
   › Analisar e avaliar o rendimento escolar, tanto em grupo quanto individualmente;
   › Identificar os problemas fundamentais, de rendimento e conduta, que possam ser detectados no grupo;
   › Propor (toda a equipe docente) algum objetivo comum para o período de avaliação seguinte, com a finalidade de melhorar o rendimento do grupo.

b. Desenvolvimento
   › Avaliação do grupo:
      › apresentação feita pelo representante dos alunos em acordos selados na sessão preparatória em grupo;
      › esclarecimentos e contribuições ao exposto;
      › informe do tutor (rendimento acadêmico geral, funcionamento do grupo, resumo das atividades de tutoria realizadas);
      › informação de cada professor sobre como vem sendo a aceitação de sua disciplina pelo grupo (atitudes, rendimento acadêmico, dificuldades encontradas, ambiente de trabalho etc.);
      › acordos para melhorar o rendimento e o funcionamento do grupo.
   › Revisão de acordos e compromissos;
   › Avaliação individualizada:
      › dos alunos que apresentam dificuldades especiais (de motivação, interesse, método de trabalho etc.);
      › dos alunos com alto rendimento;
      › das propostas de ajuda para a classe.
   › Objetivos comuns para a avaliação seguinte:
      › aspectos relacionados à aprendizagem e ao rendimento do grupo;

- aspectos relacionados ao funcionamento grupal;
- atenção a casos individuais.
› Compromissos e acordos para a avaliação seguinte:
  - por parte do tutor;
  - por parte do professorado;
  - por parte dos alunos;
  - por parte da Chefia de Estudos;
  - por parte do Departamento de Orientação.
› Encerramento da sessão feito pelo tutor e confecção de uma ata.

3. *Atuações posteriores à sessão de avaliação*
   a. Atuações do tutor
      › Atuações de tipo geral:
         - Confeccionar a ata da sessão de avaliação e entregá-la aos professores, à Chefia de Estudos e ao Departamento de Orientação.
         - Comunicar aos alunos, de forma individual, os acordos e as decisões pactuados na reunião da equipe educacional que lhes digam respeito.
         - Comunicar às famílias, individual ou coletivamente, as propostas de melhora.
      › Sessão de tutoria em grupo pós-avaliação:
         - *Objetivo*: trazer informações aos alunos sobre os acordos e as decisões da sessão de avaliação.
         - *Metodologia*: escolhida mediante uma assembleia de classe.
         - *Desenvolvimento*: o representante dos alunos informa os dados da sessão de avaliação; o tutor informa sobre os resultados globais da classe e sobre questões relevantes acerca das tarefas e dos acordos, bem como das decisões adotadas; discutem-se aspectos que afetem o funcionamento do grupo/classe e os acordos.
         - *Reunião do tutor com o chefe de estudos e o Departamento de Orientação*: caráter avaliador em relação ao processo seguido; serve também

para aprofundar a discussão em alguns casos especiais, com vistas a tomar as decisões pertinentes a cada situação.

3.3.3.2 Promoção escolar

A promoção escolar é um objetivo prioritário de toda instituição educacional e, mais especificamente, da ação tutorial. Reunimos a seguir breves reflexões sobre esse tema tão fundamental na vida escolar dos alunos (Castillo Arredondo y Cabrerizo Diago, 2005).

> Entende-se a avaliação como uma atividade valorativa e investigadora, mas também propiciadora de mudança educacional e desenvolvimento profissional docente.
> Considera-se que a avaliação afeta os processos de aprendizagem dos alunos, o processo de ensino e os projetos curriculares de etapa e nível.
> A avaliação é um elemento-chave para regular a adaptação do currículo.
> O modelo adaptado possui um caráter processual, contínuo e formativo.
> O processo avaliador deve adequar-se a cada comunidade escolar e a cada contexto.
> O objetivo da avaliação dos alunos deve ser oferecer informação, o mais próxima possível da realidade, sobre como está se desenvolvendo o processo educacional, para se poder intervir acertadamente.
> A avaliação deve atender a todos os âmbitos da pessoa e a suas necessidades específicas.

Os critérios de avaliação proporcionam informação sobre os aspectos que se deve considerar para determinar o tipo e o grau de aprendizagem que os alunos alcançaram em cada momento do processo ensino-aprendizagem no que se refere ao avanço na aquisição das capacidades estabelecidas no currículo. O nível de cumprimento dos objetivos não deve ser estabelecido de maneira rígida ou mecânica, por meio de uma mera comparação imediata, mas determinado com a flexibilidade, a diversidade e a riqueza de matizes que derivam de uma observação minuciosa das diversas circunstâncias e contextos socioculturais e pessoais em que se dá a avaliação de cada aluno dentro do processo de ensino-aprendizagem.

Essa verificação da aprendizagem relaciona os critérios de avaliação com as decisões que as equipes de professores devem aplicar para a promoção de uma série, ciclo ou nível a outro.

Nos projetos curriculares escolares devem ficar explicitadas as estratégias de promoção. Esses critérios devem considerar que a mera repetição de um ano escolar deve ser um último recurso, apenas utilizado quando se considerar que pode contribuir para uma solução efetiva das dificuldades existentes.

Com essas características da avaliação, é necessário diversificar as técnicas e os instrumentos de verificação da aprendizagem. Nesse sentido, a aplicabilidade da aprendizagem a outros contextos, a generalização de procedimentos aprendidos a novos problemas ou a adoção de atitudes para solucionar novos conflitos podem se transformar nos melhores indicadores da significação e funcionalidade dos processos de ensino-aprendizagem desenvolvidos por professores e alunos.

3.3.4 Conflitos escolares

Muitos professores sentem-se angustiados e frustrados com a tarefa de manter o ambiente de aprendizagem em sala de aula, pois, em algumas ocasiões, ocorrem situações em que alguns alunos se tornam chatos, teimosos, barulhentos, agressivos, egoístas, desrespeitosos e, em geral, com condutas perturbadoras e inaceitáveis.

Sem dúvida, o trabalho do professor é difícil, e a maioria deles passa muitas horas de irritação, frustração e exasperação. Cada vez são mais frequentes os professores que se sentem profissionalmente agredidos e incapazes de enfrentar a situação. Por esse motivo, são muitos os casos de profissionais da educação que adoecem, têm crises depressivas e chegam até a abandonar a profissão docente.

Além da maneira pessoal com que cada professor tem de explicar os comportamentos inadequados em sala de aula, há uma postura geral de consenso: quando a forma de se comportar do aluno ou de um grupo incomoda a própria dinâmica da classe, interfere na aprendizagem em sala de aula e gera um ambiente "rarefeito", seja na classe, seja na escola. Costuma-se considerar tal comportamento inadmissível, dado que interfere negativamente no processo de formação e educação dos alunos e, de modo particular, atrapalha o responsável por essas condutas.

3.3.4.1 Situações de conflito no grupo/classe

Para Sánchez (1993), algumas das possíveis situações de conflito são as que estão apresentadas a seguir.

a. **Situações de conflito com origem nas interações pessoais entre os alunos**
   › Ocorre conflito quando um papel formal está sendo desempenhado por alguém que não é adequado para isso ou quando o grupo simplesmente não aceita esse papel.
   › Existem aspectos subjetivos no desempenho de um papel que podem explicar certos conflitos.
   › O mal-entendido, às vezes, não é nada além da manifestação de um conflito mais ou menos latente.

b. **Situações de conflito com origem na relação dos alunos com a atividade que realizam**

Quando o grupo/classe não se identifica com os objetivos formais (acadêmicos e formativos) que justificam oficialmente sua presença na instituição de ensino; quando as exigências de rendimento são percebidas pelo grupo/classe como não alcançáveis; quando os alunos estão em desconformidade com as tarefas que a instituição lhes impõe ou são forçados a adotar uma organização que não desejam; quando há hostilidade do grupo para com as explicações de algum professor; quando a competição pelo rendimento chega a se exacerbar entre os alunos; quando qualquer uma dessas situações ocorre, geram-se tensões no grupo, que cedo ou tarde se traduzirão em conflitos.

c. **Situações conflituosas com origem na relação alunos-tutor**
   › Ocorrem quando o papel do tutor não está de acordo com as previsões e as expectativas que se fazem dele.
   › Ocorrem quando há divisão do grupo/classe em dois, no que se refere a relações e condutas, e o tutor, apesar de sua boa disposição, não pode atender satisfatoriamente aos dois grupos.

> Ocorrem quando o tutor atua "por imposição legal". Isso é percebido rapidamente de forma muito negativa pelos alunos.
> Ocorrem quando o tutor não tem as qualidades necessárias ao adequado desempenho de seu papel.
> Ocorrem quando não é possível conciliar o papel de professor e o de tutor, que necessariamente deve ser desempenhado com um mesmo grupo de alunos.

Também podemos incluir outras variáveis de *origens diversas* que podem contribuir para situações de conflito na escola:
> aspectos de natureza pessoal (força do "eu", tolerância à frustração, personalidade neurótica etc.);
> fatores familiares (relação com os pais, tipo de vínculos familiares etc.);
> grau de informação e participação que a instituição educacional fomenta e favorece;
> número de alunos na escola e sua distribuição por classes;
> relação que se estabelece entre os professores e os pais;
> localização geográfica da escola (região urbana, periférica, rural etc.);
> clima de relacionamento entre os professores da escola;
> modo como os alunos usufruem dos direitos e cumprem os deveres.

3.3.4.2 Comportamentos problemáticos

A seguir, apresentamos, de forma abreviada, a interpretação, segundo Montané e Martínez (1994), dos diversos comportamentos que interferem negativamente na aprendizagem em sala de aula.

a. **Modelo psicodinâmico**

O repúdio às normas da escola e às recomendações dos professores é uma consequência do repúdio à autoridade paterna. Os comportamentos problemáticos são expressões de problemas pessoais inconscientes instaurados no indivíduo nos primeiros anos de vida. Portanto, o mau comportamento é consequência de um desajuste e inadaptação às normas do grupo/classe e um repúdio à autoridade "paterna" do professor (fenômeno de transferência).

b. **Modelo humanista**

Toda pessoa tem tendência a desenvolver-se e abrir caminho na vida; apesar de tudo, são muitos os alunos que nem sempre conseguem formar-se e educar-se nas salas de aulas. Com frequência, os alunos veem o professor e a escola como um obstáculo e uma ameaça a suas tentativas de progredir na vida. Os alunos precisam de um ambiente adequado, que favoreça respostas positivas. Liberdade de ação, confiança no aluno, respeito positivo e incondicional, autenticidade, apreço, aceitação, compreensão empática são algumas das atitudes que favorecem esse clima. A falta de clima adequado para se comunicar entre si, tanto para professores quanto para alunos, ocasiona os comportamentos de indisciplina.

c. **Modelo socioecológico**

O comportamento humano é fruto de um processo interativo. O resultado das relações entre o sujeito e outros indivíduos e o meio explica a presença de comportamentos adequados ou não nos alunos. Portanto, os problemas de disciplina entre alunos e professores são interpretados como conflitos entre os valores e as normas dos alunos e os da instituição escolar.

d. **Modelo cognitivo-evolutivo**

As etapas evolutivas e de desenvolvimento individual são a base da compreensão e da interiorização das normas de comportamento. Assim, na etapa das operações concretas, os alunos entendem que um comportamento é bom ou ruim segundo as consequências imediatas dessa conduta. No período das operações abstratas, os alunos podem entender que devem tratar os outros como eles próprios gostariam de ser tratados. Nas sucessivas etapas de comportamento moral de Kohlberg, os alunos começam obedecendo às normas para evitar o castigo imediato e chegam à descoberta de que o bem e o mal dependem de um princípio geral superior.

e. **Modelo de tomada de decisões**

O professor, diante da presença de problemas em sala de aula ou na escola, imediatamente após o surgimento da questão, analisa a situação e intervém conforme o caso específico. Em função da informação recebida na classe, o professor julga, toma uma decisão e atua de forma diferente, posto que cada problema é também diferente conforme os casos e as situações. Mais que analisar as causas da indisciplina, nesse modelo, intervém-se imediatamente para restabelecer, o quanto antes, o processo instrucional interrompido.

f. **Modelo cognitivo-comportamental**

O comportamento dos alunos depende, por um lado, das opiniões, das crenças e das convicções e, por outro, das emoções que acompanham os conteúdos cognitivos. Dessa maneira, os reforços positivos aplicados às ideias e às emoções levam à modificação do comportamento em sala de aula ou na escola. Os comportamentos inadequados são consequência da forma de pensar dos alunos e dos reforços que fortalecem esses conceitos.

3.3.4.3 Mecanismos de defesa dos alunos

> **Rebeldia, resistência, desafio** – É uma reação à autoridade e ao poder. Quando as liberdades dos alunos são ameaçadas, eles se ressentem e desafiam ou fazem exatamente o contrário dos que se lhes pede.
> **Represálias** – É uma resposta que consiste em vingar-se de alguém de quem se depende para a satisfação de certas necessidades. Os professores que dominam seus alunos mediante a "autoridade" correm o risco desse tipo de agressão e vingança.
> **Mentiras, fugas, ocultação de sentimentos** – A mentira é um mecanismo de defesa muito comum que os alunos utilizam contra o poder do professor. Eles aprendem que é pouco seguro dizer a verdade àqueles que exercem o poder. Os alunos também se defendem dos professores mediante o típico recurso de "não se deixar pegar". O "jogo" é simples: o professor tem o poder,

faz as regras e deve pô-las em vigor. A tarefa do aluno consiste em violar o maior número de regras, mas de uma maneira tão inteligente que o professor não possa surpreendê-lo. Se for pego, mentirá.

> **Ato de culpar os outros** – Uma maneira natural de se defender de um professor que utiliza o castigo é tentar jogar a culpa em outros colegas.

> **Dominação, manipulação dos outros** – Os professores que se mostram muito autoritários com os alunos estão lhes proporcionando um modelo, que alguns copiarão em suas próprias relações.

> **Necessidade de ganhar** – Em um ambiente escolar muito competitivo, em que se dão recompensas e se aplicam castigos, os alunos aprendem o valor de ganhar e aparecer diante dos outros como um modelo a imitar. Os professores que frequentemente dão a seus alunos notas altas, comentários muito elogiosos desenvolvem neles hábitos para ganhar. O problema é que nem todos os alunos podem ganhar; apenas poucos chegam ao alto.

> **Alianças** – Para enfrentar a autoridade dos professores, alguns alunos fazem alianças, com base no ditado "A união faz a força". Normalmente, esses esforços são bastante ineficazes.

> **Conformismo e submissão** – É uma maneira de se submeter à autoridade do professor negando suas próprias necessidades, temendo fazer valer seus direitos por medo do conflito.

> **Bajulação** – Trata-se de explorar o "lado bom" da pessoa que tem o poder. Esses alunos têm por objetivo conquistar o professor a fim de obter determinados benefícios. Os "puxa-sacos" são fortemente rejeitados por seus colegas.

> **Retirada, regressão** – Quando para o aluno é muito difícil tolerar a autoridade, ele se retira ou foge da situação como forma natural de proteção.

3.3.4.4 Obstáculos na comunicação verbal

Os principais obstáculos na comunicação verbal dos professores e seus efeitos negativos nos alunos são os descritos a seguir:

> **Ordenar, dirigir, mandar** – Essas mensagens dizem ao aluno que "seus" sentimentos, necessidades ou problemas não são importantes; que deve acatar o que o professor sente ou necessita.

> **Advertir, ameaçar** – Essas mensagens são muito parecidas com a transmissão de ordens, mas agregam as consequências da negação em cumpri-las. Assim como as ordens, tais advertências e ameaças favorecem a hostilidade.

> **Moralizar, passar sermão** – Essas mensagens fazem o aluno sentir o poder da autoridade, da obrigação ou do dever externos. Em geral, os alunos respondem a essas mensagens resistindo ou simplesmente mostrando-se indiferentes.

> **Aconselhar, dar sugestões** – Os alunos ouvem essas mensagens como uma evidência de que os professores não têm confiança na habilidade dos estudantes para resolver seus próprios problemas. Os conselhos transmitem uma atitude de segurança, o que é irritante para os adolescentes que lutam por fazer valer sua independência.

> **Dar argumentos lógicos** – Sempre foi um método ineficaz de ensino. Os alunos que têm problemas podem reagir ao "ensino", sentindo-se inferiores, subordinados e inadequados.

> **Criticar, estar em desacordo, culpar** – Essas mensagens fazem com que os alunos se sintam tolos, inadequados, inferiores. Os comentários e as avaliações de pais e professores – que são os adultos mais importantes de sua vida – dão forma, em grande medida, às imagens que os alunos têm de si mesmos. Dizer a um aluno que ele é frouxo, em geral, faz com que se zangue e produz um efeito negativo.

> **Uniformizar, ridicularizar** – São formas de avaliação negativa e têm o mesmo efeito nocivo.

> **Compadecer-se, consolar** – Aparentemente, essas mensagens não são úteis para os alunos que têm problemas. Essa atitude desvanece os sentimentos do aluno e evita a comunicação posterior, porque eles sentem que os professores querem que parem de sentir de determinada maneira.

› **Pôr em dúvida, interrogar** – Essa atitude pode transmitir uma sensação de desconfiança, suspeita e dúvida.

3.3.4.5 Atividades que favorecem a convivência

Propomos uma série de atividades, tanto de *prevenção* quanto de *intervenção*, a título de sugestão, que podem ser úteis para incluir em um programa de melhora do clima de relacionamento em sala de aula ou na escola.

a. **Medidas preventivas**

› Estabelecer um clima de confiança e respeito mútuos;
› Recordar as normas antes de iniciar os processos educacionais de ensino-aprendizagem nos quais se prevê que podem ocorrer comportamentos distorcidos;
› Evitar os castigos e informar sobre as consequências que derivam dos comportamentos não desejados;
› Preparar as aulas de maneira que seja mais fácil para os alunos colaborar nas tarefas de formação;
› Transmitir segurança e otimismo aos alunos; não agir de forma precipitada;
› Detectar indícios atitudinais e comportamentais e intervir antes que se transformem em problemas de disciplina escolar;
› Aprender a identificar situações problemáticas;
› Criar um ambiente de aceitação e respeito mútuo que permita ao aluno expressar seus sentimentos de forma satisfatória;
› Valorizar e respeitar as normas que regem o intercâmbio comunicativo em diálogos, debates etc.;
› Conhecer a família ou aspectos da vida dos alunos para influir melhor na transmissão de valores relacionados com a convivência escolar;
› Ensinar a pensar antes de agir;
› Organizar atividades cooperativas para favorecer a integração de todos os alunos;

- Analisar os princípios e a necessidade de normas mínimas de convivência e respeito para obter um clima de ensino e aprendizagem;
- Ser tolerante, considerando-se a disciplina adequada;
- Criar um clima agradável que acompanhe os comportamentos de disciplina;
- Determinar, com o grupo, as normas de disciplina imprescindíveis, bem como as sanções correspondentes.

b. **Medidas de intervenção**

- Realizar jogos de forma simbólica para canalizar a agressividade;
- Favorecer sessões de grupo para detectar os valores e as normas relacionadas à educação e ao estudo;
- Estabelecer níveis adequados e realistas tanto nas conquistas acadêmicas quanto nas condutas sociais e adaptá-los às possibilidades reais dos alunos;
- Informar a família e pedir sua colaboração para resolver os problemas observados na escola;
- Ensinar as normas de disciplina de maneira adequada à capacidade e à etapa evolutiva dos alunos;
- Explicar por que as normas são necessárias para o bom andamento da escola e da aula;
- Trabalhar os princípios e os valores básicos da convivência social;
- Diante da existência de um problema que interfira na aprendizagem, analisar os prós e os contras e escolher a melhor solução do momento;
- Gerar na classe um clima de liberdade, respeitando-se sempre a ordem, de entusiasmo ativo, de sinceridade e de respeito;
- Tolerar a diversidade de opiniões e crenças e ensinar o respeito por princípios e instituições democráticas;
- Realizar tarefas de grupo e participar de discussões e debates com uma atitude compreensiva, crítica e tolerante, respeitando-se as discrepâncias e utilizando-se o diálogo como uma via necessária para a solução de problemas humanos e sociais;

> Comentar sobre a participação dos alunos e solicitá-la na busca de soluções a problemas que surjam em sala de aula;
> Favorecer condutas de companheirismo, respeitando-se os pequenos grupos existentes;
> Em um clima de confiança, explicar o porquê das coisas e aceitar as sugestões dos alunos;
> Organizar atividades complementares tanto dentro quanto fora dela, para favorecer a comunicação e a relação entre os alunos.

3.3.4.6 Técnicas para a solução de conflitos

A resolução de problemas requer um processo que, passo a passo, conduza à solução do conflito. A seguir, apresentamos três técnicas: a primeira baseia-se na ideia do famoso educador Dewey e também em uma aplicação do método científico de solução de problemas nos conflitos entre indivíduos ou grupos; a segunda consta de cinco passos para a solução de conflitos e é baseada nos autores Howe e Howe (1977); por fim, a terceira é proposta pelos autores Gesten, Weissberg, Amish e Smith (1989).

Método 1

a. **Definir o problema (ou conflito)**

Para isso, sugere-se:

> envolver na solução do problema somente os alunos que são parte do conflito;
> aceitar que os alunos participem somente de maneira voluntária;
> deter, se necessário, o processo em qualquer passo e depois prosseguir;
> não minimizar os sentimentos, mas também não os exagerar;
> separar as necessidades dos desejos;
> utilizar a forma ativa de ouvir para ajudar os alunos a expressar suas necessidades, porque eles também podem ter dificuldade para separá-las das soluções que desejam. Enquanto estas não tiverem sido claramente compreendidas e descritas com precisão, não se deve passar à fase seguinte;

› não utilizar o método pela primeira vez para solucionar problemas que afetam apenas o professor.

b. **Gerar possíveis soluções**

Depois de um problema ter sido definido com precisão, tanto o professor quanto o aluno podem oferecer soluções. Para isso, indica-se:

› não julgar as soluções propostas; isso é muito importante para que os alunos continuem sugerindo soluções;
› estimular a participação abrindo-se possibilidades;
› registrar as ideias tão logo quanto possível;
› não exigir que os alunos argumentem a favor de suas ideias;
› estimular todos a participar, mas não pressionar;
› quando o processo estancar, fazer uma pergunta para reconduzi-lo.

c. **Avaliar as soluções**

Nesta fase, recomenda-se:

› começar o processo de avaliação com outra pergunta, como: "O que cada um pensa dessas ideias? Quais são as melhores?";
› excluir da lista qualquer solução que desperte um sentimento negativo em qualquer um;
› utilizar muito a escuta ativa para assegurar-se de que todos os participantes compreenderam com precisão os sentimentos e opiniões expressos;
› não hesitar em enunciar as próprias opiniões e preferências; não permitir que uma solução seja mantida se isso não parecer realmente aceitável;
› utilizar mensagens em primeira pessoa para comunicar os próprios sentimentos;
› estimular os participantes a argumentar e defender suas propostas;
› não ter pressa: cada participante deve levar o tempo suficiente para expressar sua opinião.

d. **Tomar a decisão**

Se, no final da etapa anterior, restarem várias soluções aceitáveis, recomenda-se o seguinte para se chegar a uma última escolha:

> não promover uma votação, pois isso sempre gera ganhadores e perdedores, salvo quando o voto é unânime. Os que perderem não se sentirão realmente motivados a pôr em prática a solução alcançada. O consenso é o objetivo;
> fazer uma votação secreta a fim de saber como os alunos pensam, mas sem que se comprometam;
> pedir aos alunos que imaginem as soluções propostas e os resultados que teriam se fossem postas em prática;
> trabalhar visando ao consenso; não adotar uma solução enquanto todos não estiverem de acordo em pelo menos tentar;
> anotar a solução acordada. Pode-se realizar uma espécie de declaração escrita a qual todos se comprometam a assinar. Se algum aluno hesitar, é porque não se chegou a um consenso. Não se deve tentar fazer com que alguém ceda à *pressão* do grupo, que se torne submisso. É preciso ter sensibilidade para com os alunos que manifestam poucos sentimentos positivos em relação a uma solução; realimentar, revisar as soluções. Submissão de má vontade não é consenso.

e. **Determinar como implementar a decisão**

Com frequência, os esforços para encontrar a solução do problema, potencialmente produtivos, acabam em frustração, porque as decisões nunca chegam a ser implementadas. Em geral, isso acontece porque o grupo não pode determinar "quem" faz "o que" e "quando". Dessa maneira, é preciso:

> perguntar ao grupo "*quem* vai ser responsável pelo *que*" e "*quando*";
> determinar por escrito "*quem faz o que*" e "*quando*".

f. **Determinar o sucesso da solução**

A ideia é avaliar apenas a eficácia dos esforços. Algumas perguntas para testar os resultados podem ser feitas: O problema desapareceu? Houve algum progresso na solução do problema? O que é uma boa decisão? Estamos contentes com o que foi feito? Quão eficaz foi a solução? Um critério de eficácia é o desaparecimento do conflito, a ausência de angústias e sentimentos negativos. Vejamos algumas sugestões úteis:

› É preciso estar atento aos compromissos selados em razão do entusiasmo gerado pela solução do problema, mas que depois se mostram pouco realistas ou difíceis de pôr em prática. É bom verificar com os participantes, de vez em quando, o que pensam sobre a decisão.

› Quando uma solução não consegue resolver um problema, isso indica que alguma fase falhou.

› As soluções têm de ser criativas e devem permitir que todos satisfaçam as suas necessidades. Se com uma solução não se consegue isso, esta merece ser descartada e deve-se procurar outra.

› Como as necessidades mudam e as situações também, mesmo quando uma solução resolve o problema original, convém tornar a examiná-la de tempos em tempos.

Método 2

a. **Formular o problema** – Cada pessoa implicada deve explicar sua visão do problema. Deve-se evitar atacar ou culpar o outro e utilizar a primeira pessoa para expressar-se.

b. **Esclarecer as dimensões do conflito** – Trata-se de definir as dimensões do conflito, buscando-se os pontos de acordo e de desacordo. Podem ser utilizadas perguntas que ajudem a deixar claro como o outro se sente.

c. **Buscar soluções** – Em duplas, todos sugerem as soluções que lhes ocorrerem durante cinco minutos, sem fazer nenhuma avaliação.

d. **Identificar consequências** – Finalizado o *brainstorming*, cada dupla analisa, uma a uma, as consequências que as diferentes soluções apontadas trariam para cada membro.

e. **Escolher uma solução satisfatória para ambos** – Faz-se uma avaliação de cada solução possível em função de suas consequências e tenta-se encontrar uma que seja aceita pelos dois membros da dupla.

Método 3

Gesten, Weissberg, Amish e Smith (1989) apresentam um modelo de competência social que consiste em um grupo de técnicas relacionadas entre si para resolver conflitos que requerem ou um início de atuação, ou uma reação às respostas do outro. As intervenções para a resolução de problemas devem obedecer às seguintes fases:

> Conceitualização de situações conflituosas;
> Projeto de solução;
> Implementação de estratégias selecionadas de conduta.

As intervenções SPS (*Social Problem Solving*) apresentam as seguintes vantagens:

> Habilidades na solução de problemas sociais podem ser ensinadas por professores e dirigem-se a um amplo número de alunos.
> Promoção da competência social é uma parte formal do "currículo" escolar, mais que um objetivo ou valor abstrato.
> Servem como ponte entre os interesses acadêmicos que predominam entre os professores e a proposta de saúde mental de muitas equipes de apoio de orientação educacional.

Os componentes do programa preventivo passam pelas seguintes fases:

> **Identificação de sentimentos**: buscar sinais de sentimentos feridos.
> **Identificação do problema**: saber exatamente qual é o problema.
> **Identificação de objetivos**: decidir seus objetivos.
> **Controle do impulso**: parar e pensar antes de agir.
> **Geração de uma solução alternativa**: pensar em todas as soluções que puder.
> **Reflexão consequente**: pensar antes no que possivelmente acontecerá depois de cada solução.
> **Seleção da solução**: testar a solução quando se julgar que realmente se encontrou uma boa.
> **Superação de obstáculos, reciclagem**: tentar de novo se a primeira solução não funcionar.

Quadro 3.1 – *Programa para a solução de conflitos*

Curso:	Título da sessão: "A solução de conflitos em sala de aula"	Período:	Data:

JUSTIFICATIVA

Introdução

Muitos professores da Educação Secundária e do Bacharelado sentem-se angustiados e frustrados com a tarefa de manter um bom clima de aprendizagem em sala de aula, pois, às vezes, ocorrem situações em que alguns alunos se tornam chatos, agressivos, egoístas, desrespeitosos e, em geral, manifestam condutas pouco adaptativas.
O professor, diante dessas situações, observa que se trata de um problema sério e significativo, que não consegue controlar, sentindo-se vencido pela confusão e pelo próprio conflito. O próprio C. Rogers manifestou, em um contexto "não diretivo", que um dos princípios básicos em que se fundamenta a aprendizagem é a criação, em sala de aula, de um clima favorável que propicie um ambiente de confiança e liberdade, sem o qual todo ensino se torna quase impossível.

Teorias

São diversas as correntes que tentam justificar os comportamentos de não adaptação dos sujeitos:
› *Modelo psicodinâmico* – O repúdio às normas da escola e às advertências dos professores é uma consequência do repúdio à autoridade paterna, provavelmente resultado de uma tendência inconsciente instalada nos primeiros anos de vida.
› *Modelo humanista* – É uma reação dos alunos à ameaça que representam a escola e seus professores a suas tentativas de progredir na vida.
› *Modelo socioecológico* – O comportamento humano é o resultado das inter-relações entre o sujeito e outros indivíduos e o meio. Isso explica a presença de comportamentos desejados ou não nos alunos.
› *Modelo cognitivo-evolutivo* – As etapas evolutivas e de desenvolvimento individual são a base da compreensão e interiorização das normas de comportamento. Nas etapas de comportamento moral, os alunos começam obedecendo à norma para evitar o castigo imediato e chegam à descoberta de que o bem e o mal dependem de um princípio geral superior.
› *Modelo de tomada de decisões* – Esta teoria não analisa as causas da indisciplina; atua-se assim que se detectam os comportamentos inadequados, para prevenir e intervir.

Destinatários
Alunos dos diferentes níveis educacionais compreendidos entre as idades de 13-17 anos.

OBJETIVOS
1. Identificar as causas que provocam tensão dentro da sala de aula;
2. Desenvolver atitudes de respeito, tolerância e compreensão diante dos feitos diferenciais;
3. Fomentar atitudes cooperativas e valorizar a discrepância e o diálogo como via necessária para a solução de problemas;
4. Contribuir com soluções para a melhora do clima de convivência dentro da sala de aula.

(continua)

(Quadro 3.1 – continuação)

Curso:	Título da sessão: "A solução de conflitos em sala de aula"	Período:	Data:

CONTEÚDOS

a. Conceitos:
   › O repúdio às normas da escola;
   › Os comportamentos problemáticos;
   › O clima de confiança, respeito e tolerância;
   › A cooperação entre os grupos;
   › A discrepância e o diálogo como forma de convivência;
   › A contribuição com soluções a problemas como forma construtiva de convivência.

b. Procedimentos
   › Mediante a técnica de resolução de conflitos (formular o problema, esclarecer as dimensões do conflito, buscar soluções, analisar as consequências, escolher uma solução satisfatória para ambos), os alunos recebem uma cópia desse documento mais uma relação de situações de conflito. Separam-se em duplas e pede-se a eles que escolham uma situação conflituosa. Cada membro deve representar um dos papéis. A dupla deve resolver a situação seguindo os passos indicados no documento entregue. Posteriormente, toda a classe se reúne e realiza um debate sobre todas as soluções dadas a cada situação pelas duplas. Por último, pede-se aos alunos que compartilhem o que aprenderam enquanto realizaram a experiência e como se sentiram.
   › Cada aluno leva recortes de jornais com temas relacionados à intolerância e ao repúdio a situações diferentes. A classe é dividida em grupos de 5 ou 6 e pede-se a eles que respondam a estas questões: 1) Enumere três coisas que dificultam o bom relacionamento entre as pessoas; 2) Enumere três coisas que dificultam o bom relacionamento em sala de aula; 3) O que poderíamos fazer para resolvê-las? O grupo deve chegar a um consenso para transmitir ao resto da classe. A seguir, faz-se um debate entre os grupos que responderam a cada pergunta. Podem ser feitos cartazes alusivos à melhora do clima em classe. Estabelece-se um período para avaliar os acordos conjuntamente.

c. Atitudes
   › Tolerância e respeito para com as diferenças individuais;
   › Reconhecimento da existência de conflitos interpessoais e grupais e visão do diálogo como medida mais adequada;
   › Sensibilização diante dos problemas que causam para a aprendizagem os conflitos em sala de aula;
   › Apreço pela função de integração ao grupo assumida pela prática de atividades cooperativas;
   › Interesse e respeito pelas opiniões alheias e receptividade;
   › Participação com interesse e agrado no grupo, contribuindo com soluções e com a melhora da relação dentro da sala de aula.

(Quadro 3.1 – conclusão)

Curso:	Título da sessão: "A solução de conflitos em sala de aula"	Período:	Data:

ATIVIDADES
› Fazer uma lista de situações de conflito;
› Confeccionar uma lista de possíveis soluções aos problemas;
› Confeccionar cartazes;
› Organizar atividades cooperativas para favorecer a integração no grupo;
› Analisar os prós e os contras e escolher a melhor solução;
› Estimular a participação de todos os componentes do grupo;
› Registrar por escrito as ideias que forem dadas;
› Registrar as soluções para os problemas de maneira que todos as tenham por escrito.
RECURSOS
› Recortes de jornais;
› Fotocópias;
› Sala que permita o trabalho em pequeno e grande grupo, bem como mobiliário adequado;
› Cartolinas e utensílios de pintura.
AVALIAÇÃO
› Resposta a um questionário que inclua perguntas relativas a grau de participação, nível de organização, dificuldades encontradas, clima obtido etc.;
› Autoavaliação de cada participante;
› Mediante assembleia, depois de um tempo, determinação, por parte dos alunos, das mudanças que ocorreram no grupo e das melhoras que podem ser introduzidas;
› Opinião dos professores desse grupo de alunos quanto à existência de algum tipo de mudança no clima dentro da sala de aula; se sim, apontar que mudança foi essa.

3.3.5 Atenção aos problemas pessoais

Uma das contribuições das legislações educacionais é que a orientação e a tutoria passaram a ser elementos inerentes à atividade docente, havendo uma confluência entre a finalidade da função educacional e a função orientadora: *"Todo professor é orientador"*. Simplesmente, temos de recordar que, nas concepções mais tradicionais da orientação, aparece como seu objetivo primordial contribuir para o desenvolvimento total da *pessoa* do aluno.

Hoje, dentro do marco legislativo, o papel do professor não é de mero transmissor de conhecimentos. A orientação como processo de auxílio ao desenvolvimento do aluno é uma parte inseparável da tarefa docente no sentido de que tanto a instrução quanto a educação integral são objetivos claros e explícitos do trabalho do professor.

Os docentes, assumindo de forma explícita seu papel na orientação, passam a ter de atender a seus alunos em aspectos tais como problemas de aprendizagem, comportamento e, evidentemente, orientação pessoal. Esses aspectos são cruciais para a educação em qualquer área do conhecimento, e cuidar deles é competência dos professores.

Enfim, o tutor é a pessoa que, dentro da comunidade escolar, responsabiliza-se por guiar o aluno no que diz respeito à sua aprendizagem e evolução pessoal, direcionando as intervenções das pessoas implicadas na educação dos alunos, com funções que lhe são próprias conforme a legislação educacional.

Os professores-tutores são peças-chave para a tarefa orientadora também do ponto de vista pessoal (campo emocional e afetivo) do aluno, considerado individualmente e como integrante de um grupo/classe.

3.3.5.1 Situações críticas na adolescência

Não é função do tutor intervir nos transtornos psicológicos dos adolescentes, pois isso foge do âmbito de suas competências. Porém, são várias as situações conflituosas ou críticas que o tutor – pelo tempo que compartilha com os alunos, pela posição e influência que exerce sobre eles – enfrenta para aplicar intervenções preventivas. Referimo-nos a problemas do aluno, como baixa autoestima, não adaptação ao grupo, problemas derivados da idade evolutiva, relações familiares etc., aos quais o tutor pode ter acesso para realizar importante trabalho de apoio, esclarecimento e orientação, ações que costumam dar excelentes resultados.

Como já apontamos, a orientação educacional tem uma função curativa ou de reabilitação, que consiste na ajuda a alunos que apresentam uma dificuldade; uma função preventiva, como antecipação às dificuldades que podem sobrevir no futuro; e uma função educacional e de desenvolvimento, como o planejamento da ajuda para obter o benefício máximo das experiências que capacitarão os alunos a descobrir e alcançar seu potencial.

3.3.5.2 Intervenções nas crises pessoais

A característica mais chamativa de uma crise é que as pessoas implicadas costumam funcionar com sua *capacidade extremamente diminuída* diante das demandas cotidianas. Pessoas que já foram vistas se comportarem de forma competente e eficiente de repente se transformam em desorganizadas, deprimidas, hiperativas, confusas ou histéricas.

Outra característica das crises é que costumam ser *imprevisíveis*. As mesmas circunstâncias podem criar uma situação de crise em um adolescente, mas não em outro.

São muitas as intervenções que podem ser feitas na vida dos adolescentes para ajudá-los a resolver situações diversas ou para compensar seus déficits. A maioria delas pode ser aplicada a adolescentes que vivenciam crises porque não souberam resolver situações comuns de risco emocional. Pois bem, a implementação dessas intervenções parte do pressuposto de que o adolescente tem certa instabilidade. O foco central consiste em ajudar os alunos a alcançar a estabilidade. É preciso distinguir e analisar diversos tipos de crises, porque cada uma tem características que devem se abordadas de modo *único*.

A *orientação* e a *tutoria* nas crises apresentam as seguintes características:

› O objetivo é restabelecer o equilíbrio do aluno; o alcance e a duração das crises costumam ser limitados. O tutor deve ter um objetivo em mente e agir para conseguir, o quanto antes, que o aluno o identifique. O número de sessões costuma ser, em média, oito, com uma frequência de uma ou duas por semana.

› Um segundo objetivo é empreender uma ação, melhor que ouvir, e depois permitir aos alunos assumir a responsabilidade e o controle de suas próprias decisões, decorrentes de sua compreensão. Por conseguinte, a orientação em crises é muito mais diretiva. Assim, o tutor é mais ativo, dá informação e oferece estratégias ao aluno; também utiliza a escuta ativa.

› Pode ocorrer uma dependência transitória do aluno em relação ao tutor quando for necessário ajudá-lo a superar um extremo desequilíbrio.

› O objetivo também é libertar o aluno de uma conduta alterada.

Critérios de intervenção nas crises

O tutor deve modificar e adaptar as técnicas dependendo do tipo de crise, da idade do aluno, do tema ou causa da dificuldade. Para trabalhar com um aluno em crise, Sandoval (1989) apresenta os seguintes critérios e sugestões:

> **Intervir imediatamente** – Quanto mais tempo um aluno permanecer em uma situação de confusão ou risco, mais difícil será para o tutor ativar a habilidade natural do adolescente para enfrentar a situação e fazê-lo voltar ao equilíbrio.

> **Envolver-se e ser competente** – Quanto mais o tutor tiver possibilidade de oferecer um modelo de solução competente para o problema e quanto mais conseguir mostrar o processo de receber informação, escolher alternativas e empreender uma ação, tanto mais eficaz será para o aluno continuar agindo de forma adequada.

> **Ouvir os fatos da situação** – Antes de intervir, o tutor deve recolher cuidadosamente informações acerca dos acontecimentos que provocaram a crise, esclarecendo a maior quantidade de detalhes possível. Isso também permitirá avaliar a gravidade da crise e proceder, depois, de acordo com ela.

> **Refletir sobre os sentimentos do indivíduo** – O tutor deve focar explicitamente a discussão sobre o afeto do aluno e estimular sua expressão. Não se trata apenas de manter uma postura de empatia, mas também de legitimar o afeto e comunicar esses sentimentos que podem ser discutidos e que são uma parte importante da solução do problema.

> **Ajudar a aceitar que a crise surgiu** – É preciso evitar que a crise se prolongue por posições defensivas ou resistências do aluno. O tutor deve estimulá-lo a "investigar" a crise e suas consequências, sem se deixar vencer pelos fatos.

> **Não estimular ou apoiar as censuras ou reprovações** – É preciso mudar o enfoque para os pontos fortes próprios e internos, em vez de continuar voltado para a causa externa ou a culpa; isso deixa o caminho aberto para enfrentar a crise e para a restauração de defesas saudáveis.

- **Não oferecer falsas seguranças** – O aluno que padece a crise sempre vai sofrer ansiedade, depressão ou tensão e, diante disso, o tutor deve se mostrar verdadeiro e realista, passando uma mensagem de esperança e expectativa.
- **Reconhecer a necessidade de agir** – O aluno vai precisar de uma ajuda verdadeira para cumprir suas tarefas cotidianas durante a época de duração do conflito. Cada entrevista orientadora deve ter como resultado uma ação que o aluno possa suportar. É necessário que o discente assuma um papel ativo, e não de vítima, já que isso ajuda a restabelecer o sentido de si mesmo.
- **Propiciar o estabelecimento de uma rede de ajuda** – Se possível, o tutor deve fazer com que o aluno aceite alguma ajuda dos outros (colegas, algum membro da família), com a finalidade de que ofereçam apoio e resistência durante a época de crise.
- **Centrar-se na solução do problema** – Tendo o tutor feito um informe global do problema, pode iniciar o processo de busca das possíveis estratégias para melhorar ou resolver a situação emocionalmente perigosa. Conjuntamente, o tutor e o aluno devem analisar as estratégias, selecionando uma para aplicar. Não se deve agir com muita pressa.
- **Centrar-se na autoestima** – Qualquer estratégia de solução para o problema deve ser implementada, desde que o aluno a julgue possível de aplicar. A situação de crise com frequência acarreta a diminuição da autoestima e a aceitação de ser culpado pela situação. Um restabelecimento da visão do próprio aluno pode ser obtido mostrando-se como ele próprio enfrenta a crise e como está disposto a buscar soluções e colaborar.
- **Estimular a autoconfiança** – Antes de terminar com as reuniões de intervenção, o tutor deve dedicar um tempo para planejar como devolver ao aluno a autoconfiança. Uma atitude que pode favorecer isso consiste em reconhecer a contribuição do aluno na solução do problema, focando a própria responsabilidade e minimizando, ao mesmo tempo, a intervenção do tutor.

3.3.5.3 Tipologia das crises na vida escolar

A vida escolar transcorre em paralelo a convulsões de todo tipo no entorno dos alunos. As situações delicadas ou críticas que afetam e alteram seu comportamento normal podem ser geradas em diversos âmbitos: a própria personalidade, o clima das relações no grupo/classe, o *mundinho* do pátio da escola, as amizades ou relações fora do âmbito escolar (turmas rivais, drogas, marginalização, paixões, problemas no seio da família etc.). A essas situações mais ou menos habituais ou tradicionais temos de acrescentar as que agora derivam do uso inadequado dos meios tecnológicos, como a tevê, a internet, os telefones celulares etc. Nos itens a seguir, destacamos, entre outros, seis tipos de crises escolares habituais.

a. **Crise de confusão**

O adolescente está confuso, perdido, sem saber o que fazer, sem saber o que acontece com ele. A ajuda por parte da tutoria deve começar proporcionando ao jovem a informação necessária que dificilmente ele pode obter por seus próprios meios para sair dessa situação. Se os alunos forem capazes de conduzir essa investigação por si próprios, o tutor vai se limitar a ensinar o modo de fazê-lo.

O tutor deve se assegurar de que o problema atual não é nenhum sintoma de outras crises mais sérias. Também deve avaliar a conveniência ou não de encaminhar o aluno a um especialista que possa ajudá-lo com informações mais profundas e, assim, proporcionar até mesmo intervenção terapêutica a longo prazo.

b. **Transições na vida escolar**

As transições mais comuns para nossos alunos são o início da Educação Secundária Obrigatória, o começo do Bacharelado, a passagem pela seletividade* e a entrada na universidade. No marco desse tipo de crise, podemos apontar também a mudança de instituição educacional, de professor (principalmente em idades mais precoces), a repetência de algum ano etc. As doenças crônicas ou hospitalizações prolongadas e o nascimento de um irmão também entram nesse item.

---

* Processo para acesso às universidades. (N. da T.)

Um enfoque para tratar esse tipo de crise relacionada às transições consistiria em fornecer um guia ou uma informação antecipatória acerca do que vai acontecer, o que seria discutido com o tutor como medida preventiva. Os colegas também podem apresentar essa informação em um contexto de alunos que enfrentam a mesma transição.

c. **Estresse traumático**

Trata-se de crises emocionais desencadeadas por fatores estressantes de origem externa ou situações inesperadas e incontroláveis, que são emocionalmente dolorosas. Constituem acontecimentos traumáticos para adolescentes: morte repentina de um membro da família, hospitalização, doença grave, invalidez de um dos pais, divórcio dos pais, gravidez, abuso sexual, fracasso escolar etc.

Nessas situações, o aluno fica desconcertado e é incapaz de aplicar alguma estratégia aprendida para enfrentar o problema. Nesse caso, sugere-se:

› ajudar o aluno a compreender o impacto do que aconteceu. Quando analisar o acontecido e os sentimentos que acarreta, o aluno terá a perspectiva necessária para superar as reações defensivas. As tradicionais entrevistas não diretivas são úteis nessas ocasiões;

› mobilizar os mecanismos já existentes no adolescente para enfrentar o problema. Se o aluno não enfrentar a situação em absoluto, podem ser proporcionados a ele novos mecanismos (novas estratégias de solução, como substituir uma atitude impulsiva por uma sublimação);

› liberar o aluno de outros fatores estressantes não relacionados com o problema. As tarefas escolares constituem uma fonte de estresse, e é provável que sejam abandonadas em boa parte pelos alunos que estejam sofrendo uma crise. Portanto, é muito provável que seja necessário apoio para fazer com que funcionem com efetividade, com a ajuda de outros projetos específicos e de curto prazo gerados na orientação.

d. **Crises de amadurecimento e desenvolvimento**

Referem-se, por um lado, a problemas derivados do crescimento corporal e, por outro, das novas sensações sociais e afetivas que de repente despertam no mundo interno do aluno adolescente, modificando suas percepções, sentimentos e comportamentos. Entre esses problemas, temos a dependência, a identidade sexual, a capacidade para a intimidade emocional, respostas à autoridade etc. Os conflitos com pais e professores durante a adolescência são um exemplo desse tipo de crise. O tutor pode ajudar os estudantes nesse tipo de crise propiciando a análise de pensamentos e sentimentos. Trata-se de identificar os problemas por trás da crise. A seguir, o tutor atua para apoiar o aluno em sua redefinição das relações e com vistas à aplicação de respostas interpessoais de adaptação. É produtivo ajudar a aprender novas estratégias psicossociais.

e. **Psicopatologia**

Trata-se de crises emocionais com uma psicopatologia preexistente como causa latente da precipitação da situação. Em relação aos alunos com esse tipo de crise, normalmente o prudente é não abordar o problema subjacente. Isso requer um tratamento profundo, que é realizado por profissionais qualificados.

O que o tutor pode fazer é apoiar as tentativas do aluno de enfrentar a situação estressante de modo tão adaptável quanto possível. Tudo o que o aluno fizer em sala de aula que seja apropriado e produtivo pode ser reconhecido e estimulado. Ao mesmo tempo, o tutor e o aluno devem buscar formas de reduzir o estresse.

f. **Emergências psiquiátricas**

São aquelas situações de crise em que o funcionamento geral foi seriamente prejudicado, e o sujeito se tornou incompetente ou incapaz de assumir sua responsabilidade pessoal. São exemplos dessas emergências a tentativa de suicídio entre adolescentes, intoxicações alcoólicas, *overdose* de drogas, reações aos alucinógenos, psicoses agudas, agressão incontrolável etc. Todas essas crises clássicas são perigosas não somente para o próprio sujeito, como também para os outros.

Os esforços do tutor voltam-se à avaliação do perigo, para tentar saber quais são as condições físicas ou psiquiátricas do aluno. O primeiro passo nas crises psiquiátricas é intervir rapidamente para reduzir o perigo. O tutor deve estar preparado para conduzir o aluno aos serviços de atendimento médico e psiquiátrico o mais rápido possível.

Quadro 3.2 – Crises emocionais na adolescência e modelos de intervenção

Tipo de crise	Origem	Situações	Intervenção tutor
Crises de desconcerto	Aluno carece de informação para enfrentar o problema. É preciso assegurar-se de que não é sintoma de outra crise mais séria.	Pode ocorrer em qualquer situação.	› Pôr o aluno em situação de encontrar a solução; › Encaminhá-lo a um especialista é também uma possibilidade.
Transições	Mudanças significativas na vida.	Ingresso na Educação Secundária Obrigatória, no Bacharelado, mudança de instituição educacional, nascimento de um irmão, doença crônica etc.	› Fornecer informação antecipatória.
Estresse traumático	Situações inesperadas e incontroláveis, emocionalmente perturbadoras.	Morte repentina em família, hospitalização, divórcio de pais, fracasso escolar, abuso sexual etc.	› Ajudar o aluno a compreender o impacto, mobilizar os mecanismos de enfrentamento, liberar-se de outras fontes de estresse.
Crises de amadurecimento e desenvolvimento	Temas do passado não resolvidos satisfatoriamente.	Dependência, identidade sexual, respostas à autoridade, conflitos com pais e professores etc.	› Identificar os problemas que se encontram por trás das situações; › Apoiar o aluno em sua redefinição de relações e respostas adaptativas.

(continua)

(Quadro 3.2 – conclusão)

Tipo de crise	Origem	Situações	Intervenção tutor
Psicopatologia	Psicopatologia preexistente que precipita uma crise.	Qualquer situação psicopatológica prévia.	› Apoiar o aluno para dar respostas adaptativas; › Reduzir o estresse; › Reconhecer e apoiar as atitudes positivas; › Encaminhar a especialistas.
Emergências psiquiátricas	Funcionamento geral muito prejudicado.	Tentativa de suicídio, intoxicações alcoólicas, *overdose* de drogas, psicoses agudas, agressão incontrolável etc.	› Avaliar o perigo; › Encaminhar a especialistas.

3.3.5.4 Workshops de prevenção e tratamento

Existem *workshops* pedagógicos, programas de orientação preventiva, de diagnóstico, de assessoria e de tratamento e investigação.

   a. **Workshop pedagógico** – Consiste em um breve, mas intenso, curso que enfatiza a participação e a discussão dos estudantes. É preventivo na medida em que o tema pretende antecipar os futuros problemas educacionais. Programas como reuniões de classe ajudam os alunos a transmitir seus sentimentos em relação ao que está acontecendo no entorno social da classe e tentam livrá-los da ansiedade que poderia advir das situações de crise.
   b. **Orientação preventiva** – Ao oferecer uma orientação participativa, o tutor está centrando o aluno em acontecimentos que provavelmente surgirão no futuro e ajudando-o a preparar estratégias efetivas para enfrentá-los. A inoculação emocional põe a ênfase nos futuros sentimentos, mais que no nível cognitivo. São exemplos desses casos: cursos para prevenir o sofrimento causado pela morte, programas de orientação para ajudar os adolescentes a se ajustarem a novos ambientes etc.

c. **Diagnóstico** – São programas de tiragem, com técnicas (questionários, escalas de avaliação, testes etc.) para diagnosticar e determinar quem tem um alto risco de passar por um particular tipo de crise e, depois, aplicar a intervenção apropriada aos sujeitos que tenham sido identificados desse modo. Como exemplos, temos a adaptação diante do nascimento de um novo irmão, de crises como o fracasso escolar etc.

d. **Assessoria** – O tutor trabalha com outros colegas que lecionam para o grupo/classe e com os pais, a fim de que esses adultos apoiem os adolescentes em situação de crise e se mostrem sensíveis às diferentes necessidades emocionais destes.

e. **Investigação** – Quanto mais o tutor entender a crise, mais eficaz será para a criação de *workshops*, programas de orientação, assessoria etc. As investigações avaliadoras e de estudos de casos, em disciplina de crise, devem ser consideradas como importantes atividades preventivas.

3.4 Educação para o tempo livre

A disponibilidade de tempo livre é um fato recente para a maioria das pessoas. As conquistas sociais no mundo ocidental fizeram diminuir a jornada de trabalho, com menos horas por semana; os períodos de férias de que se dispõe são maiores; o desemprego é muito presente em nossa sociedade, bem como as aposentadorias antecipadas e o aumento da expectativa de vida. Tudo isso representa menos tempo de ocupação. Há três termos intimamente relacionados nessa esfera: *tempo livre*, *ócio* e *lazer*.

O *tempo livre* é o tempo não dedicado à ocupação profissional nem a outras obrigações. O *ócio* nada mais é do que a atitude com que se vive o tempo livre. O *lazer* abarca todas as ordens da realidade da pessoa, por meio da transformação das relações no conjunto da vida social, de maneira que ultrapassa amplamente os contornos do tempo livre e das atividades que tendem a seu aproveitamento. O lazer não consiste em *"o que"* fazer, e sim em *"como"* fazer; não em resultados, e sim em processos.

3.4.1 Aspectos determinantes de uma sociedade do ócio

A educação para o ócio mediante programas de lazer ou de outras atuações educacionais deve partir da análise dos aspectos que, de uma forma ou de outra, determinam a configuração da sociedade do ócio em que nossos alunos hão de viver. Vejamos, a seguir, quais são eles.

a. **Aceleração de mudanças** – A característica que define a mudança no momento atual é sua rapidez nos âmbitos científico, tecnológico, político, econômico e social, que configuram, por sua vez, mudanças na sociedade por meio da formação de uma nova mentalidade, que incontestavelmente provoca mudanças na forma de pensar e proceder dos alunos.

b. **Desenvolvimento tecnológico e informativo** – As pessoas têm de se adaptar continuamente às constantes mudanças no âmbito da ciência e da tecnologia. Os grandes meios de comunicação também experimentaram uma extraordinária mudança, permitindo-nos ter acesso a tudo o que acontece no mundo *em tempo real*.

c. **Aumento do tempo livre** – É uma realidade na sociedade industrial. A pessoa deve fazer um uso adequado desse tempo, não só para seu próprio interesse quanto para a sociedade em seu conjunto. O tempo de ócio deve ser utilizado para a realização pessoal, contrariamente à utilização que habitualmente se vem fazendo nos dias de hoje como uma maneira de compensar a anódina vida cotidiana, que potencializa o consumo maciço e provoca atitudes de conformismo e evasão.

d. **Mudança nas relações** – Os modelos de relação e costumes entre pais e filhos, entre homem e mulher etc. são muito variáveis e impõem-se com grande força. É um fato evidente, por exemplo, que as relações afetivas entre os alunos se anteciparam a idades mais precoces, diferentemente do que acontecia na geração anterior.

e. **Necessidade de educação permanente** – O homem atual precisa de educação permanente, bem como de reciclagem contínua, que lhe permita responsabilizar-se por si mesmo. É a demanda da aprendizagem *ao longo da vida* impulsionada pela Unesco e referendada por todas as nações do mundo desenvolvido. Para isso, nossos alunos precisam adquirir a *competência de aprender a aprender*, e os professores, por sua vez, ensiná-los a estudar e a aprender por si mesmos.

f. **Caminho rumo ao "ser"** – Em face de uma sociedade, como define Fromm, integrada por indivíduos notoriamente infelizes, isolados, ansiosos, vítimas de estados depressivos e de impulsos destrutivos, dependentes de possuir e consumir, o lazer pode propiciar processos de participação e comunicação, promover iniciativas de desenvolvimento comunitário e de inovação como qualidade de vida. Prepara os alunos para que saibam viver o *ser*, mais que o *ter*.

g. **Necessidade de um ser humano crítico e construtivo** – Refere-se à necessidade de uma sociedade suficientemente vertebrada que permita um projeto comunitário, capaz de criar expectativas, de unir vontades, de iniciar processos coletivos, autônomos e solidários.

3.4.2 Objetivos e finalidades do lazer

A sociedade do ócio não deve ser vivida na despreocupação, na inação ou na mera diversão. Muito pelo contrário, devemos fazer com que os alunos vejam o enorme potencial formativo do gozo dos momentos de ócio. É a grande oportunidade de complementar a ação do ensino recebido nas escolas com atividades formativas que vão lhes permitir o desenvolvimento e o cultivo de seus *hobbies* e gostos pessoais. Eis algumas finalidades atribuídas ao lazer (Sánchez, 1991):

> favorecer a autodescoberta e a participação na vida em grupo e na sociedade, visando à melhora permanente da qualidade de vida;
> facilitar a adesão a objetivos livremente elaborados, de acordo com as necessidades, as aspirações e os problemas de cada sujeito e grupo social;

› viver se relacionando com os outros, com aceitação e com respeito a cada um, a seus valores, às suas crenças e às do meio;
› dar a cada um a oportunidade de trocar ideias e expressar-se livremente;
› dar a todos oportunidades no campo sociocultural;
› diminuir o vazio sociocultural entre os grupos sociais;
› criar condições adequadas que incitem o maior número de pessoas a reavaliar permanentemente suas potencialidades.

Enfim, o objetivo final do lazer consiste em caracterizar, organizar e mobilizar as pessoas para transformá-las em agentes ativos de sua própria formação e, na medida do possível, para conscientizá-las de seu papel como pessoas.

3.4.3 Educação para o ócio

A educação para o ócio é uma necessidade de nosso tempo. Basta considerar o tempo que nossos jovens lhe dedicam (tevê, jogos eletrônicos, fins de semana etc.) e o efeito que tem em sua formação pessoal. Há motivos suficientes que justificam isso, como veremos nos itens a seguir.

› O ócio, ao longo da vida, representa um papel totalmente vinculado ao mundo profissional e a outras atividades, como as tarefas domésticas ou as responsabilidades como cidadão, para se alcançar, assim, a realização e a satisfação pessoal na vida. A satisfação mediante as atividades de lazer pode compensar ou completar a pouca realização na dedicação profissional.
› A oferta de atividades de lazer em nossa sociedade transformou-se em uma indústria. Para os jovens, em particular, isso pode representar uma situação de risco por selecionar e controlar suas atividades de lazer, privando-os da livre escolha segundo suas preferências, transformando o ócio em algo gregário e medíocre.
› O ócio, tradicionalmente ligado a determinadas camadas sociais, pode levar a pensar que o lazer é caro. A função da instituição educacional é mostrar formas alternativas e acessíveis de ócio.

› As atividades de lazer podem ser experiências que signifiquem, para possíveis profissionais, pôr à prova habilidades e atitudes, as quais podem tornar-se um recurso importante para a tomada de decisões.

› Para o estudante adolescente, a dedicação às atividades de lazer não apenas permite a exploração de interesses e preferências próprios, como também serve como fonte de experiências e vivências, aspectos muito influentes na construção do sistema de valores.

› Especialmente no período da adolescência, cabe aproveitar essa etapa formativa para estimular a capacidade de uso responsável do ócio.

3.4.3.1 Planejamento da educação para o ócio

As instituições de ensino podem propor a vinculação do ócio à aprendizagem, com oferta de atividades extracurriculares, atividades voluntárias no âmbito da própria escola etc.

Os professores também poderiam relacionar os conteúdos de suas disciplinas de formação acadêmica às atividades de lazer e às profissionais para fomentar uma percepção integrada dos papéis sociais.

Com frequência, as atividades de lazer são atividades em grupo. A interação entre os colegas potencializa o caráter educacional das atividades de lazer que são fonte de atitudes de socialização e de desenvolvimento de habilidades sociais. A formação de grupos de discussão que analisem as atividades de lazer, bem como intervenções de tutoria podem ser um meio interessante de fomentar atitudes e introduzir os alunos no exercício de determinadas atividades de lazer.

A vinculação da escola a instituições públicas e privadas promotoras de atividades de lazer pode ser um importante recurso com que se pode contar.

A escolha construtiva e o controle do ócio na própria vida são importantes para a autoestima, a saúde geral e outras características positivas da vida da pessoa. Portanto, todas essas possibilidades que a educação para o ócio oferece requerem um planejamento para a consecução das metas propostas. Esse planejamento passa pelas fases indicadas no quadro a seguir.

Quadro 3.3 – Planejamento das atividades de lazer

Primeira fase: Conhecimento da realidade

a. Análise e diagnóstico da realidade: identificação, estimativa, avaliação das necessidades (informação demográfica, fatores econômico-sociais, nível educacional, fatores psicossociais, situação cultural, necessidades humanas e culturais, como necessidades de uma escola, estudo da demanda cultural etc.).
b. Priorização de necessidades e problemas.
c. Inventário de recursos disponíveis: materiais, econômicos, técnicos e humanos.

Segunda fase: Desenvolvimento do programa

a. Definir as metas e os objetivos (O que se quer fazer? Que mudanças se buscam em face da situação inicial? Aonde se quer chegar?):
   › determinar objetivos realistas;
   › estabelecer prioridades para a consecução dos objetivos;
   › articular coerentemente os diversos aspectos.
b. Determinar as atividades (de formação, de difusão, lúdicas, sociais).
c. Estabelecer a metodologia.
d. Designar recursos.
e. Definir tempo.

Terceira fase: Prática do programa

a. Etapa de sensibilização – motivação.
b. Pessoas envolvidas (alunos, professores, pais etc.).
c. Locais onde serão realizadas as atividades.

Quarta fase: Avaliação do programa

a. Pode-se avaliar:
   › o estudo – diagnóstico;
   › a programação – configuração;
   › a implementação do programa;
   › os objetivos atingidos.
b. Tipos de avaliação:
   › avaliação antes, durante, depois;
   › avaliação somente depois etc.

4. Resumo

Qualidade educacional significa o aluno contar com um professor-tutor em quem pode confiar e se apoiar para atingir todos os objetivos propostos. Definitivamente, a função tutorial sempre é uma ajuda personalizada e necessária, posto que cada pessoa é única, portadora de individualidade e liberdade próprias, que ao mesmo tempo requerem um apoio concreto para alcançar o amadurecimento que se deseja. Nessa tarefa, é necessário partir de uma situação concreta e de recursos conhecidos, de um conhecimento profundo do aluno e de seu entorno social e familiar, para assim exercer uma boa orientação, que não deve ser confundida com qualquer doutrinação. A confiança mútua entre educadores e educandos é a base principal e, para conquistá-la, o tutor deve estar qualificado para a docência e a orientação.

Acerca do estudo da amplitude e da diversidade formativa da intervenção tutorial, dos momentos críticos em particular, bem como dos programas de prevenção e desenvolvimento da intervenção, convém recordar os seguintes aspectos:

> A orientação é um fator muito importante de qualidade educacional. Cada escola deve propor e elaborar seu próprio programa de intervenção tutorial, o qual deve incluir objetivos, metodologia, atividades, recursos e avaliação do programa.

> O *professor-tutor* é o núcleo articulador das interações educacionais na escola e, além disso, atua como mediador do relacionamento entre a escola e a família dos alunos e o entorno sociocultural.

> A orientação e a intervenção psicopedagógica estruturam-se de acordo com três âmbitos: a) na sala de aula, na intervenção tutorial e docente; b) na escola, com o Departamento de Orientação; e c) no setor, com a equipe psicopedagógica e o Departamento de Orientação.

> Os *momentos críticos* na intervenção tutorial mais relacionados à orientação pessoal são o desenvolvimento físico e psicológico do adolescente, a promoção de curso, sessões de avaliação, organização do tempo livre etc.

> A prevenção, o desenvolvimento e a intervenção são os pilares básicos sobre os quais se assenta o conceito atual de orientação.
> Os programas de *prevenção* tendem a antecipar-se às dificuldades no sentido mais amplo: os de *desenvolvimento* procuram dotar o aluno de competências para enfrentar os problemas, e os de *intervenção* atendem a necessidades específicas.
> Ao tutor cabe coordenar as sessões de avaliação a fim de que sirvam como pontos de encontro, reflexão e tomada de decisões, unificando critérios na orientação tanto acadêmica quanto pessoal dos alunos.
> As estratégias de *promoção* dos alunos devem ficar explícitas no Projeto Curricular Escolar.
> As *situações de conflito* no grupo/classe têm origem nas interações pessoais dos alunos, na relação dos alunos com a atividade que realizam, na relação alunos-tutor e em outras situações de origens diversas.
> Na *intervenção em crises*, o tutor deve ajudar o aluno a restabelecer o equilíbrio e favorecer o desenvolvimento da responsabilidade e o controle de suas próprias decisões.
> As estratégias que o tutor pode utilizar para a prevenção da crise na adolescência são, entre outras, o *workshop* pedagógico, a orientação preventiva, a triagem, a assessoria e a investigação.
> A educação para o *tempo livre* requer um planejamento para a consecução das metas propostas para usufruí-lo.

5. Referências

BALDWIN, B. A. (1978): "A paradigm for the classification for emocional crises: implications for crisis interventions". *American Journal of Orthopsychiatry*, 48, 538-551.

BISQUERRA, R. (1992): *Orientación psicopedagógica para la prevención y el desarrollo*. Barcelona: Boixareu Universitaria.

CAPLAN, G. (1964): *Principles of preventive psychiatry*. Nueva York: Basic Books.

CASTILLO ARREDONDO, S. y CABRERIZO DIAGO, J. (2005): *Formación del professorado em Educación Superior* (2 vol.) Madrid: McGraw-Hill.

COROMINAS, E. (1995): "La educación para el ocio como contenido de los programas comprensivos de orientación". *Tutoría y Orientación*. Barcelona: Cedecs, 283-289.

CUERDA, C. y otros (1996): "Dinamización de las Juntas de Evaluación en Educación Secundaria". *Revista de Orientación y Psicopedagogía*, 7 (11), 111-126.

FERNÁNDEZ, P. (1991): *La función tutorial*. Madrid: Castalia/MEC.

GESTEN, E. L. y otros (1989): "Formación en la resolución de problemas sociales: enfoque basado en las técnicas para su prevención y tratamiento"; en Maher, Ch. y Zins, J. (eds.): *Intervención psicopedagógica en los centros educativos*. Madrid: Narcea, 45-69.

HOWE, L. y HOWE, M. (1977): *Como personalizar la educación*. Madrid: Santillana.

LÁZARO, A. y ASENSI, J. (1989): *Manual de orientación escolar y tutoría*. Madrid: Narcea.

MONTANÉ, J. y MARTÍNEZ, M. (1994): *La orientación escolar en Educación Secundaria*. Barcelona: PPU.

PÉREZ-RIOJA, J. A. (1992): *Educación para el ocio*. Madrid: Ediciones Palabra.

RODRÍGUEZ, S. y otros (1993): *Teoría y práctica de la orientación educativa*. Barcelona: PPU.

SÁNCHEZ, A. (1991): *La animación hoy*. Madrid: Editorial CCS.

SÁNCHEZ, S. (1993): *La tutoría en los centros docentes*. Madrid: Escuela Española.

SANDOVAL, J. (1989): "La *intervención* en la crisis"; en Maher, Ch. y Zins, J. (eds.): *Intervención psicopedagógica en los centros educativos*. Madrid: Santillana, 245-265.

WATTS, A. G. (1980): *Work experience and schools*. London: Heinemann Educational Books.

unidade
didática
quatro

a tutoria e o
Departamento de Orientação

1. Introdução

Para consolidar o desenvolvimento e a eficiência da orientação e da ação tutorial, é desejável que os orgãos administrativos da educação amparem e mantenham estruturas que, de uma forma ou de outra, possibilitem sua implantação e aplicação. Para realizar a importante tarefa de contribuir decisivamente para a *qualidade* da educação, a tutoria e a orientação devem ser planejadas sistemática e profissionalmente para evitar o caráter de improvisação. Considerar a orientação como uma tarefa educacional implica convergência e coordenação de esforços para que todos os membros da comunidade educacional assumam sua parcela de responsabilidade.

Um dos modelos organizacionais mais ambiciosos que se pode utilizar para o desenvolvimento da *orientação* e da *intervenção psicopedagógica*, no que também se inclui a ação tutorial, estrutura-se em três âmbitos devidamente coordenados: a) em sala de aula, na intervenção tutorial e docente; b) na *escola*, com o Departamento de Orientação; e c) no *setor*, com a equipe de orientação psicopedagógica. Os três âmbitos estão presentes no modelo de intervenção curricular, no qual a orientação aparece dentro do tópico *qualidade educacional*.

O Departamento de Orientação é o órgão técnico para a dinamização da intervenção orientadora, criando o contexto e as condições que favorecerão a integração dos conceitos educacionais e de orientação mediante a elaboração e a aplicação de programas fundamentados nas necessidades da própria escola e com o envolvimento dos diferentes membros da instituição e da comunidade educacional. Os países desenvolvidos incorporaram *serviços de apoio e assessoria*, no marco da orientação educacional, como um dos elementos fundamentais para uma educação de qualidade.

A ação orientadora é uma intervenção de especial importância para guiar e assessorar os estudantes na passagem do Bacharelado à universidade. É uma intervenção preventiva e nova para os jovens antes de chegar à vida universitária.

2. Objetivos

1. Compreender e valorizar a orientação educacional como garantia de qualidade nos processos educacionais;
2. Desenvolver estratégias para a aplicação dos princípios e postulados da orientação educacional na prática escolar;
3. Compreender o valor, os conteúdos, as atividades, as metodologias e os aspectos organizacionais dos departamentos de orientação nas escolas;
4. Desenvolver atitudes e estratégias para a constituição e o funcionamento dos departamentos de orientação nas escolas;
5. Entender a ação orientadora no marco do apoio e da assessoria para favorecer ações de melhora no desenvolvimento de processos educacionais com caráter globalizante;
6. Compreender a importância da preparação para a passagem do Bacharelado à universidade com a especial intervenção do Departamento de Orientação.

3. Conteúdos

3.1 Apoio dos órgãos administrativos educacionais à orientação e à tutoria

A legislação educacional espanhola favorece substancialmente a tutoria e torna possível sua implantação nas escolas, sempre considerando-se as peculiaridades de cada ciclo educacional. A ação tutorial deve estar inserida na atividade docente e, assim, a docência terá um caráter mais pessoal e formativo e tornará mais factível a formação integral e personalizada do aluno. Esse posicionamento é o que contribui para a melhora da qualidade do sistema educacional.

É imperativo que cada escola formule e implemente seu próprio programa de intervenção tutorial. Para isso, a ação tutorial não pode continuar dependendo da boa vontade de alguns tutores; é preciso que a própria administração educacional desenvolva claramente as diretrizes gerais que permitam elaborar o projeto global de orientação de cada escola, proporcionando as condições de infraestrutura e organização necessárias para a implantação eficaz da tutoria. Para que isso aconteça, é preciso que os orgãos administrativos educacionais levem em conta uma série de condições:

> formação dos professores-tutores mediante a elaboração de um plano de estudos que seja acessível aos professores e adequado às necessidades destes;
> adequação da estrutura e dos horários das escolas para tornar possível a dedicação dos tutores aos alunos (em grupo e individualmente) e aos pais, bem como a ação coordenada dos diferentes professores que passam pelo grupo/classe;
> dinamização, acompanhamento e suporte da ação tutorial dentro das escolas, com a criação de departamentos de orientação, começando pelas escolas mais sensibilizadas;
> suporte técnico aos departamento de orientação por meio de equipes de orientação educacional do setor, quando existirem.

Dessa maneira, a *eficácia tutorial* depende de uma série de fatores:

> da infraestrutura e dos modelos tutoriais em funcionamento;
> da dotação dos recursos humanos;
> do nível de formação do professorado e sua conscientização acerca da importância da ação tutorial;
> da atenção individualizada dispensada ao aluno e do apoio que recebam tanto ele quanto sua família;
> da ajuda que se preste aos programas tutoriais.

Os orgãos administrativos da educação precisam levar em conta os aspectos que apresentamos a seguir para consolidar o desenvolvimento e a eficiência da orientação e da ação tutorial.

> A função tutorial é tarefa de toda a escola. No âmbito da estruturação e da dinâmica do Departamento de Orientação, a programação orientadora e tutorial deve fazer parte do planejamento escolar, e as grandes diretrizes e

prioridades devem estar mais integradas aos objetivos formulados na instituição de ensino, mais especificamente no formato da orientação definido pela própria escola. A programação da orientação deve ser aprovada pelo professorado e pelo Conselho Escolar com a intenção de que seja integrada a seu projeto educacional. A orientação deve ser planejada e realizada pelos membros do Departamento de Orientação, com a supervisão do chefe de estudos. Ainda, o Departamento de Orientação deve programar e coordenar suas atuações ao longo do curso acadêmico para realizar suas funções próprias.

> Além dos dois pilares básicos no desenvolvimento da função tutorial – sua inclusão no projeto educacional escolar e a coordenação e suporte técnico do Departamento de Orientação –, outro elemento importante é o tempo e a preparação necessários para as atividades tutoriais.

De acordo com o planejamento e o projeto educacional escolar, no início de cada ano escolar, deve-se elaborar a programação tutorial, que inclui os diversos temas a serem abordados, os objetivos, as atividades, a metodologia, os recursos e uma avaliação final do programa.

Figura 4.1 – Modelo de organograma de uma escola

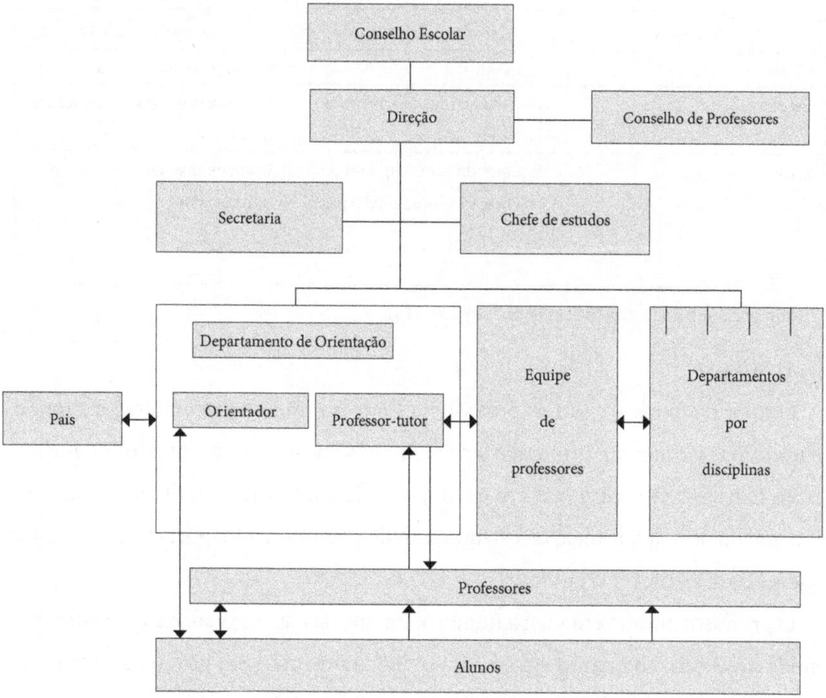

```
                    ┌─────────────────┐
                    │ Conselho Escolar│
                    └────────┬────────┘
                             │
                    ┌────────┴────────┐         ┌──────────────────────┐
                    │     Direção     │─────────│ Conselho de Professores│
                    └────────┬────────┘         └──────────────────────┘
                             │
              ┌──────────────┼──────────────┐
      ┌───────┴──────┐              ┌───────┴────────┐
      │  Secretaria  │              │ Chefe de estudos│
      └──────────────┘              └────────┬────────┘
                                             │
   ┌─────────────────────────────────────────┼──────────────────────┐
   │ Departamento de Orientação              │                      │
   │                            ┌─────────┐  │   ┌──────────┐   ┌──────────────┐
   │ ┌──────┐ ┌──────────┐ ┌──────────────┐ │   │  Equipe  │   │Departamentos │
   │ │ Pais │↔│Orientador│↔│Professor-tutor│↔│↔ │    de    │↔  │     por      │
   │ └──────┘ └──────────┘ └──────────────┘ │   │professores│  │ disciplinas  │
   │                                         │   └──────────┘   └──────────────┘
   └─────────────────────────────────────────┘
                             │
                    ┌────────┴────────┐
                    │   Professores   │
                    └────────┬────────┘
                             │
                    ┌────────┴────────┐
                    │     Alunos      │
                    └─────────────────┘
```

Fonte: Sánchez (1993).

3.2 A orientação educacional e sua organização nas escolas

3.2.1 Níveis de intervenção da orientação educacional

Como já dissemos, a *orientação* e a *intervenção psicopedagógica*, nas quais também se inclui a ação tutorial, atuam em três âmbitos. A relação e a colaboração entre as diferentes esferas podem ser expressas conforme o quadro a seguir.

Quadro 4.1 – Modelo de orientação

Âmbitos	Níveis de intervenção	Tipos de unidade
Classe	Ação tutorial	Unidade de ação direta
Escola	Departamentos de orientação	Unidade organizativa básica em uma escola
Setor	Equipes do setor (equipes de orientação educacional e psicopedagógica)	Unidade-eixo em uma área ou setor escolar

Fonte: Adaptado de Rodríguez et al. (1993, p. 114).

a. Classe

O *tutor* e o *professor* são os profissionais que por mais tempo interagem com o aluno. Por esse motivo, a tutoria é o primeiro nível de orientação. O tutor estabelece laços mais estreitos com o aluno e tem por objetivo favorecer o desenvolvimento integral da pessoa por meio da estruturação do conhecimento; portanto, é o melhor agente para favorecer o aluno.

O professor-tutor, verdadeiro impulsor da tutoria educacional, é o educador que ajuda no desenvolvimento e assessora individualmente e em grupo os alunos; conhece o ambiente acadêmico e social em que se movem, comunica-se com a família e trabalha em coordenação com a equipe docente de seu grupo de alunos; utiliza recursos pedagógicos adequados para atingir os objetivos educacionais formulados e avalia o trabalho pedagógico realizado.

A pluralidade de professores que atendem a cada grupo de alunos na Educação Secundária Obrigatória, no Bacharelado e na Formação Profissional, a variedade dos objetivos formativos visados nos diversos ciclos e cursos e o funcionamento complexo das escolas determinam a necessidade da tutoria para poder personalizar as atuações pedagógicas.

O professor-tutor é o núcleo articulador das interações educacionais na escola. As adaptações curriculares, as opções de disciplina, a detecção de necessidades de apoio, a coordenação do processo avaliador, os grupos de alunos com potencialidades, interesses e circunstâncias pessoais diversas precisam do acompanhamento do professor-tutor, que, além de tudo, atua como mediador das relações entre a escola e as famílias dos alunos e com o entorno sociocultural.

b. **Escola**

O *Departamento de Orientação*, psicopedagógica e profissionalmente, garante que essa atuação seja técnica e, para isso, é necessário um profissional qualificado (psicopedagogo, pedagogo ou psicólogo) que assessore na elaboração de programas, que ajude a quem os aplica, que participe diretamente da aplicação e que, direta ou indiretamente, os avalie. Esses profissionais devem estar nas escolas, integrados ao professorado e participando ativamente da vida escolar, exercendo a chefia do departamento.

O Departamento de Orientação tem funções que levam em conta os destinatários: a escola, o aluno, o professorado, as famílias e outras instituições. Para realizar melhor sua tarefa, aconselha-se maior envolvimento dos tutores, potencialização das ações de colaboração, consulta e assessoria dos professores, estabelecimento de prioridades, intervenção por meio de programas. O departamento deve estabelecer uma estreita colaboração com a direção da escola, deve coordenar a atuação dos professores-tutores com os serviços especializados do setor e implicá-los, motivá--los, dinamizá-los, mas nunca impondo seus próprios critérios.

c. **Setor**

A equipe de *orientação educacional de setor*, com uma constituição multiprofissional, assessora os três âmbitos, intervém diretamente quando necessário e fornece a perspectiva da região. Para que sua tarefa seja mais efetiva e reconhecida, é necessário que modifique sua imagem eminentemente diagnóstica e terapêutica e as expectativas que gera na comunidade educacional. Os componentes da equipe devem potencializar um modelo de trabalho mais interdisciplinar, planejar seu trabalho em função de um modelo de intervenção por programas e, por último, colaborar com a comunidade educacional, mas não deve impor nada nem à escola, nem aos professores ou aos professores-tutores, mas sim coordenar a atuação destes.

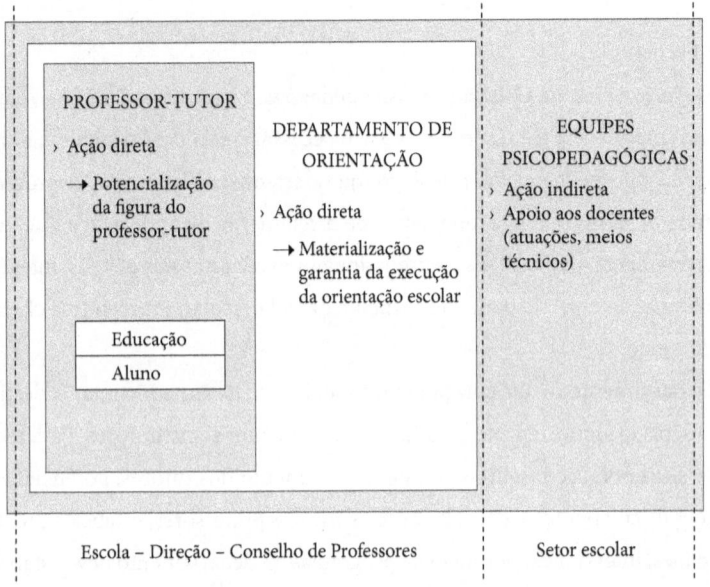

Figura 4.2 – Desenvolvimento da orientação educacional

```
┌─────────────────────────────────────────────┬──────────────────────┐
│  PROFESSOR-TUTOR                            │                      │
│  › Ação direta         DEPARTAMENTO DE      │      EQUIPES         │
│  → Potencialização       ORIENTAÇÃO         │  PSICOPEDAGÓGICAS    │
│    da figura do        › Ação direta        │  › Ação indireta     │
│    professor-tutor     → Materialização e   │  › Apoio aos docentes│
│                          garantia da execução│    (atuações, meios │
│                          da orientação escolar│    técnicos)       │
│                                             │                      │
│  ┌──────────┐                               │                      │
│  │ Educação │                               │                      │
│  │ Aluno    │                               │                      │
│  └──────────┘                               │                      │
├─────────────────────────────────────────────┼──────────────────────┤
│  Escola – Direção – Conselho de Professores │    Setor escolar     │
└─────────────────────────────────────────────┴──────────────────────┘
```

3.2.2 Atividades e previsões na programação da orientação e da tutoria

O Departamento de Orientação deve confeccionar, no início do ano letivo, o programa geral de atuação, definindo a esfera em que os grupos/classes atuarão e elaborando todas as atividades que serão desenvolvidas. O programa de atividades de orientação e tutoria deve considerar uma série de aspectos, quais sejam:

> características da escola onde o programa é aplicado;
> recursos pessoais de que se dispõe (número de professores, docentes especializados, componentes do Departamento de Orientação etc.);
> recursos materiais específicos: a) dependências (salas, mobiliário etc.); b) material (biblioteca especializada em orientação e tutoria, protocolos dos principais testes, material de testes psicopedagógicos, material de recuperação etc.);

> objetivos gerais da ação tutorial (mais em função do programado pelo Departamento de Orientação);
> projeto apresentado pela equipe de orientação educacional do setor.

Na programação de atividades de orientação e tutoria para cada grupo/classe, é preciso definir os seguintes aspectos:

> Atividades – É necessário estabelecer as atividades dentro de uma lista de tarefas possíveis. Para isso, deve-se levar em conta: a) os tipos de tarefas que todo programa deve incluir (diagnóstico, informação, conselho, formação e aspectos burocráticos); b) possibilidades de tempo, preparação do tutor para essas tarefas e, logicamente, a existência do Departamento de Orientação.
> Modo como serão realizadas as atividades e os instrumentos que serão utilizados.
> Tempo – As tarefas escolhidas devem ser distribuídas de maneira lógica ao longo do todo o ano escolar. Algumas são próprias do início do ano (apresentação do plano, tarefas de diagnóstico etc.); outras são adequadas ao ano todo (sessões de avaliação, programas de prevenção ou de desenvolvimento etc.); outras são dependentes das necessidades e possibilidades da escola (cursos, comemorações etc.); para o final do ano costumam ficar as atividades de informação e conselho.
> Finalmente, esse programa deve contar com um sistema de avaliação, no qual se costuma utilizar entrevistas, questionários *ad hoc* etc.

3.3 Estrutura da rede tutorial

A orientação educacional também deve atuar em cada um dos três âmbitos anteriormente apontados. Para isso, é preciso elaborar e aplicar programas de formação permanente que preparem os professores para assumir com responsabilidade e eficácia sua função orientadora e tutorial. Mas não basta a ação individual de cada docente; é preciso, também, que a escola conte com uma estrutura organizadora que se responsabilize formalmente pela coordenação e pela dinamização das tarefas orientadoras. Por último, tanto o professorado quanto as escolas podem precisar do apoio e da assessoria, no âmbito da região, das equipes de orientação educacional e psicopedagógica. Na figura a seguir, podemos observar a estrutura da rede tutorial.

Figura 4.3 – Estrutura da rede tutorial

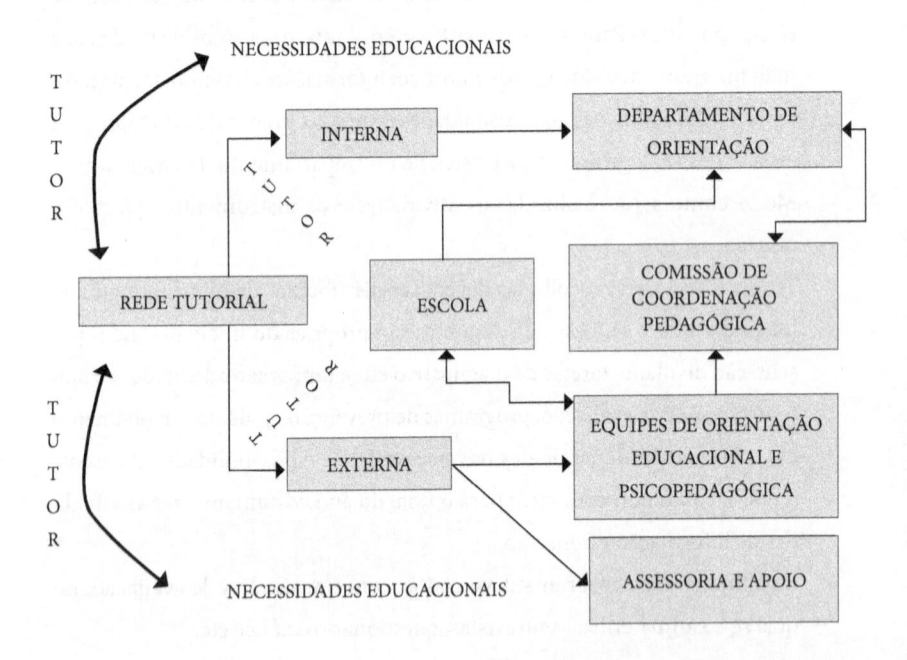

```
                    NECESSIDADES EDUCACIONAIS
T
U                                                    DEPARTAMENTO DE
T              INTERNA                               ORIENTAÇÃO
O
R
                                                     COMISSÃO DE
   REDE TUTORIAL              ESCOLA                 COORDENAÇÃO
                                                     PEDAGÓGICA

T                                                    EQUIPES DE ORIENTAÇÃO
U              EXTERNA                               EDUCACIONAL E
T                                                    PSICOPEDAGÓGICA
O
R
                                                     ASSESSORIA E APOIO
                   NECESSIDADES EDUCACIONAIS
```

As diferenças entre as redes interna e externa estão especificadas no quadro a seguir, de caráter comparativo.

Quadro 4.2 – Relação comparativa de funções e perfil entre as redes de assessoria interna e externa

Rede de assessoria interna	Rede de assessoria externa
A assessoria vem de dentro da escola.	A assessoria vem de fora da escola.
Depende diretamente do diretor e do chefe de estudos.	Depende da Unidade de Programas.
Tem menor número de especialistas.	É mais extensa em número e possui maior especialização.
O Departamento de Orientação funciona como canal de atuação.	Não costuma haver departamento próprio na escola.
Atende a uma instituição educacional.	Atende a várias escolas, que pertencem a uma mesma região.
Predomina a coordenação interna (diretor, outros departamentos, tutores etc.).	Recebe ampla coordenação externa (inspetoria de ensino, escolas profissionalizantes, centrais de recursos etc.).
Os profissionais são professores.	Funciona com outros profissionais.

Sob essa perspectiva, um modelo de orientação e assessoria pode ser articulado com base nos três pilares já comentados: a *tutoria*, o *Departamento de Orientação* e as *equipes de orientação psicopedagógica*. Mas devemos considerar que podem existir outras estruturas e modelos diferentes dependendo das necessidades de atuação orientadora, da capacidade de recursos ou de diretrizes normativas.

Esses três âmbitos de atuação orientadora compartilham uma mesma finalidade: tornar efetiva a dimensão orientadora da educação, embora seus modelos de intervenção e as problemáticas sobre as quais incidem sejam diferentes. De qualquer maneira, constituem princípios básicos a complementaridade e a necessidade de trabalho cooperativo entre tutores, equipes/Departamento de Orientação e equipes de orientação psicopedagógica.

3.3.1 Rede interna: Departamento de Orientação e equipes de coordenação pedagógica

O Regulamento Orgânico dos Institutos de Educação Secundária lista como órgãos de coordenação os descritos a seguir.

a. Departamento de Orientação

É integrado por professores do corpo docente de Educação Secundária, entre os quais deve haver pelo menos um da especialidade de psicologia, pedagogia ou psicopedagogia, ou que ostente o diploma de uma especialidade dessas áreas. Como declarou o professor Lorenzo (1995), o Ministério enumera uma ampla gama de soluções organizacionais, entre as quais estão a formação de comissões ou grupos de orientação, a liberação de algum professor para essas tarefas específicas, os serviços de algum orientador de fora da escola, a utilização da equipe interdisciplinar da região, a extensão das funções do chefe de estudos ou de outra pessoa da equipe diretora etc. Porém, a profissionalização das funções faz com que, atualmente, os órgãos administrativos da educação venham convocando psicólogos, pedagogos e psicopedagogos para preencher vagas de orientadores que realizem essa função. O modelo proposto cristaliza-se em uma estrutura constituída pelos seguintes membros:

> um coordenador ou diretor, com qualificação profissional suficiente: psicólogo, pedagogo ou psicopedagogo;
> um fonoaudiólogo, quando for o caso, e os professores de apoio;
> professores-tutores.

Todos eles, por meio do Departamento de Orientação – entendido como *espaço institucional onde se articulam as funções de orientação e tutoria* –, exercem diversas funções: a) umas relacionadas com a escola como instituição, como colaborar na elaboração e no desenvolvimento do projeto educacional; b) outras, na maioria dos casos, relacionadas com os alunos e com o professorado, como informes de avaliação psicopedagógica dos alunos e atenção às famílias; e, por último, c) funções relacionadas a outras instituições, como a Inspetoria de Ensino. O psicopedagogo, incluído no segundo nível de intervenção, deve coordenar, com os demais membros do Departamento de Orientação, entre outras, as seguintes ações:

> emitir informes sobre a conveniência ou não de que determinados alunos com necessidades educacionais especiais sejam aprovados e passem a outros ciclos e etapas; dar orientações para a escolha entre as matérias opcionais e diferentes cursos de Bacharelado;
> contribuir para o desenvolvimento do plano anual escolar, apresentando ao Conselho Escolar um relatório sobre seu funcionamento no final do ano;
> elaborar a proposta de critérios e procedimentos previstos para fazer as adaptações curriculares apropriadas para os alunos com necessidades educacionais especiais, segundo o ordenamento definido pelo projeto curricular escolar;
> assessorar a Comissão de Coordenação Psicopedagógica nos aspectos psicopedagógicos do projeto curricular escolar, tais como orientação para a avaliação, para a aprendizagem ou para a seleção de conteúdos, entre outros.

Enfim, constituem âmbitos gerais de atuação do Departamento de Orientação o apoio ao processo de ensino e aprendizagem a orientação acadêmica e profissional e a ação tutorial.

b. **Comissão de Coordenação Pedagógica (CCP)**

Tem funções muito mais determinativas que o Departamento de Orientação, cuja atividade é meramente técnica e nunca vinculativa, a menos que intervenha em uma decisão da equipe diretiva. É integrada pelo diretor, que será seu presidente, pelo chefe de estudos, pelos chefes de departamento, atuando como secretário o chefe de departamento mais novo, e pelo orientador psicopedagogo como responsável pela coordenação educacional de toda a instituição. Nas escolas de Educação Infantil e Educação Primária, os diretores de departamentos são substituídos pelos coordenadores de ciclo. Suas funções são:

> estabelecer as diretrizes gerais para a elaboração dos projetos curriculares de etapa;

> coordenar a elaboração dos projetos curriculares de etapa;
> assegurar a coerência entre o documento de finalidades, os projetos curriculares de etapa e a programação anual;
> estabelecer as diretrizes gerais para a elaboração das programações didáticas dos departamentos;
> propor ao professorado os projetos curriculares, para sua aprovação;
> velar pelo cumprimento e posterior avaliação dos projetos curriculares de etapa.

Quadro 4.3 – *Desenvolvimento de funções da Comissão de Coordenação Pedagógica*

Equipe diretiva (com o orientador)	Ordem do dia
	Preparação da reunião
	Estabelecimento de objetivos/critérios
	Definição de prioridades
CCP	Discussão de critérios
	Lista de critérios
	Decisões sobre prioridades
	Elaboração de propostas
Departamentos/equipes de ciclo	Discussão de propostas
	Contribuições para critérios e propostas
	Contribuições de dados
	Contribuições para o consenso
CCP	Decisão sobre critérios
	Discussão sobre propostas
	Elaboração de propostas finais
Professores	Discussão final
	Aprovação das propostas

Fonte: San Fabián (1996).

3.3.2 Rede externa: equipes de orientação psicopedagógica

O terceiro nível de intervenção da orientação e da assessoria é a *zona* de influência em que a equipe de *orientação educacional e psicopedagógica* atua como estrutura básica que configura a rede tutorial externa e cuja finalidade principal é a assessoria aos outros níveis de intervenção: professores e escolas. Essa estrutura não é imutável; ao contrário, deve ter toda a flexibilidade necessária para moldar-se às circunstâncias e ao contexto da zona ou do setor de atuação.

As equipes de orientação psicopedagógica constituem, em conjunto com os centros de treinamento e recursos, a rede mais habitual de apoio externo às instituições de ensino no sistema escolar, mas sua estrutura e denominação podem variar dependendo dos lugares onde forem implantadas e das frequentes mudanças legislativas que as afetam. Atendem a todas as escolas que carecem de departamento ou unidade de orientação própria e também, em razão do maior grau e dimensão de especialização de seus membros, àquelas que, tendo esse departamento, recorrem a seu apoio pela complexidade dos problemas ou dos sujeitos destinatários da intervenção psicopedagógica.

Considerando-se a variedade de organizações que vêm prestando, até agora, algum tipo de apoio às tarefas de assessoria dentro dos sistemas educacionais, uma análise comparativa de diversas estruturas de apoio existentes mostra que as tarefas mais comuns de apoio externo às escolas costumam ser as seguintes:

> *implementação de diretrizes curriculares* estabelecidas em instâncias administrativas (sistemas centralizados); seleção, adaptação e implementação de programas disponíveis que atendam às necessidades da escola (sistemas descentralizados);
> *disseminação* ou difusão de novos programas ou práticas de ensino, de modo que as escolas tenham a oportunidade de observá-los e examiná-los em ação;
> *estabelecimento de redes* de colaboração, que consiste em ajudar os professores ou escolas a transmitir suas próprias experiências a outros colegas, criando estruturas de intercâmbio e colaboração baseadas em interesses comuns;

› *avaliação das necessidades da instituição educacional*, mediante a consideração da situação da escola, do passo anterior à solução de problemas, para determinar conjuntamente sobre o que trabalhar;
› *assessoria à escola* sobre a aplicação dos elementos prescritivos que influenciam o currículo.

A atuação das equipes de orientação educacional e psicopedagógica, ente resultante da unificação das equipes existentes anteriormente, deve obedecer aos seguintes critérios:

› estudo e análise das necessidades da região que sirvam de base para o planejamento das intervenções;
› definição e seleção de objetivos;
› estudo, análise e seleção dos meios e recursos existentes;
› definição e distribuição de tarefas entre os membros da equipe;
› organização dos recursos e definição de prioridades;
› execução e avaliação dos planos e das atuações propostas.

Tais equipes devem cuidar, sob a perspectiva de zona de atuação, do atendimento às diversas necessidades de orientação e apoio psicopedagógico das escolas de sua jurisdição, que, expressas de forma genérica, seriam as seguintes:

a. **Atenção à diversidade voltada aos**:
  › alunos com dificuldades de aprendizagem;
  › alunos com necessidades educacionais especiais;
  › alunos em situação de desvantagem por razões socioculturais ou de emigração.
b. **Assessoria técnica e pedagógica às escolas e ao professorado, colaborando com**:
  › a elaboração de projetos curriculares;
  › a assessoria sobre aspectos como avaliação, programação, função tutorial etc.;
  › a elaboração de adaptações e diversificações curriculares.
c. **Orientação educacional e profissional dos alunos**, que deve planejar sua atividade com base nas áreas de trabalho descritas a seguir.

| Formação de tutores: fundamentos teóricos e práticos

1. *Área de orientação escolar e profissional*
Essa área compreende o que segue:

> **Orientação escolar:** conjunto de atuações que permitam o acesso por parte do aluno ao currículo, mediante uma resposta educacional adaptada às peculiaridades de grupos e indivíduos, por meio tanto das adaptações e diversificações curriculares quanto dos reforços necessários.

> **Orientação profissional:** conjunto de atuações com a finalidade de favorecer e promover o desenvolvimento da maturidade vocacional dos alunos e os processos de tomada de decisão em relação a estudos e profissões.

> **Ação tutorial:** todas as ações cuja finalidade seja potencializar e assessorar o professorado para o melhor desempenho de sua função tutorial e colaborar com as equipes docentes no processo avaliador.

> **Estabelecimento de critérios** de acompanhamento e avaliação do programa.

As atividades gerais a desenvolver dentro dessa área seriam:

> detecção de dificuldades de aprendizagem;
> adaptação e/ou elaboração de materiais de reforço;
> fornecimento de instrumentos para a ação tutorial;
> informação sobre as diversas opções acadêmico-profissionais;
> utilização de registros sistemáticos para alunos;
> formação de grupos de trabalho sobre problemas de aprendizagem;
> assessoria sobre a aplicação de técnicas tutoriais.

2. *Área de atenção às necessidades educacionais especiais*
As atividades nessa área, as quais têm em vista os alunos com necessidades educacionais especiais transitórias ou permanentes, por questões físicas, psíquicas ou sensoriais, seriam:

> detecção de alunos com necessidades educacionais especiais;
> diagnóstico e avaliação interdisciplinar e multiprofissional realizados pelos especialistas da equipe;

- aplicação, por parte do professorado, dos programas ou das adaptações recomendados;
- tratamento direto ou indireto derivado da exploração multidisciplinar;
- assessoria técnica organizacional das estruturas escolares para sua adequação às necessidades educacionais especiais dos alunos;
- assessoria técnica profissional ao professorado e ao pessoal envolvido com esses alunos (professores de educação especial, outros educadores);
- assessoria a pais e mães por meio de intervenções grupais e individuais;
- coordenação com outras instituições;
- estabelecimento de critérios de acompanhamento e avaliação do programa.

3. *Área de compensação*

Essa denominação inclui as atuações que, incidindo nos diferentes âmbitos da comunidade educacional (escola, equipe docente, alunos e pais), pretendem facilitar o acesso ao currículo àqueles alunos que, por razões socioculturais, estão em condições precárias de escolarização. Abrange as seguintes atividades:

- participação na elaboração de projetos escolares com acentuado caráter compensador;
- assessoria ao professorado e à equipe diretiva das escolas afetadas para que sua atuação atenda às necessidades dos alunos;
- coordenação com o professorado de apoio à integração para intercâmbio de estratégias e estabelecimento de uma linha de atuação conjunta;
- aplicação de programas específicos;
- dinamização e colaboração com grupos de trabalho, seminários, projetos de inovação etc.;
- viabilização da participação dos pais na dinâmica educacional de seus filhos;
- planejamento de ações para erradicar o absentismo escolar;
- intervenção coordenada com outras instituições da região que pratiquem ações que incidam no mesmo setor da população-alvo desse programa;
- avaliação e acompanhamento do programa.

4. *Área de atenção precoce e prevenção*

Compreende o conjunto de atuações dirigidas a crianças com alterações psíquicas, físicas ou sensoriais a partir do momento da detecção desses fatores. O planejamento dessa área deve atender aos seguintes critérios:

> Os casos de crianças em idade não escolar devem ser encaminhados a outros serviços e instituições não educacionais para avaliação e tratamento.
> Somente devem ser atendidos os casos que, por razões muito específicas, não possam ser encaminhados a um tratamento direcionado.

Dentro dessa área, cabe agrupar as ações voltadas a modificar as condições que geram desadaptação e/ou fracasso escolar. Com essa finalidade, deve-se trabalhar com alunos, professores e famílias buscando a colaboração com outras instituições. As tarefas desenvolvidas nessa área seriam:

> coordenação e desenvolvimento de programas específicos de enriquecimento cognitivo e instrumental;
> coordenação de ações com pais;
> estudo de materiais para o registro sistemático dos processos de aprendizagem dos alunos e sua aplicação por parte do professorado;
> participação na execução e no desenvolvimento de projetos de saúde escolar;
> estudo e análise de métodos de leitura e escrita de acordo com as características e deficiências dos alunos;
> assessoria ao tutor no tratamento de alunos com dificuldades de aprendizagem;
> atenção e assessoria no tratamento de alunos com necessidades de reeducação da fala ou de terapias de audição e linguagem.

3.4 Departamento de Orientação: estrutura e funções

O Departamento de Orientação constitui o órgão técnico para a dinamização da intervenção orientadora, criando o contexto e as condições que favorecem a integração dos conceitos educacionais e de orientação mediante a elaboração e a aplicação de programas fundamentados nas necessidades da própria escola, dos quais participam também os diferentes membros da instituição e da comunidade educacional. Nesse sentido, surge a necessidade de haver alguma estrutura que planeje e apoie a função tutorial e orientadora, necessidade assumida pelo orgão administrativo educacional ao considerar a orientação educacional como um fator de qualidade do ensino.

A estrutura e a composição do Departamento de Orientação, que já tratamos ao falar da rede tutorial, apresentam algumas peculiaridades, visto que, em Educação Primária, não se fala em departamento, e sim em tutoria e sistema de orientação, ao passo que, na Educação Secundária, o departamento constitui o eixo nuclear da orientação, exercendo sua ação educacional sobre os professores, os alunos e os pais. Nesse sentido, o Departamento de Orientação não é um órgão de poder, e sim de participação e gestão na ordem técnica e de assessoria e apoio. É coordenado pelo chefe de departamento (orientador), mas depende organicamente do chefe de estudos.

Na estrutura departamental de caráter interno, integram-se:

> professores do corpo docente de Educação Secundária, entre os quais deve haver pelo menos um da especialidade de psicologia e pedagogia, bem como professores do corpo docente técnico de formação profissional;
> professores que tenham a seu cargo a formação e a orientação profissional nas instituições de ensino profissionalizante específico;
> os especialistas em *audição e linguagem* e em *educação especial* nas escolas incluídas no programa de integração e programas específicos, caso existam.

Os especialistas de fora da escola podem intervir, quando solicitados, mas o trabalho continuado cabe aos tutores e aos professores regulares, coordenados pelo chefe do Departamento de Orientação.

Resumidamente, apresentamos a seguir as funções do Departamento de Orientação, embora, em alguns casos, tenham sofrido algumas modificações de atualização às novas normas:

Funções do Departamento de Orientação (BOE, 21/02/1996)

1. Formular propostas à equipe diretiva e ao corpo docente quanto à elaboração do projeto educacional e da programação geral anual;

2. Elaborar, de acordo com as diretrizes estabelecidas pela Comissão de Coordenação Pedagógica e em colaboração com os tutores, as propostas de organização da orientação educacional, psicopedagógica e profissional, bem como do plano de ação tutorial, e levá-las à Comissão de Coordenação Pedagógica para posterior análise na elaboração de projetos curriculares de etapa;

3. Contribuir para o desenvolvimento da orientação educacional, psicopedagógica e profissional dos alunos, especialmente no que diz respeito às mudanças de ciclo/etapa e à escolha de diferentes opções acadêmicas, formativas e profissionais;

4. Contribuir para o desenvolvimento do plano de orientação acadêmica e profissional e do plano de ação tutorial e levar ao Conselho Escolar um relatório sobre seu funcionamento no final de cada ano letivo;

5. Elaborar a proposta de critérios e procedimentos previstos para realizar as adaptações curriculares apropriadas para alunos com necessidades especiais e levá-la à Comissão de Coordenação Pedagógica para posterior inclusão nos projetos curriculares de etapa;

6. Colaborar com os professores, sob a direção do chefe de estudos, na prevenção e na detecção precoce de problemas de aprendizagem, bem como na programação e na aplicação de adaptações curriculares individualizadas voltadas a alunos que delas necessitem, entre os alunos com necessidades educacionais especiais e os que seguem programas de diversificação;

7. Realizar a avaliação psicopedagógica prévia, conforme se estabelece no ensino mínimo correspondente à Educação Secundária Obrigatória;

8. Assumir a docência dos grupos de alunos que lhe sejam atribuídos, de acordo com as necessidades da escola e as carências curriculares de alguns estudantes;

9. Participar da elaboração do *Conselho Orientador*, que deve ocorrer ao término da Educação Secundária Obrigatória, que tratará do futuro acadêmico e profissional do aluno;

10. Formular propostas à Comissão de Coordenação Pedagógica sobre aspectos psicopedagógicos do projeto curricular;

11. Promover a investigação educacional e propor atividades de aperfeiçoamento;

12. Organizar e realizar atividades complementares em colaboração com outros departamentos;

13. Nas escolas de formação profissional específica, coordenar a orientação profissional com as outras administrações ou instituições competentes na matéria;

14. Nas escolas internas, colaborar com os profissionais que tenham a seu encargo a atenção educacional de alunos residentes;

15. Elaborar o plano de atividades do departamento e, no final do ano letivo, um relatório que avalie seu desenvolvimento.

O chefe, ou diretor do Departamento de Orientação, deve ser designado pelo diretor escolhido entre os professores da escola, preferencialmente da especialidade de psicologia e pedagogia, e desempenhar seu cargo durante quatro anos letivos, atuando sob a dependência direta da chefia de estudos e em estreita colaboração com a equipe diretiva. Suas funções são as seguintes:

Funções e competências do chefe ou diretor do Departamento de Orientação (BOE, 21/02/1996)

1. Participar da elaboração do projeto curricular de etapa;

2. Redigir o plano de atividades do departamento e o relatório no fim do ano;

3. Dirigir e coordenar as atividades do departamento;

4. Convocar e presidir as reuniões regulares do departamento e as que, em caráter extraordinário, for preciso celebrar;
5. Elaborar e apresentar aos alunos as informações relativas às atividades do departamento;
6. Coordenar a organização de espaços e instalações, adquirir o material e o equipamento específico atribuído ao departamento e velar pela conservação destes;
7. Promover a avaliação da prática docente de seu departamento e de seus diversos projetos e atividades;
8. Colaborar com as avaliações sobre o funcionamento e as atividades da escola promovidas pelos órgãos administrativo da educação;
9. Velar pelo cumprimento do plano de atividades do departamento.

3.5 Modelos de intervenção: orientação, apoio e assessoria

É um fato inquestionável que todos os sistemas educacionais dos países desenvolvidos incorporaram *serviços de apoio e assessoria*, no marco da orientação educacional, como um dos elementos fundamentais para a obtenção de uma educação de qualidade. Na Espanha, a recente legislação considera a orientação educacional como *um fator de qualidade da educação*.

Os serviços educacionais percebem a na necessidade de reavaliar suas funções e modelos de atuação à luz das mudanças ocorridas nos âmbitos social e educacional, evidenciadas na análise feita nos países da Comunidade Econômica Europeia (CEE) por Watts e Plant (1987).

À medida que se estruturam sistemas integrados de ajuda aos alunos, como resultado das contribuições da organização de sistemas públicos, surgem os serviços centrados nas necessidades do aluno. Esse modelo, de caráter terapêutico, passivo e com ações em questões problemáticas, e não sobre o contexto, é o que levou a considerar os agentes de apoio e assessoria externos como marginais e reativos.

Atualmente, ninguém discute a necessidade de um modelo de intervenção por programas como meio para promover a prevenção, o desenvolvimento e a intervenção social, bem como o caráter educacional do apoio e da assessoria. Esse modelo deve ser consequência do processo racional e científico que toda intervenção programada implica e representa o compromisso, por parte da escola e dos responsáveis pela assessoria, de potencializar programas dirigidos a todos os alunos em um processo de intervenção conjunta com base na reflexão e na colaboração. No âmbito da orientação, esses modelos foram sendo identificados como os denominados *serviços* e *programas*, que analisaremos a seguir.

3.5.1 Modelo de serviços

Anos atrás, existiam, na prática profissional, três estruturas de apoio e assessoria que configuravam o que hoje se denomina *modelo de serviços*. Essas três estruturas se materializavam em serviços como consultórios de psicologia, consultórios de psicologia adscritos à saúde pública ou instituições municipais e consultórios de psicologia situados na própria escola.

As características básicas desse modelo apresentaram, e continuam apresentando, dois aspectos básicos:

> ênfase no aluno problemático, normalmente submetido a diagnóstico fora de seu contexto; e
> classificação de alunos em função de escalas de medição psicológicas ou pedagógicas.

As características desse modelo fazem com que não se criem tensões entre os professores e os profissionais de assessoria (psicólogos e pedagogos), visto que não existe um envolvimento direto dos docentes no processo.

Esse modelo, centrado nos alunos problemáticos, não levou em conta, em nenhum momento, o caráter interativo que determinadas disfunções podem ter e como a solução destas pode ser encontrada em uma esfera mais ampla que a da própria criança.

O processo de intervenção de apoio e assessoria externos começa fora da escola e sem a intervenção dos professores. Com mínimos dados de informação, o que basicamente se espera dos professores é a confirmação de suas próprias hipóteses sobre os alunos por meio do diagnóstico realizado pelo especialista. Nesse sentido, não são geradas mudanças no contexto educacional nem se questionam as práticas escolares dos professores; importam apenas os resultados, e nunca o processo. No quadro seguinte, expomos os aspectos mais relevantes e diferenciadores.

Quadro 4.4 – Aspectos diferenciais, vantagens e inconvenientes do modelo centrado em serviços

Aspectos diferenciais	Vantagens	Dificuldades
› Tem caráter público e social. › Centra-se nas dificuldades do aluno. › Atua sobre o problema, e não sobre o contexto que o gera. › Costuma se situar fora das instituições de ensino. › Sua implantação é regional e setorial. › Atua por funções, não por objetivos.	› Propicia informação aos agentes educacionais. › Favorece a distribuição e o ajuste dos alunos. › Conecta a escola com os demais serviços da comunidade.	› Pouca conexão com a instituição educacional. › Ausência de contextualização dos problemas e de suas próprias intervenções. › Funções já definidas. › Adequação não racional às escolas. › Enfoque basicamente curativo e terapêutico. › Pouco tempo para assessorar e formar o professor-tutor. › Horário que não permite fazer um trabalho com pais e comunidade. › Escassez de recursos humanos para desempenhar as funções atribuídas.

3.5.2 Modelo de processos

Esse modelo, ao contrário do anterior, deixa de centrar-se nos alunos ou nas situações problemáticas e começa a entender a intervenção educacional como uma série de processos que ocorrem em um sistema mais amplo, sobre o qual se deve atuar de forma global ou, pelo menos, considerando as possíveis interações entre as diferentes partes do sistema.

As características que configuram o modelo de processos podem ser assim resumidas:

> Os propósitos e os objetivos de assessoria e orientação são elaborados seguindo-se os princípios do trabalho colaborador.
> A razão de ser do apoio e da assessoria externos é facilitar processos internos de modo que os que destes se beneficiam possam capacitar-se para a resolução de seus problemas e necessidades.
> A capacidade de tomar decisões sobre o que oferecer, como e para que é atribuída ao professorado e compartilhada com os profissionais da assessoria, sendo exercida tanto por uns quanto por outros.
> A estrutura relacional com os sujeitos destinatários é uma combinação diferenciada de papéis e funções que deve ser vista de forma complementar.
> A estratégia de apoio e assessoria centra-se mais na ideia de "trabalhar com os professores" que na ideia de "atuar sobre o aluno".
> A relação dialética entre teoria e prática é a plataforma mais adequada para fundamentar programas de ação orientadora.

Por tudo isso, o modelo de apoio e assessoria deveria voltar-se a modelos de processos que visem a uma série de metas, entre as quais destacamos as seguintes:

> expandir a capacidade do professorado para identificar e abordar suas problemáticas nas aulas e nas instituições de ensino;
> possibilitar a mudança planejada centrando-se em atitudes, valores e processos grupais da organização;
> desenvolver habilidades e atitudes de comunicação;

> desenvolver habilidades de resolução de problemas;
> propiciar processos de trabalho em grupo;
> potencializar processos formativos centrados na escola.

Toda essa série de conotações nos situa diante de um modelo de atuação que reconhece a capacidade e os recursos dos professores e das instituições de ensino para a resolução de seus problemas, assim como a contribuição dos agentes de apoio e assessoria para a expansão, o desenvolvimento e a capacitação desses entes.

No quadro seguinte, expomos os aspectos mais relevantes e diferenciadores do modelo de processos.

Quadro 4.5 – Aspectos diferenciais, vantagens e dificuldades do modelo de processos

Aspectos diferenciais	Vantagens	Dificuldades
› O processo (programa) se desenvolve em função das necessidades da escola. › O processo se dirige a todos os alunos. › Centra-se nas necessidades do grupo/classe. › O indivíduo é considerado um sujeito ativo de seu próprio processo de ajuda e orientação. › Atua sobre o contexto com um caráter mais preventivo e de desenvolvimento que terapêutico. › Estrutura-se por objetivos ao longo de um contínuo temporal. › Procede-se à avaliação e ao acompanhamento do realizado. › Há o envolvimento de todos os agentes educacionais. › Há colaboração entre profissionais.	› Põe ênfase na prevenção e no desenvolvimento. › O assessor-orientador é mais um educador da equipe docente. › Estimula o trabalho em equipe. › Operacionaliza os recursos. › Promove a participação ativa dos sujeitos. › Permite abertura da escola ao entorno. › Aproxima da realidade por meio de experiências. › Permite a avaliação e o acompanhamento do realizado. › Conta com o Departamento de Orientação e os profissionais das equipes de orientação psicopedagógica como suporte técnico e de assessoria.	› Falta do hábito de realizar o trabalho por programas. › Preparação e disponibilidade dos executores do programa. › Assessoria e supervisão dos executores por parte dos especialistas. › Disposição de recursos humanos e materiais. › Mudanças atitudinais.

A título de resumo, expomos no quadro seguinte os conteúdos essenciais contemplados pelos dois modelos apresentados.

Quadro 4.6 – Conteúdos essenciais do modelo de serviços e do modelo de processos

Modelo de serviços	Modelo de processos
Os propósitos e os objetivos do apoio e da assessoria são elaborados fora das escolas e sem a participação dos professores.	Os propósitos e os objetivos do apoio e da assessoria são elaborados seguindo-se os princípios do trabalho conjunto e colaborador.
A estrutura de relação com os sujeitos destinatários é diferente e hierárquica.	A estrutura de relação com os sujeitos destinatários é uma combinação diferenciada de papéis e funções contemplados de forma complementar.
A estratégia de apoio e assessoria opera mais com base na ideia de "intervenção sobre" o aluno problemático.	A estratégia de apoio e assessoria opera mais com base na ideia de "trabalhar com" os professores e as escolas.
Atribui-se mais capacidade ao orientador para decidir o que oferecer, como e para quê.	A capacidade para tomar decisões sobre o que oferecer, como e para que, atribuída ao professorado, é compartilhada pelo orientador e exercida tanto por uns quanto por outros.

3.6 Novas tendências no processo de orientação e assessoria

3.6.1 Modelo de trabalho colaborativo

Como já apontamos ao falar do modelo de processos, o enfoque colaborativo é o que está emergindo nos últimos anos. Apresenta-se, também, como a única alternativa válida para que o apoio e a assessoria que se possa oferecer sejam aquilo de que realmente a escola precisa.

O apoio e a assessoria mais eficazes baseiam-se na colaboração, mas, de forma equivocada, as escolas, às vezes, entendem que proporcionar apoio e assessoria é tudo o que se necessita e que a colaboração virá de forma espontânea. Porém, não existem garantias de que, simplesmente porque dois ou mais profissionais tentam ajudar um aluno determinado, ou um grupo de alunos, essa relação seja colaborativa. Para obter uma verdadeira e eficaz colaboração, é necessário haver tempo e confiança para se chegar a acordos. Nesse sentido, muitos professores acreditam que estão trabalhando em colaboração, quando, de fato, estão trabalhando em práticas educacionais que eliminam a verdadeira colaboração.

Uma colaboração significativa é aquela na qual todos os implicados abordam a solução do problema em comum, para se compreender como os alunos podem aprender sob as condições particulares da classe e de outros elementos que os estejam influenciando.

São alguns conceitos críticos fundamentais para a colaboração:

> **Serviço indireto ao aluno** – Trata-se de ajudar a pessoa que intervém diretamente com a criança (tutor). A colaboração é um serviço indireto, no sentido de que apenas um dos membros da equipe colaboradora trabalha com a criança. Trata-se de colaborar e intervir no ambiente natural da criança.

> **Relação colaborativa** – Para uma colaboração eficaz, é essencial o desenvolvimento e a manutenção de uma relação positiva e sincera entre os colaboradores. "Os sujeitos implicados em um enfoque colaborador devem trabalhar como iguais e estar coordenados, em oposição à manutenção de *status* de superioridade ou subordinação" (Graden y Bauer, 1992). Alguns dos autores que defendem a colaboração consideram que esta apenas pode ocorrer entre professores; não é possível a introdução de especialistas, dadas as suas diferentes funções. Porém, outros autores, como Graden (1989), argumentam que a colaboração não é questão de papéis e funções, e sim de condutas interpessoais. Nas escolas inclusivas, é importante não se centrar nas categorias dos alunos ou profissionais e não restringir os sujeitos por seus diferentes papéis.

> **Relações voluntárias e direito de recusar** – A colaboração, por definição, deve ser voluntária, e as pessoas que trabalham desse modo devem manter o direito de recusar ou aceitar as ideias geradas.

> **Envolvimento ativo do professor** – A colaboração implica a participação ativa de cada um dos envolvidos, bem como a manutenção da autoridade do professor na hora de tomar decisões importantes em sua classe.
> **Objetivos de colaboração** – A colaboração tem dois objetivos diferenciados. O primeiro é remediar ou fomentar as conquistas ou a forma de trabalhar com os alunos. O segundo é não apenas ajudar o aluno com dificuldades, mas prevenir o surgimento de futuros problemas para ele e para outros.
> **Confidencialidade e confiança** – Um alto nível de confiança é essencial em uma discussão aberta para explorar os fatores ambientais que podem estar alterados e compartilhar enfoques alternativos a serem colocados em prática.

Com base nessas características e na implantação do novo sistema educacional na Espanha, é imprescindível a busca por novos modelos de atuação em conformidade com as novas exigências. Até agora, o modelo de apoio e assessoria externos coube, tradicionalmente, às equipes interdisciplinares, que vinham desenvolvendo sua ação com base no modelo de serviços, partindo de uma situação de insuficiência dos alunos e/ou da aprendizagem e por meio de uma ação com base na relação individualizada.

3.6.2 Modelo de apoio interprofissional

Atualmente, emerge com força o modelo de *apoio interprofissional*, como forma de abordar o apoio e a assessoria com base em pressupostos colaborativos, no trabalho de diversos profissionais provenientes de âmbitos formativos e/ou profissionais diferentes, que desenvolvem sua atividade na mesma zona educacional, que têm em comum o vínculo e a participação no processo educacional, embora de ângulos diferentes.

O *apoio interprofissional* colaborativo assume como eixo nuclear uma visão global da escola, entendida como uma instituição com capacidade para refletir, aprender e modificar; transfere seu centro de atenção à instituição, corroborando a ideia de que, quando um aluno tem dificuldades, elas surgem da interação de um complexo conjunto de fatores que demonstram um problema institucional, o qual se reflete em termos curriculares; são a escola e o currículo, então, que devem se transformar, gerando mudanças organizacionais, didáticas, formativas etc., de modo a abarcar a escola globalmente.

Por outro lado, parece razoável pensar que, para os problemas assim complexos, interligados, não existem especialistas capazes de resolvê-los e que a solução tem muito a ver com a capacidade da escola de se envolver e assumir de forma autônoma, conjunta e colaborativa a análise e as respostas às diferentes e peculiares situações que ocorrem em seu seio.

A heterogeneidade dos profissionais, a gama de posições e as responsabilidades são características conceituais e uma chave estruturante desse modelo de apoio e assessoria. Nos grupos de apoio interprofissional, reúnem-se tanto profissionais de apoio interno quanto externo e parte-se do pressuposto de que as opiniões e as interpretações divergentes são enriquecedoras para a solução de problemas educacionais. Portanto, valorizam-se e reconhecem-se a experiência e as técnicas próprias de cada profissional.

Ultimamente, observa-se, de forma clara, que a ideia tradicional de apoio e assessoria está mudando, ou pelo menos está sendo submetida à análise. Ocorre, assim, uma ruptura com posturas anteriores, especialmente em razão das dificuldades e insuficiências encontradas nos modelos de apoio e assessoria parciais, como o clássico centrado na criança e nas carências. Em outros casos, isso ocorre devido à redução orçamentária ou à economia de recursos.

3.7 Programa de orientação para o acesso à universidade

Um programa de orientação para o acesso à universidade, realista e eficiente, nas palavras de Cano González (2008), é "um conjunto de ações planejadas e dirigidas à população de estudantes para que tomem decisões coerentes e válidas que afetam seu futuro acadêmico e profissional, seguindo um plano sistemático do qual participam, ativamente, membros das comunidades universitárias e não universitárias".

O programa visa conduzir os passos dos estudantes de Bacharelado nos momentos anteriores a seu ingresso na universidade com a participação corresponsável de toda a comunidade educacional e, especificamente, dos Departamentos de Orientação dos Institutos de Educação Secundária (IES) ou instituições privadas de ensino secundário e com o apoio de seus respectivos planos de ação tutorial.

3.7.1 Programa Delfos de orientação para a transição à universidade

O Programa Delfos é uma proposta de orientação de caráter institucional elaborada por Cano González (2008), na Universidade de Valladolid. Seu ponto de partida é um contexto de orientação educacional muito mais amplo e complexo do que aquele que tem como cenário a própria Educação Secundária, inserido no seio de uma proposta de formação universitária de caráter integral, como é o plano de ação tutorial.

Com a certeza de que pode servir de exemplo para a realização de outros programas similares, expomos, a seguir, uma síntese das linhas fundamentais dessa proposta orientadora.

3.7.1.1 Objetivos

A finalidade do Programa Delfos é que o estudante pré-universitário conheça os requisitos do sistema de ensino superior, fundamente sua decisão final e realize sua escolha de estudos em conformidade com suas capacidades e interesses. Assim, os objetivos prioritários são o resultado de uma avaliação prévia de necessidades educacionais, que giram em torno de um conjunto de eixos, como os seguintes:

> motivar os orientadores das escolas de Educação Secundária para que, por meio de uma ação tutorial eficaz, desenvolvam inicialmente em seus alunos conhecimentos, habilidades e competências para tomar decisões pontuais de caráter vocacional/profissional, potencializando sua autoestima e analisando o mundo acadêmico-profissional que os cerca;

- ajudar os estudantes do entorno ou do distrito universitário, proporcionando--lhes toda a informação que peçam e necessitem para sua orientação pessoal, acadêmica e profissional diante do ingresso à universidade;
- facilitar a todos os estudantes pré-universitários que assim desejarem o caminho pelo qual devem transitar desde os estudos de Bacharelado até a universidade, mediante uma série de atividades ou modalidades de assessoria e ajuda que lhes permita essa aproximação;
- elaborar, aplicar e avaliar um programa de desenvolvimento vocacional/profissional que, abrangendo os objetivos anteriormente apontados, atenda às necessidades dos estudantes que visam à universidade;
- favorecer e reconhecer o envolvimento do professorado e do pessoal de serviços da universidade nessa tarefa e nas atividades programadas e situadas em um modelo de aprendizagem colaborativa e baseada na experiência;
- favorecer as relações do estudante com seu entorno universitário mediante o uso de todos os recursos disponíveis, a fim de gerar e potencializar o interesse acadêmico e profissional de todos eles;
- dotar o Departamento de Orientação para a transição à universidade de meios e recursos suficientes para aplicar o Programa Delfos, ano após ano, e atender a aspectos de melhoria, a fim de otimizar a qualidade e os resultados desse programa em termos de satisfação dos professores e dos alunos;
- oferecer ao estudante informação não apenas sobre as opções de carreiras, mas também sobre o que a universidade representa, já que, além de comparecer, deve participar;
- proporcionar informação às instituições de Educação Secundária, ajudando orientadores e tutores a melhorar o desempenho e a execução de suas funções;
- propiciar aos pais dos estudantes material informativo para que conheçam a universidade e as carreiras;
- gerar um espaço de debate e cooperação entre o professorado universitário e de Educação Secundária com a finalidade de analisar tanto as possibilidades

quanto os limites com que os estudantes que ingressam na universidade possam se deparar ao longo de toda a sua carreira e, especialmente, durante o primeiro ano;
› favorecer uma melhor coordenação entre os serviços de orientação da universidade e os das escolas de referência ao longo do momento de transição;
› facilitar a transferência de informação relevante das instituições responsáveis a fim de propiciar mudanças que se julgarem oportunas, tanto nas escolas de Educação Secundária quanto naquelas que dependem da universidade, e vice-versa, principalmente em relação aos professores que dão aulas nos primeiros cursos de graduação e pós-graduação.

3.7.1.2 Formulação e desenvolvimento

O Programa de Orientação para a Transição entre Bacharelado e Universidade é desenvolvido por meio de uma série de atividades complementares entre si, facilmente aplicáveis e elaboradas em colaboração com as equipes de tutores e orientadores das escolas de Educação Secundária, tendo como base uma série de questões, que podemos formular da seguinte maneira:

› Que orientação foi dada aos estudantes de Bacharelado com vistas a sua transição para a universidade?
› Que orientação receberam os estudantes universitários durante o primeiro ano de faculdade?
› Qual foi o grau de envolvimento dos estudantes de Bacharelado com sua busca ativa de orientação e assessoria acadêmico-profissional?
› Qual é a opinião que temos sobre as expectativas dos estudantes de Bacharelado quanto à educação universitária?
› Que valor é atribuído por parte dos estudantes de Bacharelado à orientação recebida sobre as alternativas profissionais?
› Que tipo de dificuldades foi aparecendo ao longo do processo de transição para a educação universitária? Com que intensidade?

> Qual é o grau de satisfação dos estudantes universitários quanto à escolha que fizeram? É igual ou similar em todos os cursos?

Essas questões de amplo conteúdo informativo devem ser recolhidas, desdobradas e desenvolvidas convenientemente em um questionário *ad hoc*, para ser aplicado nos dois anos de Bacharelado e no fim do primeiro ano de faculdade. Aplicado o questionário e levantados os dados, os resultados obtidos, depois de concluída a correspondente análise e avaliação, informam-nos sobre aspectos de grande relevância para determinar os conteúdos das ações posteriores, quais sejam:

> porcentagem de estudantes de Bacharelado contemplados na amostra de trabalho que tomam a decisão orientada de fazer uma ou outra carreira universitária;
> fatores que mais influenciam os alunos de Bacharelado na hora de optar por uma carreira específica;
> momento em que os estudantes de Bacharelado tomam a decisão de optar por uma ou outra carreira universitária;
> idade média dos alunos que entram pela primeira vez na universidade;
> porcentagem de alunos de Bacharelado que receberam regularmente, ao longo dos dois últimos anos, informação e orientação sobre a oferta de estudos universitários;
> diversidade das fontes ou origem da orientação recebida pelos estudantes de Bacharelado, tais como Departamento de Orientação, tutoria, professores, pais, familiares, amigos, meios de comunicação etc.;
> grau de conhecimento acumulado pelos alunos de Bacharelado sobre os serviços ofertados pela universidade: bibliotecas, refeitórios, moradia, associações culturais, quadras esportivas, piscinas etc.;
> grau de conhecimento acumulado pelos alunos de Bacharelado sobre planos de estudos, disciplinas (principais, obrigatórias, opcionais, de livre configuração), tempo (semestrais, anuais), conteúdo, sistemas de avaliação etc.;
> grau de informação recebida pelos estudantes do primeiro ano da faculdade ao longo de todo o ano letivo;

> grau de impacto que as jornadas de visitação, recepção e boas-vindas que acontecem a cada ano causam nos alunos de Bacharelado, se cobrem ou não os objetivos previstos por seus organizadores e, ao mesmo tempo, se satisfazem as necessidades básicas desses alunos;
> influência da nota final obtida na seleção em relação à decisão finalmente tomada e se essa decisão mudou em relação à inicialmente tomada no processo de orientação profissional desenvolvido no Bacharelado;
> peso da variável *opções profissionais* para os estudantes de Bacharelado em relação a outras opções a serem consideradas (carreira de ciclo curto, acesso a outra carreira, tradição familiar etc.) na hora de escolher uma carreira ou outra;
> dificuldades e inconvenientes mais significativos que normalmente costumam aparecer ao longo do primeiro ano de faculdade e que podem e devem ser tratados ou abordados antecipadamente (muitas matérias em um mesmo ano, opção por umas matérias em prejuízo de outras, que terão de ser adiadas para o ano seguinte, sobreposição de matérias diferentes, excessiva burocracia administrativa, excessivo número de trabalhos a serem produzidos fora do horário de aula, mínima relação entre o esforço que representa a realização de trabalhos e sua compensação na nota de avaliação, organização do tempo para o estudo etc.);
> grau de satisfação dos estudantes universitários do primeiro ano em relação às instalações, recursos da escola e professores;
> grau de conformidade dos estudantes universitários do primeiro ano em relação aos métodos empregados pelos professores, ao nível de exigência das provas e dos trabalhos, ao clima da classe, aos conteúdos das matérias, aos horários etc.;
> índice de dificuldade da carreira e sua correspondência, ou não, com o esperado;
> grau de rendimento durante o primeiro ano de faculdade;

> grau de conhecimento, por parte dos alunos do primeiro ano, das alternativas profissionais que a carreira que estão cursando oferece e as expectativas ao concluir os estudos universitários.

Concluído o processo de análise e avaliação dos dados obtidos por meio da técnica do questionário, podem ser levantados alguns dados cruciais para utilizar como justificativa e ponto de partida para a elaboração de um plano de orientação profissional de transição à universidade, que leve em conta diferentes e variadas *modalidades de atuação*.

Entre as *modalidades de atuação* pelas quais se pode optar, encontram-se as seguintes:

> *palestras* ou *sessões informativas* nos colégios entre estudantes universitários e bacharéis;
> *mesas-redondas* nas universidades em que atuem membros da equipe diretiva e professores, a fim de abordar diversas temáticas, tais como: dificuldades que atrapalham o início das carreiras; influência positiva ou negativa dos diferentes bacharelados segundo as opções; recomendações para a orientação de todo o professorado envolvido etc.;
> *seminários* abrangendo diversas formas de graduação universitária, de comum acordo entre os professores universitários e das escolas secundárias, com o objetivo de avaliar: os níveis formativos que os futuros estudantes querem alcançar para chegar à universidade, o conteúdo dos bacharelados cursados e o perfil mais adequado que deve caracterizá-los a fim de se integrarem plenamente e com sucesso à vida universitária;
> *visitas guiadas* pelos próprios estudantes universitários colaboradores do programa às instalações das diversas universidades;
> *visitas guiadas* pelo coordenador geral e pelo pessoal da universidade às instalações universitárias não docentes: reitoria, aula magna, administração da universidade, repúblicas ou moradias dependentes da universidade, salão de congressos, instalações esportivas e culturais etc.;

> *elaboração de materiais* dirigidos ao professorado e aos estudantes de Bacharelado, que deve ser uma atividade complementar (não secundária) para facilitar-lhes a inserção no primeiro ano de faculdade segundo as carreiras escolhidas.

3.7.1.3 Responsáveis pela execução

Na ação orientadora para o acesso à universidade, confluem duas vertentes integradoras inseridas em um mesmo e único processo de ajuda:

> a universidade, como serviço altamente especializado em tarefas de informação acadêmica e profissional de seus alunos por meio dos organismos e serviços competentes: Centro de Orientação, Informação e Emprego, Vice-Reitoria Comunitária etc.;

> as escolas de Educação Secundária, na condição de depositárias dos trabalhos de orientação acadêmica e profissional e, ao mesmo tempo, responsáveis pela execução do programa por meio das funções atribuídas aos Departamentos de Orientação e, mais especificamente, a seus coordenadores e tutores por meio dos planos de ação tutorial.

3.7.1.4 Sistema organizacional

Para atingir os objetivos previstos e levar adiante o Programa de Orientação para a Transição à Universidade, é preciso desenvolver, anualmente, uma série de atividades de informação e orientação que atendam às necessidades de seus receptores diretos, os futuros estudantes de cada universidade, bem como de planejamento e assessoria aos orientadores e aos tutores das escolas de Educação Secundária, como seus beneficiários indiretos.

Com a criação e a aplicação do programa pelo seu responsável, o coordenador geral, abre-se, definitivamente, uma via ótima para o diálogo contínuo e a máxima colaboração entre as escolas de Educação Secundária e as próprias universidades, de maneira que os orientadores e os tutores saibam como dirigir os pedidos e as necessidades de seus alunos não somente em matéria de acesso à universidade, mas também com respeito ao futuro profissional destes e a todo tipo de dúvidas ou urgências a resolver. Nesse sentido, e de maneira sucinta, alguns indicadores que configuram o que se pode chamar de *plano de atuação imediata* se materializam nas linhas de intervenção inicial expostas a seguir.

a. **Dentro da universidade**

› *Formar uma equipe* de orientação dentro do Programa de Orientação para a Transição à Universidade em torno do coordenador-geral, da qual podem participar alguns alunos colaboradores das diversas carreiras universitárias que a universidade oferece;

› *Cobrir todas as possíveis lacunas* que possam existir na equipe do *programa*. Nesse sentido, é absolutamente necessário ampliar o conhecimento da equipe acerca da estrutura e do funcionamento do sistema educacional não universitário (novos bacharelados, formação profissional etc.) e universitário (oferta educacional e serviços universitários);

› *Dispor de uma base de dados* que inclua todas as escolas de Educação Secundária (Bacharelado, Formação Profissional) da cidade, ramos e opções oferecidas, número de alunos matriculados, pessoal responsável pela orientação etc.;

› Constituir uma *mesa permanente de orientação* para favorecer o enriquecimento da informação e da orientação que se deve dispensar, não apenas em aspectos puramente universitários, mas também com vistas a ampliar os conhecimentos em campos tão relevantes, como a inserção do jovem no mercado profissional. Essa é a razão de se agrupar uma grande variedade de organismos na mesa. Cada organismo, dentro de suas possibilidades, deve pôr a serviço desse fim sua própria experiência. Ao mesmo tempo, o programa deve atuar como elo entre ambos. Vejamos o organograma a seguir.

Figura 4.4 – Modelo organizacional e estrutural de orientação para a transição Bacharelado-Universidade de Valladolid

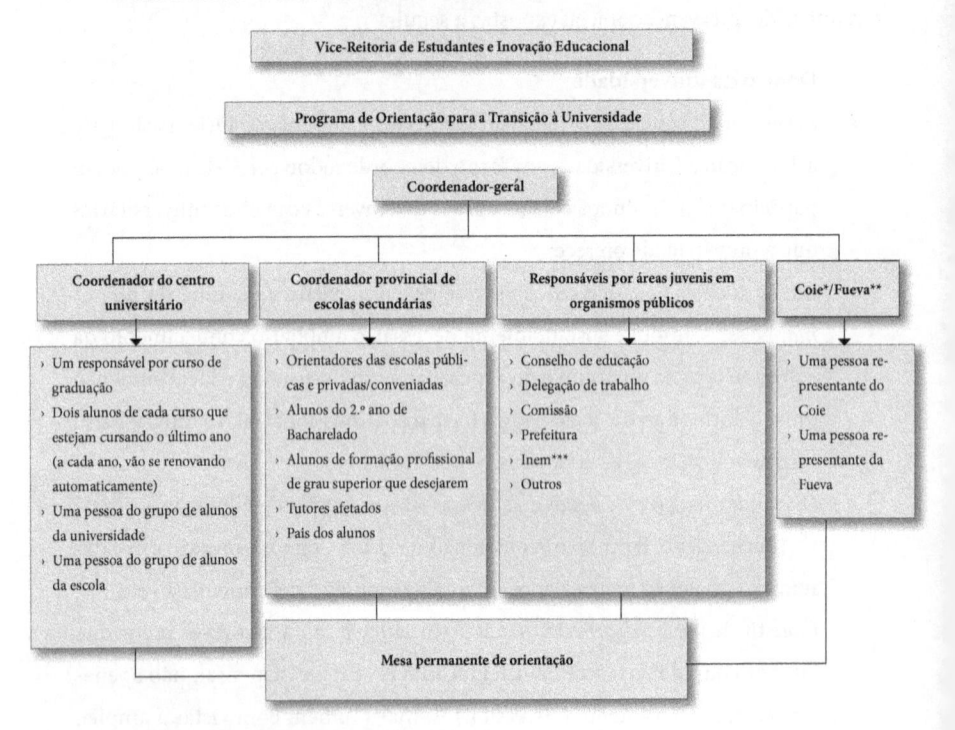

```
                    ┌─────────────────────────────────────────────────┐
                    │ Vice-Reitoria de Estudantes e Inovação Educacional │
                    └─────────────────────────────────────────────────┘
                                          │
                    ┌─────────────────────────────────────────────────┐
                    │ Programa de Orientação para a Transição à Universidade │
                    └─────────────────────────────────────────────────┘
                                          │
                              ┌───────────────────────┐
                              │    Coordenador-gerál   │
                              └───────────────────────┘
```

Coordenador do centro universitário	Coordenador provincial de escolas secundárias	Responsáveis por áreas juvenis em organismos públicos	Coie*/Fueva**
› Um responsável por curso de graduação › Dois alunos de cada curso que estejam cursando o último ano (a cada ano, vão se renovando automaticamente) › Uma pessoa do grupo de alunos da universidade › Uma pessoa do grupo de alunos da escola	› Orientadores das escolas públicas e privadas/conveniadas › Alunos do 2.º ano de Bacharelado › Alunos de formação profissional de grau superior que desejarem › Tutores afetados › País dos alunos	› Conselho de educação › Delegação de trabalho › Comissão › Prefeitura › Inem*** › Outros	› Uma pessoa representante do Coie › Uma pessoa representante da Fueva

Mesa permanente de orientação

b. **Fora da universidade**

› Uma vez formada a equipe do Programa de Orientação para a Transição à Universidade, informa-se a universidade sobre sua existência e suas funções por meio de um encontro com todas as instituições e pessoas que desempenham tarefas de orientação e tutoria, como já descrevemos na Figura 4.4.

* Centro de Orientação, Informação e Emprego. (N. da T.)
** Fundação Universidade-Empresa de Valladolid. (N. da T.)
***Instituto Nacional de Emprego. (N. da T.)

> *Reuniões com as equipes diretivas* das escolas de Educação Secundária para analisar as propostas temáticas a serem abordadas em cada curso, elaborar o plano de atuação correspondente e entregar a documentação de interesse geral aos alunos.
> *Jornadas de informação e orientação universitária* (por áreas temáticas) relacionadas com o conteúdo das carreiras da universidade e das alternativas profissionais que delas derivam: itinerários curriculares e características, opções relacionadas com o futuro profissional, inserção no mundo profissional, Espaço Europeu de Educação Superior, Créditos ECTS*, presente e futuro das provas de acesso à universidade, inclusão dos alunos com deficiências físicas e sensoriais, perspectivas profissionais e de inserção das carreiras universitárias, sistemas de orientação para o acesso à universidade etc. Essas jornadas são desenvolvidas mediante o estabelecimento de mesas-redondas distribuídas entre os próprios centros universitários, presididas por membros da equipe de governo (vice-decanos de alunos e da organização acadêmica) e o coordenador geral de orientação, com presença de professores das diversas carreiras. A duração pode ser de uma semana. Nesses eventos, os alunos recebem documentação, podem fazer consultas sobre temas de seu interesse com pessoal especializado e têm a oportunidade de conversar com estudantes de cada faculdade nos balcões montados sobre temas acadêmicos, profissionais e da vida universitária cultural e esportiva.
> *Palestras informativas*, feitas por alunos universitários nas escolas de Educação Secundária, apoiadas com material editado pela universidade, relacionadas com temas de interesse e com as demandas, após consulta (pesquisa com orientadores, professores-tutores e alunos para reafirmar o diagnóstico sobre a questão) à maioria dos estudantes de Bacharelado e dos orientadores, com especial atenção àqueles que possam representar maior dificuldade: provas de acesso aos estudos universitários (seleção), processo de pré-inscrição ou

---

* Sigla de *European Credit Transfer and Accumulation System* (Sistema Europeu de Transferência e Acumulação de Créditos). (N. da T.)

solicitação de vaga, trâmites de matrícula, novos planos de estudo, notas de corte, oferta formativa, passarelas*, créditos, tipos de matérias (principais, obrigatórias, opcionais, de livre configuração), complementos de formação, créditos (teóricos, práticos), alternativas profissionais, organismos e funcionamento da universidade etc.

› Visitas às escolas, tanto da capital quanto do interior, durante o segundo trimestre, guiadas por pessoal qualificado (bolsistas), previamente estabelecidas no programa.

Com essa atividade, conhecida pelo nome genérico de *Caminho para a Universidade*, pretende-se obter uma aproximação física do futuro aluno universitário ao local (faculdade, escola técnica, escola técnica superior etc.) que terá de frequentar diariamente durante quatro ou mais anos, depois de formalizar sua matrícula e iniciar os estudos pelos quais optou.

Como complemento, é frequente que as universidades publiquem uma série de documentos *(Guia das Carreiras, Guia de Iniciação aos Estudos Universitários, Guia Normativo e Documental)*; ou algum dossiê único, global, como um *Guia Universitário do Estudante de Bacharelado*, a fim de fornecer a todas as escolas, orientadores, tutores e alunos um suporte informativo completo e atualizado.

3.7.1.5 Instrumentos de informação e ajuda

Para facilitar a aplicação do Programa de Orientação para a Transição à Universidade, expomos, a seguir, a título de exemplo, três *instrumentos de informação* (Figura 4.5). Com eles, pretendemos garantir e homogeneizar a informação sobre indicadores básicos de orientação pré-universitária adequados às demandas dos estudantes de Bacharelado, próximos da transição à universidade.

---

* Acesso ao segundo ciclo de uma faculdade (licenciatura, após o Bacharelado). Na Espanha, para algumas carreiras são processos separados, e existem faculdades que ministram apenas o segundo ciclo. (N. da T.)

Figura 4.5 – Aplicação do Programa de Orientação para a Transição à Universidade: instrumentos de informação

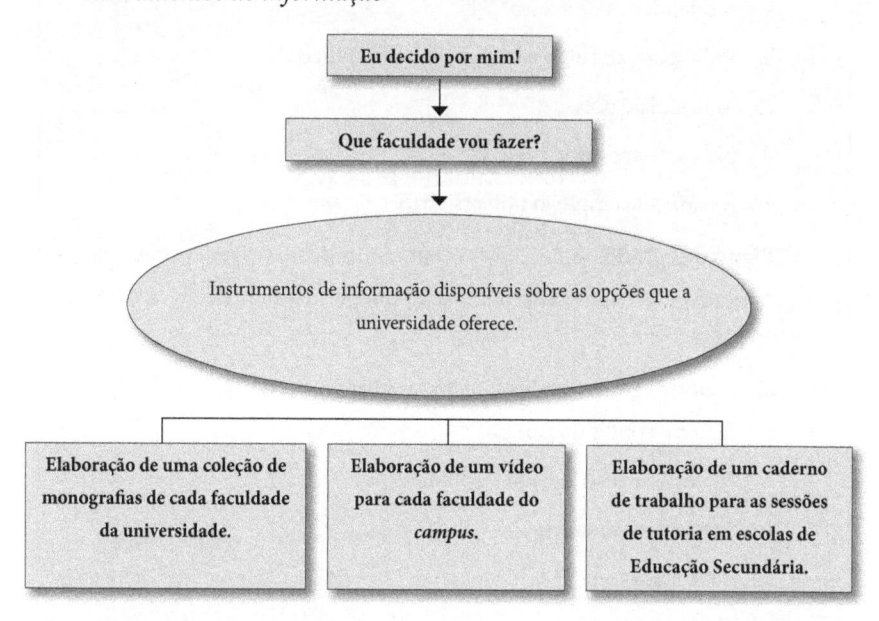

```
            ┌─────────────────────┐
            │  Eu decido por mim! │
            └──────────┬──────────┘
                       ▼
            ┌─────────────────────┐
            │ Que faculdade vou fazer? │
            └──────────┬──────────┘
                       ▼
       ╭───────────────────────────────────╮
      (  Instrumentos de informação disponíveis )
      (  sobre as opções que a universidade     )
       ╰──────────────oferece.─────────────╯
```

| Elaboração de uma coleção de monografias de cada faculdade da universidade. | Elaboração de um vídeo para cada faculdade do *campus*. | Elaboração de um caderno de trabalho para as sessões de tutoria em escolas de Educação Secundária. |

a. **Monografias**

Agrupam-se em uma coleção de cadernos didáticos correspondentes ao conjunto das faculdades da universidade. Em geral, para a confecção de uma monografia, é preciso considerar uma série de tópicos ou pontos de referência, descritos a seguir.

Monografias: tópicos a levar em conta

1. **Introdução:** justificativa da necessidade e da apresentação do documento.
2. **Questionário:** para descobrir os conhecimentos prévios dos alunos.
3. **Definição da carreira:** completar com visitas a colégios oficiais, entrevistas com profissionais da área, publicações etc.

4. **Acesso à universidade**: é importante conhecer a forma e os passos a seguir. Este ponto divide-se nos seguintes passos:

   a. Modalidades de acesso.

   b. Pré-inscrição (distrito único e compartilhado).

   c. Matrícula e bolsas.

   d. Notas de acesso.

   e. *Ranking* de emprego universitário.

5. **Plano de estudos**: é necessário conhecer todos os aspectos que configuram uma determinada carreira para poder tomar uma decisão coerente e ajustada.

   a. Aspectos gerais: créditos, matérias (principais, obrigatórias, opcionais, de livre configuração).

   b. Matérias e distribuição de créditos por curso.

   c. Incompatibilidades.

   d. Passarelas.

   e. Orientação para os exames (guia docente).

   f. Estudos no exterior.

   g. Futuro profissional.

6. **Aspectos administrativos**: é conveniente que o estudante universitário conheça as normas da universidade.

   a. Normas de permanência.

   b. Ano letivo.

   c. Número de chamadas.

7. **Serviços que a universidade oferece**: informar sobre todos os serviços (culturais, acadêmicos, esportivos etc.) oferecidos a fim de facilitar o desenvolvimento integral dos estudantes.

> 8. **Associações universitárias**: indicar as associações das quais os estudantes podem fazer parte com possibilidade de participação ativa dentro da universidade em função de seus interesses pessoais.
>
> 9. **Telefones úteis**: lista de telefones de dentro e de fora da universidade de interesse relevante.
>
> 10. **Glossário de conceitos**: compilação dos termos que todos os estudantes devem conhecer antes de entrar na universidade para entender seu funcionamento e conseguir uma boa adaptação.
>
> 11. **Reflexão e tomada de decisões**: serve de ajuda e guia para que o futuro estudante, com a informação que já possui, pense reflexivamente e elabore sua própria decisão final.

b. **Vídeos**

Cada monografia é acompanhada de um vídeo cujo objetivo é, por meio da imagem real, enriquecer a informação fornecida anteriormente por escrito, de tal maneira que o estudante se sinta perto da faculdade, escola superior ou escola técnica na qual deseja realizar seus estudos universitários e ser sujeito participante. Como roteiro geral, cada vídeo deverá mostrar:

› apresentação da universidade;
› visão do *campus*;
› serviços e instalações;
› centros de referência;
› oferta das faculdades;
› explicação de conceitos;
› explicação das carreiras por parte do pessoal do decanato ou da direção da escola (e, quando for o caso, pelos "diretores/coordenadores de faculdade") com a colaboração dos "estudantes-tutores";
› relação humana.

Enfim, pretende-se dar uma informação rigorosa e precisa tanto dos estudos quanto daquilo que cerca a vida universitária de cada dia.

c. **Caderno de tutoria**

Constitui um elemento didático de trabalho de primeira importância, pensado para os alunos de 1º e 2º ano de Bacharelado, com o objetivo de ser trabalhado em sessões programadas no plano de ação tutorial e com a finalidade de que seus destinatários sejam, realmente, agentes ativos na busca de informação vocacional, dentro, se possível, do processo de ensino/aprendizagem. O estudante vai personalizando, de forma reflexiva, toda a informação adequada que, de uma maneira planejada, vai chegando a ele dentro de um contexto que favorece a ação orientadora, tanto de caráter grupal quanto individual, com o propósito de organizar e harmonizar, a longo e médio prazo, sua vida pessoal, acadêmica e profissional.

Sob essa perspectiva, o caderno de tutoria, que é muito mais que um instrumento didático, deve abrigar em suas páginas uma série de proposições ativas com projeção nos pontos de interesse apresentados a seguir.

› **Assim sou eu**

Trata-se, fundamentalmente, de fazer um exercício de identificação pessoal e acadêmica para que cada estudante tenha um conhecimento mais aproximado e objetivo da situação real em que se encontra, em um momento relativamente próximo à tomada responsável de decisões vocacionais universitárias válidas, por meio de:

› ficha pessoal;
› ficha acadêmica;
› questionário de interesses profissionais.

› **Assim é a universidade onde vou me formar**

Trata-se de os estudantes conhecerem a origem e a história da universidade, seus sinais de identidade reunidos nos estatutos que a regem, seus valores como inspiração de sua atividade docente e tudo aquilo que efetivamente contribui, de maneira prioritária, para a formação integral de seus estudantes e o favorecimento de sua inter-relação social, acadêmica e cultural em uma comunidade universitária.

Os estudantes que entram na universidade têm de saber que, com a oferta universitária de caráter acadêmico, existe um leque muito amplo e diverso de atividades esportivas e culturais que contribuem para dinamizar a vida universitária e enriquecer a vida pessoal. Assim, deveriam possuir uma visão geral destes e de outros aspectos:

> história da universidade;
> infraestrutura: *campus*, faculdades, bibliotecas, serviços administrativos, serviços de informática, centro de idiomas, instalações esportivas;
> associações estudantis;
> possibilidades culturais;
> direitos e deveres dos alunos;
> serviços de informática;
> repúblicas;
> refeitórios;
> transporte etc.

> **Estas são as faculdades que posso escolher**

A ideia é que os estudantes se envolvam mais profundamente no conhecimento desta ou daquela faculdade que mais os atrai e se ajusta a suas capacidades, possibilidades e interesses profissionais, com vistas a uma tomada de decisão responsável, coerente e válida, após consulta das correspondentes monografias. A ordem, sempre flexível, em que deveria ser desenvolvido esse processo de orientação para a tomada de decisões (introduzindo, por meio de uma avaliação contínua, as modificações consideradas pertinentes) poderia ser a seguinte:

> escolha do itinerário de Bacharelado a seguir;
> acesso à universidade;
> faculdades que a universidade oferece;
> notas de acesso às faculdades;
> configuração do itinerário formativo: planejamento da escolha;
> alternativas profissionais;
> inserção profissional;
> tomada de decisão.

Em todo esse processo, os pais não podem, como até agora, permanecer à margem ou, na melhor das hipóteses, simplesmente adotar um papel de receptores passivos das "decisões vocacionais" de seus filhos. É, portanto, muito recomendável que o envolvimento ativo e responsável dos pais seja favorecido por uma série de seminários para o encontro, a formação e a assessoria colaborativa em uma tarefa conjunta que deve comprometer toda a comunidade educacional, da qual os pais, sem dúvida alguma, constituem um elo necessariamente importante, com um grau muito alto de responsabilidade real e com consequências claras para a visão do que efetivamente deve ser, de agora em diante, a formação universitária em um Espaço Europeu, comum e integrado, de Educação Superior, com não poucas incertezas, complexidades e diversidades de todo tipo, em constante mudança e de consequências fundamentais para a formação intelectual, pessoal, social e profissional dos universitários.

A seguir, mostramos algumas exigências curriculares para cidadãos em formação em uma sociedade em constante mudança, conforme expuseram Figuera, Cros, Naranjo e Rodríguez (2000).

Figura 4.5 – Exigências curriculares em uma sociedade em mudança

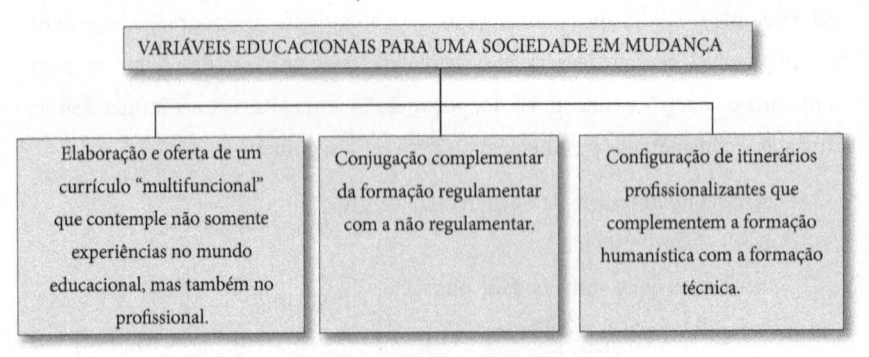

VARIÁVEIS EDUCACIONAIS PARA UMA SOCIEDADE EM MUDANÇA

Elaboração e oferta de um currículo "multifuncional" que contemple não somente experiências no mundo educacional, mas também no profissional.	Conjugação complementar da formação regulamentar com a não regulamentar.	Configuração de itinerários profissionalizantes que complementem a formação humanística com a formação técnica.

4. Resumo

O programa de orientação e tutoria deve considerar: características da escola, recursos, objetivos da ação tutorial e projeto da equipe de orientação educacional do setor.

No marco da legislação, o tutor é a pessoa que, na comunidade escolar, se responsabiliza por guiar o aluno rumo à evolução no que diz respeito à aprendizagem e ao desenvolvimento pessoal.

A função tutorial está estreitamente relacionada com o Departamento de Orientação. Porém, a orientação educacional pode não estar ainda bem assumida como parte fundamental do ensino. O direito à orientação fundamenta-se na dignidade do aluno como ser social inacabado por natureza. Tal tarefa deve ser sistemática, legítima, guiada por profissionais, em relação com a comunidade educacional na qual esse aluno vive e se comunica. A orientação educacional leva em conta a sala de aula, a escola e a zona educacional; esses três âmbitos devem estar em estreita colaboração sob o princípio básico da complementaridade.

Os departamentos e as equipes de orientação dedicam-se a atender aos alunos com necessidades especiais, a guiar a escolha dos diferentes caminhos de vida, mas é fundamental que desenvolvam uma atividade de orientação de todos os processos educacionais normais, contribuam para o desenvolvimento do plano anual escolar e colaborem com as adaptações curriculares necessárias. Em conjunto, o Departamento de Orientação trata de apoiar o processo de ensino-aprendizagem, orientar os alunos acadêmica e profissionalmente e coordenar a função tutorial.

A Comissão de Coordenação Pedagógica assessora na elaboração dos projetos curriculares de etapa e visa à coerência que deve haver entre estes e a programação anual, bem como com as programações de cada departamento e as avaliações que delas se forem fazendo.

Quando uma instituição educacional não tem uma rede interna de orientação, pode contar com o apoio das equipes de orientação pedagógica, que assessoram as escolas na implementação das diretrizes curriculares, de novos programas e redes de colaboração. Essas equipes atendem às necessidades educacionais especiais dos alunos, à assessoria de professores-tutores em suas funções docentes e tutoriais, bem como à orientação acadêmica profissional dos alunos.

O Departamento de Orientação é integrado por professores e tutores, professores especializados em diferentes âmbitos de recuperação, adaptação curricular e educação especial, embora na legislação não apareça com boa clareza qual o papel dos docentes e dos tutores nesse departamento. As funções do Departamento de Orientação e de seu chefe são amplas e referem-se tanto a tarefas concretas de orientação a alunos e pais quanto à assessoria de equipes diretivas e de professores. As diversas formas de orientação, apoio e assessoria concentram-se nos modelos de intervenção, como os serviços externos, criados em função das necessidades dos alunos, ou os programas, que intervêm mais amplamente na dinâmica interna e orientadora de cada escola. Ambos se sintetizam, atualmente, em um modelo de trabalho colaborativo, fundamentado nas relações pessoais de respeito, no envolvimento ativo dos professores, na reflexão comunitária, em um ambiente de confidencialidade e confiança. Uma das realizações mais significativas conjuntamente desenvolvidas pela tutoria e pelo Departamento de Orientação são os programas que envolvem as escolas de Educação Secundária e a universidade em conjunto.

5. Referências

BONILLA, G., CORRAL, I. y ROCA, A. (1996): "Apoyo externo: panorama general"; en Parrilla, A. (coord.). *Apoyo a la escuela: un proceso de colaboración*. Bilbao: Mensajero.

BORRUL CUBO, R., GONZÁLEZ AFONSO, M. y ÁLVAREZ PÉREZ, P. (2000): "La transición académica a la Enseñanza Superior: consecuencias de la decisión tomada"; en *Actas del Congrés d'Orientació Universitaria*, diciembre 1998. Barcelona: Ediciones U.B.

CANO GONZÁLEZ, R. (2008): "Modelo organizativo para la planificación de la tutoría universitaria en el marco del proceso de convergencia europea en Educación Superior"; en Cano González, R. (coord.): "La tutoría universitaria en marco de la convergencia". *Revista Interuniversitaria de Formación de Profesorado*, vol. 22 (1), 185-206. Zaragoza.

ECHEVARRIA ARANZABAL, I. y MARTÍNEZ MARTÍN, M. (2000): "Programa de transició Batxillerat-Universitat de Barcelona: unes reflexions"; en *Actas del Congrés d'Orientació Universitaria*, diciembre 1998. Barcelona: Ediciones U.B.

FIGUERA, P., CROS, B., NARANJO, M. y RODRÍGUEZ, M. (2000): "El Programa d' Tacollida. Sócrates"; en *Actas del Congrés d'Orientació Universitaria*, diciembre 1998. Barcelona: Ediciones U. B.

GRADEN, J. L. (1989): "Redifining 'prerreferral intervention' as intervention assistance: collaboration between general and special education". *Exceptional Children*, 56, 227-231.

GRADEN, J. L. y BAUER, A. (1992): "Using a collaborative approach to support students teachers in inclusive classrooms"; en Stainback, S. y Stainback, W. (eds.). *Curriculum considerations in inclusive classrooms: facilitating learning for all students*. Baltimore: Paul Brookes, 85-100.

LORENZO, M. (1995): "El psicopedagogo en la organización del centro educativo". *La Escuela en Acción*, vol. IX, 10.546, 34-38.

MINISTERIO DE EDUCACIÓN Y CIENCIA (1992). *La Orientación Educativa y la Intervención Psicopedagógica*. Madrid: MEC.

MINISTERIO DE EDUCACIÓN y CIENCIA (1994): *Equipos de Orientación Educativa y Psicopedagógica*. Madrid: MEC/Dirección General de Renovación Pedagógica.

MURILLO, P. (1994): "Los equipos de apoyo externo y el asesoramiento a los centros"; en Murillo, P., Gandul, M. y Machío, F. (coords.). *Los equipos de apoyo externo ante los planteamientos del nuevo sistema educativo*. Alcalá de Guadaira: CEP, 23-56.

NIETO, J. M. y PORTELA, A. (1991): "Funciones, procesos y formación de apoyos externo e internos"; en Escudero, J. M. y Lopes, J. (eds.): *Los desafíos de las reformas escolares*. Sevilla: Arquetipo, 341-382.

PARRILLA, A. (1994): "Apoyo a la escuela: experiencias y modelos organizativos". Comunicación presentada en el *III Congreso Interuniversitario de Organización Escolar*. Santiago de Compostela, diciembre 1994.

RODRÍGUEZ, S. (1992): "Orientación y reforma: el reto de la intervención por programas". *Qurriculum*, 5, 29.

RODRÍGUEZ, S. y otros (coord.). (1993): *Teoría y práctica de la orientación educativa*. Barcelona: PPU.

SÁNCHEZ, S. (1993): *La tutoría en los centros docentes*. Madrid: Escuela Espanõla.

SAN FABIÁN, J. L. (1996): "Organización del profesorado"; en Catón, I. (coord.): *Manual de centros educativos*. Barcelona: Oikos-Tau.

SANTANA, L. (1993): *Los dilemas en la orientación educativa*. Madrid: Cincel.

SOBRADO, L. (1990): *Intervención psicopedagógica y orientación educativa*. Barcelona: PPU.

UNIVERSIDAD DE VALLADOLID (2006): *Oferta educativa y servicios universitarios. Curso 2006-2007*. Universidad de Valladolid: Servicio de Alumnos y Gestión Académica. Área de Comunicación.

WATTS, A. G. y PLANT, P. (1987): *Les Services d'Orientation Scolaire et Professionnell pour les jeunes de 14 a 25 ans dans la Communaute Européenne*. Rapport Supplement 4/87. Commission de Communautés Européennes. Direction Générale de L'Emploi, des Affaires Sociales et de l'Éducation.

unidade didática
cinco

técnicas e instrumentos
na prática tutorial:
a observação e a interrogação

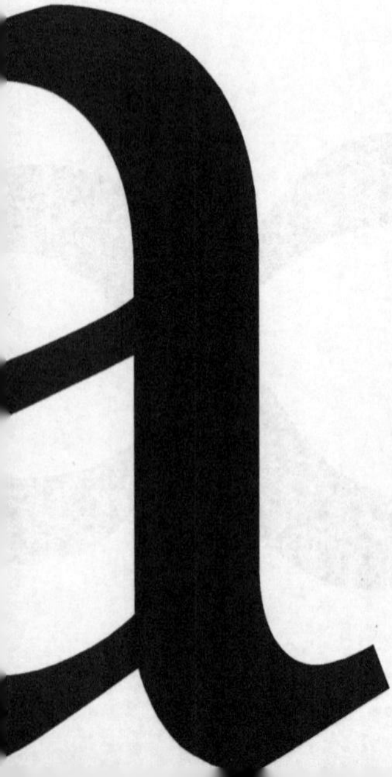

1. Introdução

São muitas as técnicas que podem ser utilizadas na tutoria para o conhecimento dos alunos, mas vamos explorar apenas as que são mais viáveis e que podem ser usadas pelo professor-tutor sem maiores dificuldades.

O conhecimento do aluno é o requisito prévio e primordial para que o tutor possa desempenhar sua função com os alunos. Para isso, além do conhecimento dos princípios teóricos de psicologia da educação, o tutor precisa conhecer e manejar uma série de técnicas que o ajudem a desempenhar sua tarefa específica: a orientação e a conversação com seus alunos.

Técnicas como a *observação* e a *interrogação* são as que estão mais ao alcance do professor-tutor para o desempenho da ação tutorial. Entre elas, a *observação* ocupa um lugar importante, por ser um método de conhecimento muito apropriado de condutas que aparecem em diversas situações, evidenciando as atitudes, os interesses, as aptidões e a personalidade dos alunos. A *interrogação* é outro recurso útil na ação tutorial.

Tanto a *observação* quanto a *interrogação* possibilitam um amplo leque de instrumentos que analisaremos detalhadamente nas páginas seguintes. Trata-se de instrumentos para realizar a observação de forma *direta*, como *registro de incidentes*, *listas de controle* ou *escalas de estimativa*. Entre os instrumentos mais habituais de coleta de informação com base em uma observação *indireta*, encontram-se os *registros cumulativos*, a *ficha pessoal*, os *cadernos* e as *escalas de atitudes*. Por sua vez, a *entrevista* e a *pesquisa de opinião* (o *questionário*) são os procedimentos mais habituais para desenvolver a técnica da interrogação.

Na segunda parte desta obra, apresentaremos um amplo *mostruário* de diversos instrumentos muito úteis para a prática tutorial; entre eles, encontram-se instrumentos específicos para desenvolver as técnicas da observação e da entrevista.

O dinamismo da ação tutorial requer um amplo *vade-mécum* de recursos que ajudem o professor-tutor a desempenhar suas funções e compromissos tutoriais da forma mais regular e sistemática. Não podemos, na extensão destas páginas, abordar todas as *técnicas* nem expor todos os *instrumentos* que tão úteis se mostram na ação tutorial. Recomendamos, então, o acesso a *sites*, como os seguintes, para a obtenção de alguns recursos:

> <www.isftic.mepsyd.es/w3/recursos2/orientacion/03accion/op01.htm>;
> <orientared.com/tutoria/instrumt.php>.

2. Objetivos

1. Conhecer as principais técnicas e instrumentos a serviço da ação tutorial;
2. Analisar os principais instrumentos de observação e de entrevista;
3. Conscientizar o tutor da importância da observação e da entrevista para o conhecimento e a orientação do aluno;
4. Apontar as vantagens e as limitações das técnicas;
5. Conhecer o sociograma e as técnicas de dinâmica de grupos.

3. Conteúdos

3.1 A observação

Como técnica de coleta de dados, a observação consiste em submeter uma habilidade ou um comportamento que os alunos desenvolvem em seu ambiente cotidiano a uma série de controles. Aplica-se em um contexto natural e pode servir para uma primeira exploração e para ajudar a interpretar dados obtidos mediante outras técnicas.

A aplicação da observação sistemática deve ajustar-se a uma série de *características* básicas, sendo preciso considerar os seguintes aspectos:

> Deve-se respeitar os princípios da sistematicidade e da continuidade.
> O observador deve captar a conduta tal como ocorre normal ou espontaneamente.
> É condicionada pelos objetivos do professor.

> É um registro seletivo do observado, ou seja, pode ser reduzido e submetido a uma análise que o torne útil ao professor.
> As condutas a observar são muitas e podem ser classificadas segundo o interesse do professor.

Como *requisitos básicos*, em toda observação é necessário considerar os pontos a seguir:

> Deve ser planejada cuidadosamente.
> Deve-se saber diferenciar entre o importante e o acessório.
> O observador deve perceber a totalidade.
> Deve ser objetiva.

3.1.1 Conceito e qualidades da observação

A primeira precisão conceitual refere-se à diferença entre a *observação* como método de investigação e a *experimentação*. Na primeira, o observador contempla intencionalmente, mas sem intervir, sem alterar a realidade e, principalmente, sem provocar os fenômenos. Na experimentação, há uma intencionalidade de intervir na manifestação de diferentes fenômenos.

A observação refere-se a fenômenos naturais, ou seja, não provocados, o que não quer dizer que a observação deva ser casual e sem direção alguma, assistemática; ao contrário, a observação sistemática transforma-se em técnica científica na medida em que: 1) serve a um objetivo já formulado previamente; 2) é planejada sistematicamente; 3) é controlada sistematicamente e relacionada com proposições mais gerais, em vez de ser apresentada como uma série de curiosidades interessantes; e 4) é sujeita à comprovação de controles de validez e confiabilidade (Selltiz, 1976).

Para realizar intencional e adequadamente uma observação, é necessário:

> planejar o objetivo da observação e selecionar com precisão os aspectos que interessa observar, bem como o tempo e lugar em que vai ser feita;
> escolher os instrumentos nos quais a observação vai se apoiar;
> procurar a objetividade expressando o que se vê, sem valorações pessoais, separando os fatos de sua possível interpretação;

> registrar as observações de forma clara e concisa;
> utilizar procedimentos adequados para sistematizar e conservar os resultados;
> verificar as observações reunidas, contrastando-as com outros dados por repetição ou comparação.

A observação sistemática deve reunir as seguintes *qualidades*:

> **pertinência**, que significa ter relação com o que o investigador quer observar e com o objetivo de sua investigação;
> **validez**, que alude à correspondência suficiente entre o que se observa realmente e o que se quer observar;
> **confiabilidade**, que significa que os resultados do observador possam ser confirmados por outras investigações que utilizem o mesmo instrumento em iguais condições de observação;
> **possibilidade de transferência**, que implica definir a população de referência, cabendo ao investigador decidir se irá generalizar seus resultados ou não.

3.1.2 Tipos de observação

Os tipos de observação podem ser agrupados por diversos critérios. Vamos expor alguns nos itens a seguir.

a. **Quanto ao planejamento**
   > **Ocasional ou assistemática** – É a que se realiza mediante o registro de incidentes significativos nos momentos em que aparecem (aula, intervalo, jogos, atividades extracurriculares etc.).
   > **Continuada ou sistemática** – Registra a conduta e as qualidades do aluno em situações experimentais preestabelecidas por meio de um plano periódico.

b. **Quanto ao método**
   > **Controlada** – O registro dos dados é feito com base em guias estabelecidas previamente (situações preparadas de jogos, de discussão de grupos etc.).

> **Livre** – É feita sem indicadores prévios de observação, sendo estabelecidos pela pessoa que observa.

> **Semiestruturada** – Parte-se de aspectos fixados previamente, mas a observação é feita livremente.

c. **Quanto ao número de pessoas a observar**

> **Individual** – É feita em função de determinados alunos que costumam apresentar problemas ou dificuldades especiais (dislexia, disgrafia, hiperatividade, condutas desadaptadas etc.). É conhecida também como *estudo de casos*.

> **Coletiva** – Observam-se os grupos em função de determinados aspectos (tensões internas, nível de relações, motivações etc.).

d. **Quanto ao tempo**

> **Transversal** – É feita em função de um momento determinado da vida, como a idade, a situação acadêmica em um ano letivo etc. Assim, por exemplo, podemos observar o comportamento nas brincadeiras de uma criança de 6 anos.

> **Longitudinal** – É feita ao longo de um período, de forma continuada. Essa observação pode se intensificar, coincidindo com momentos críticos.

3.1.3 Limitações e vantagens da observação

A observação traz consigo uma série de *limitações* e *vantagens* que convém considerar.

a. **Limitações da observação**

> **Problemas de objetividade** – A observação é basicamente um instrumento subjetivo, visto que depende do ponto de vista do observador que introduz distorções, como sua própria experiência, percepção dos fatos, atitudes etc. Mais precisamente, o *"efeito halo"* é um erro consistente na perda da objetividade, decorrente de juízos prévios ou das características

que se destacam na pessoa observada, o que influencia na observação e na avaliação de outras características por parte do observador.

> **Problemas na realização** – É preciso despender tempo e esforço significativos, unidos à constância e à fidelidade durante a observação. É necessário selecionar a conduta e a forma de registro, em que condições devem ser feitas as observações etc.

> **Problemas no treinamento dos observadores** – A observação descreve apenas a conduta externa (manifesta), mas não aprofunda as causas (latente). Da observação é necessário extrair conclusões, mas há o perigo de fazer inferências pouco corretas.

b. **Vantagens da observação aplicada à educação**
   > É uma técnica muito indicada para obter dados dos alunos em seu ambiente natural.
   > Favorece a orientação do aluno ao oferecer a possibilidade de dirigir a atenção sobre ele mediante acompanhamento de sua conduta.
   > Proporciona dados que não podem ser obtidos por outros procedimentos que condicionam a espontaneidade do aluno, complementando, assim, a informação obtida por outros meios.

3.1.4 Procedimentos na aplicação da observação

Com a finalidade de que a observação seja um instrumento útil para a função tutorial, é necessário que previamente o tutor questione o "para quê", o "quê", o "como" e o "quando" relativos à observação.

A seguir, apresentamos uma síntese de sugestões práticas para a aplicação da técnica da observação com os alunos.

> A técnica de observação compreende as seguintes etapas: *definição dos objetivos, definição, observação e registro* dos comportamentos observados, *análise e sugestões.*

> As situações para observar o aluno abrangem quatro áreas: a) *atividades de classe*; b) *atividades lúdicas*; c) *atividades extracurriculares*; e d) *atividades no lar e no bairro*.
> Toda observação deve incluir dados sobre data, lugar e atividade desenvolvida pela classe e pelo aluno.
> As observações devem ser registradas imediatamente.
> Sugere-se utilizar algum sistema de codificação. Para isso, o observador deve levar consigo as *listas* de comportamento e os *guias* que o orientem em seu trabalho.
> O aluno não deve suspeitar da intenção do observador, com o intuito de manter a espontaneidade de suas respostas.
> O aluno deve ser observado em várias situações diferentes e em diferentes momentos do dia. Portanto, é preciso especificar as sessões de observação e a forma de coleta de dados.
> Deve-se determinar quem será observado, pois não se pode observar várias pessoas, por exemplo, simultaneamente.
> O observador deve aprender a selecionar os comportamentos, descobrindo o que é essencial, sem perder tempo em dados acessórios.
> Um fato isolado apenas terá valor quando for relacionado com outros dados que o corroborem. A conduta do aluno deve ser observada em sua totalidade.
> O observador deve ser objetivo e descrever fatos e aspectos da situação sem se deixar levar por interpretações prematuras.
> É preciso considerar o nível de desenvolvimento do aluno. A observação deve concentrar-se em todos os aspectos do comportamento (*motor, intelectual, social* e *emocional*), em uma dimensão de inter-relação e de caráter global.

Um tema que o tutor deve considerar previamente com atenção é a seleção das áreas de observação e o uso que vai fazer dos dados obtidos. Por meio da observação, o tutor pretende chegar ao conhecimento mais completo e profundo possível de seus alunos, a fim de orientá-los e ajudá-los em suas dificuldades. Embora sejam várias as áreas possíveis de observação, as de aptidões, personalidade, interesses, sociabilidade e atitudes são as mais recorrentes. De forma resumida, especificamos as áreas a seguir.

a. **Área das aptidões**

Podemos entender que a aptidão é o conjunto de condições necessárias de que um sujeito dispõe para atuar com certa eficácia em algum campo da conduta. As diferentes aptidões que podem ser avaliadas são as seguintes:

› aptidões artísticas;
› aptidões numéricas;
› atenção;
› capacidade espacial;
› capacidade intelectual;
› capacidade para raciocinar;
› compreensão e expressão verbais;
› memória;
› orientação espacial;
› psicomotricidade.

b. **Área das atitudes**

A atitude é a predisposição da conduta, na qual estão presentes os componentes cognitivos e afetivos.

O estudo das atitudes pode ser feito mediante *questionários* ou *escalas*, mas a observação do professor nesse campo nos parece fundamental, de maneira que pode complementar ou contrastar as outras técnicas.

Entre os diversos tipos de atitudes que podemos observar nos alunos, destacamos as seguintes:

› *atitude diante das pessoas*: colegas, professores, pais;
› *atitude diante dos objetos*: material escolar, meios e instalações escolares;

> *atitude diante das situações*: sala de aula, laboratório, biblioteca, jogos, trabalho em grupo, trabalho escolar etc.

c. **Área da personalidade**

A personalidade é o conjunto de todos os processos e características psíquicas de um sujeito na qualidade de indicação de uma unidade individual.

O estudo da personalidade pode ser feito por meio de complexos testes projetivos, mas também são úteis instrumentos como questionários e inventários, de mais fácil aplicação.

d. **Área dos interesses**

Os interesses fazem referência a certas formas de vida ou de atividade nas quais o sujeito encontra maior satisfação e em que costumam predominar algumas necessidades fundamentais. O melhor modo de estudar os diferentes tipos de interesses de um aluno (*sociais, culturais, profissionais, pessoais* etc.) é mediante inventários e questionários ou por meio da observação sistemática feita pelo próprio professor.

e. **Área da sociabilidade**

A sociabilidade está intimamente ligada à personalidade e alude à capacidade do sujeito de se relacionar com os outros.

As técnicas sociométricas são um bom instrumento para conhecer um grupo (tensões, lideranças, rejeições etc.). Não obstante, é preciso apontar que também é possível obter informação interessante sobre os alunos por meio da observação do professor.

Um tema fundamental para o tutor é, uma vez selecionadas as áreas de observação e obtidos os dados, saber o que fazer com a informação reunida. Nesse caso, é útil que as observações reunidas pelo tutor ao longo do ano sejam organizadas em um relatório final, que pode ser passado ao tutor do ano seguinte, nos casos de especial relevância, pensando-se sempre no bem do aluno.

Além disso, os tutores devem levar em conta que, para obter um melhor conhecimento do aluno, a observação reunida por eles tem de ser complementada com a opinião dos demais professores, o que permite uma melhor análise e apreciações úteis para interpretá-lo.

É óbvio que, para que a observação seja mais precisa e profunda, deve ser complementada com outras técnicas úteis para o conhecimento do aluno, mas, nesse caso, isso passa a ser competência de outros profissionais da orientação.

Convém advertir a respeito da cautela com que o tutor deve tratar os dados obtidos por meio da observação. O uso inadequado pode gerar resistências nos alunos e nos familiares, como perda da confiança no tutor, imposição de "*rótulos*" nos alunos, interpretações errôneas etc.

3.1.5 Técnicas e instrumentos de observação

Na técnica da observação, costumam ser utilizados diversos instrumentos para a coleta de dados.

Entre os instrumentos de *observação direta*, destacamos o *registro de incidentes* (*registro de casos*), as *listas de controle* e as *escalas de estimativa*. Nas técnicas de *observação indiretas*, há os *registros*, os *cadernos* e as *escalas de atitudes*.

Figura 5.1 – Técnicas e instrumentos de observação

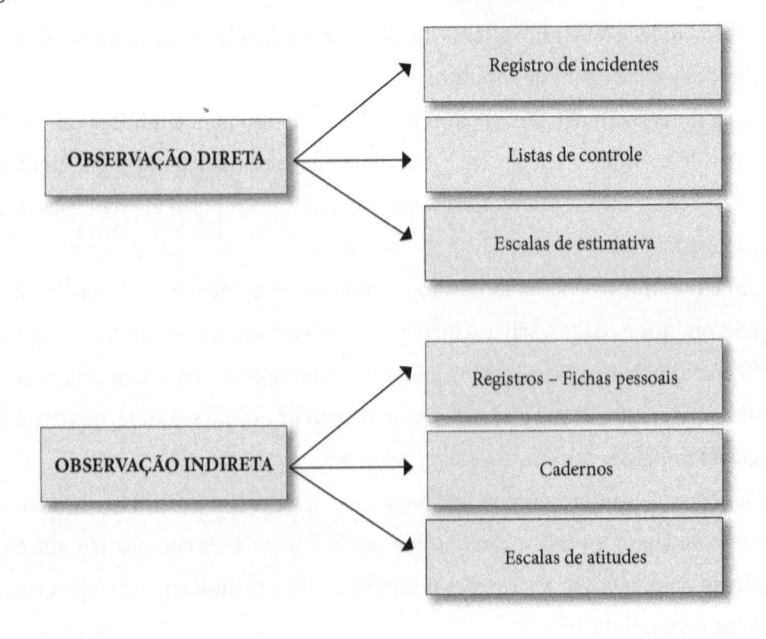

3.1.5.1 Técnicas e instrumentos de observação direta
Registros de incidentes

a. **O que são incidentes críticos**

A técnica do incidente crítico, também conhecida como *ficha de registro* ou *registro de casos*, consiste essencialmente em um procedimento concebido para reunir certos fatos importantes que afetam o comportamento em situações definidas.

Os incidentes críticos são fatos significativos e reais da conduta do aluno que evidenciam sua personalidade. São úteis aos professores para conhecer e compreender melhor seus alunos e ajudam a obter mais destreza na identificação das causas de seu comportamento e a desenvolver melhores técnicas para enfrentar os problemas.

b. **Que fatos devem ser registrados**
- Fatos que se repetem com frequência. Por exemplo: o aluno que chega frequentemente atrasado ao colégio;
- Comportamento incomum. Por exemplo: a queda no rendimento de uma matéria quando o aluno normalmente tira boas notas;
- Todos os incidentes considerados tanto positivos quanto negativos. Por exemplo: uma atitude de solidariedade para com um colega;
- As diversas situações em que se dá o processo de ensino-aprendizagem. Por exemplo: se o aluno normalmente faz anotações em classe e como;
- Os incidentes que ocorrem na sala de aula e em outros espaços, como o intervalo, a biblioteca, o laboratório, em excursões etc.

Para que a técnica de incidentes críticos seja útil, é necessário anotar para cada aluno observado um número continuado de incidentes, que varia conforme o caso. É preciso um mínimo de 9 registros e um máximo de 30 para cada aluno.

c. **A quem observar**

Em princípio, todos os alunos podem ser alvo de observação. Individualmente, recomenda-se observar aqueles que mais necessitam de apoio, como alunos com problemas de aprendizagem. A observação em grupo pode ser feita, mas não é recomendada por questões de eficácia, salvo quando o grupo não supere 5 alunos.

d. **Quem deve registrar**

O professor-tutor do grupo de alunos é o mais indicado para observar e registrar os incidentes da conduta do sujeito, seguindo um plano estabelecido, visto que é a pessoa que passa mais tempo com seus alunos.

Também, por conveniência, pode acontecer de um grupo de professores observar um mesmo aluno e comparar, depois, os dados obtidos. Para esse caso, é necessário que exista uma coordenação entre os observadores.

e. **Quando registrar**

Normalmente, não se deve demorar muito tempo para registrar as incidências, pois se corre o risco de se esquecerem detalhes. Também sugerimos não fazer o registro imediatamente e deixar um breve intervalo de tempo para "tomar um pouco de distância".

f. **Como registrar**

São consideradas condições básicas do registro de incidente a brevidade, a clareza, a precisão e a máxima objetividade. É importante definir o contexto no qual ocorreu o incidente e as circunstâncias que o cercam.

Também sugerimos estas recomendações:

› evitar expressões que envolvam juízos de valor e substituí-las por outras, como "parece que...";
› não utilizar descrições muito genéricas com basse nos próprios valores;
› utilizar citações diretas, e não expressões em terceira pessoa;
› descrever tudo o que acompanha a linguagem oral, como gestos, atitude do aluno, tons de voz, momentos em que demonstra mais ansiedade etc.;
› anotar, além do aluno observado, aspectos dos colegas que participaram do incidente, com a finalidade de saber melhor como ocorreu.

g. **Partes de um incidente crítico**

São as seguintes as características de um bom *incidente crítico* (*incidência* ou *caso*):

› O incidente é exposto de forma objetiva, sem inclusão de comentários, interpretações ou recomendações.

> A interpretação do observador não é feita de forma isolada.
> A recomendação inclui a avaliação do incidente e a formulação de uma orientação para a melhora da situação.

h. **Onde registrar**

Normalmente, os registros são feitos em uma *ficha de cartolina* (Modelo 5.1) fácil de manusear e arquivar, da qual constam o fato real tal como ocorreu, data, hora e todos os dados que possam identificar mais exatamente a situação que originou esse comportamento. No *verso* da ficha, anota-se a interpretação pessoal de quem observou e a orientação oportuna (Modelo 5.2).

Cada ficha deve registrar um incidente ou caso. Os registros dever ser atualizados. A seguir, sugerimos um modelo de registro de incidente.

Modelo 5.1 – Ficha de Registro de Incidente (frente)

Nome:			Idade:	Série:
Data:	Lugar:	Observador:		Hora:
Incidente:				

Modelo 5.2 – Ficha de Registro de Incidente (verso)

Interpretação:
Orientação:

Quando o material registrado começa a ser abundante, sugerimos resumi-lo em um *registro cumulativo de incidentes críticos*, que reúna de forma clara, breve e precisa todos os incidentes referentes a um aluno em uma ordem cronológica. O modelo seguinte mostra um exemplo do que pode ser esse tipo de registro.

Modelo 5.3 – Exemplo de registro cumulativo de incidentes críticos

Aluno:		Idade: Série:
Não haverá que:		
Data	**Lugar**	**Caso**
10/01/2008	Sala de aula	Trouxe um trabalho decisivo para que sua equipe vencesse.
17/01/2008	Pátio	Construiu um castelo de areia que foi admirado por todos. P. o destruiu, levando dele um soco que o fez sangrar.
1º/02/2008	Biblioteca	É responsável por levar as fichas. Alguns colegas se aborrecem com ele pelo zelo que demonstra.
15/02/2008	Sala de aula	Passou cola nas provas a vários colegas. O professor o recriminou fortemente e deu-lhe zero.
21/02/2008	Refeitório	De todos os colegas de mesa, foi o que mais deu atenção a P., que ficou doente. Acompanhou-o até sua casa.
07/03/2008	Escadas	Discutiu fortemente com L. e com F., saindo em defesa de O., que os outros queriam empurrar.

Fonte: Adaptado de Lázaro y Asensi (1989).

i. **Vantagens e limitações dos registros de incidentes**

Podemos ressaltar as seguintes *vantagens* da técnica de registro de casos ou incidentes críticos:

› Os alunos podem ser estudados em ambientes naturais, e não em situações artificiais; todas as faixas etárias podem ser estudadas.
› A técnica não requer uma equipe especial.
› Podem ser estudados os efeitos das mudanças ambientais sobre o estudante.
› O mestre dirige a atenção às diferenças individuais do aluno.
› Pode ser elaborado um registro de desenvolvimento ao longo dos anos, com base nos casos individuais.

Por outro lado, os principais *inconvenientes* desse instrumento ocorrem quando o observador:

› anota a interpretação, em vez do incidente;
› usa o registro de casos com fins partidários do observador;
› não inclui o contexto do incidente;

> registra poucos incidentes que não representam o que realmente houve;
> não mantém as habituais reservas para com esse tipo de informação;
> não considera também os elementos positivos, deixando-se levar apenas pelos negativos;
> deixa-se levar por opiniões preconcebidas e seleciona, para bem ou para o mal, o que deve ser anotado.

Listas de controle

a. **O que são e para que servem**

Consistem em listas de características, operações ou sequências de ações que o observador utiliza para registrar a presença ou a ausência do comportamento como resultado de uma verdadeira observação.

As listas de controle prestam-se facilmente a ser empregadas pelos professores na identificação de certas características de conduta que precisam de uma avaliação. Não se faz um juízo de valores escalonados, simplesmente se anota que o aluno fez algo ou que possui certas habilidades, características, qualidades sociais ou de outros variados tipos.

Mais frequentemente, as listas são utilizadas para avaliar:

> tarefas ou processos;
> resultados de uma ação, de uma tarefa ou de uma aprendizagem, constatando se determinadas características do aluno estão presentes ou não;
> características diversas de comportamento dos alunos ou que se espera que desenvolvam como consequência da ação escolar.

b. **Vantagens das listas de controle**

> São instrumentos mais fáceis e simples que as escalas para serem utilizados pelos professores-tutores, pois se trata apenas de apontar se a característica que se quer avaliar aparece ou não.
> Constituem um procedimento sistemático para coletar informação, diferente dos registros de casos, que são descritivos e não estão estruturados.

> Permitem, de um modo rápido, verificar se o aluno ou o grupo têm certas características desejáveis e, em função disso, programar as atividades oportunas.

c. **Limitações das listas de controle**
> Não podem ser utilizadas quando a frequência com que um fato aparece é algo importante a destacar na observação e quando é imprescindível que os aspectos que interessam estejam bem definidos, para que não ofereçam dificuldade de ser reconhecidos.
> Têm certa inclinação ao "*efeito halo*".
> Não são preenchidas de forma coletiva pela equipe de professores.

A seguir, apresentamos, como exemplo, uma *lista de controle* de transtornos do sono e da alimentação.

Modelo 5.4 – Exemplo de lista de controle dos transtornos do sono e da alimentação

Características de comportamento	Chaves de interpretação	
TRANSTORNOS DO SONO	SIM	NÃO
Falta de sono, insônia. Sono insuficiente ou agitado.		
Fala no sono, soniloquência.		
Pesadelos. Choro no sono. Terror noturno.		
Ranger de dentes ao dormir. Movimentos durante o sono, sonambulismo.		
Sono excessivo e sonolência.		
Medos ao deitar. Ritos de sono.		
TRANSTORNOS DA ALIMENTAÇÃO		
Falta de apetite, anorexia.		
Rejeição da comida. Ânsia e vômito durante a refeição.		
Lentidão para comer. Dependência de outros para comer. Caprichos para comer.		
Excesso de comida, bulimia.		
Excesso de bebida, potomania.		
Regurgitação, ruminação.		
Ingestão de substâncias incomuns.		

O exemplo a seguir mostra um modelo de lista de controle coletiva sobre transtornos de linguagem, da qual podem constar todos os alunos da classe.

Modelo 5.5 – Exemplo de lista de controle de transtornos de linguagem

SINTOMAS A OBSERVAR	NOME DOS ALUNOS				
O Não aquisição, afasia. Atraso na aquisição.					
O Defeitos de pronúncia, disartria.					
O Defeitos de construção, disfasia.					
O Defeitos de audição, surdez, hipacusia.					
O Negação em falar, mutismo.					
O Gagueira.					
O Problemas de expressão, desagregação, bloqueio, repetição, invenção.					

Escalas de estimativa

a. **O que são e para que servem**

Também denominadas de *pontuação, qualificação* ou *avaliação*, as escalas de estimativa servem para registrar não apenas a presença ou a ausência da característica, como acontecia com as listas de controle, mas também o grau ou a intensidade com que o observador percebe o traço.

As escalas de estimativa vêm a ser uma espécie de lista de controle à qual se acrescenta algum tipo de quantificação, numérica, gráfica ou descritiva, mediante adjetivos que servem para denominar diferentes tipos de escalas.

b. **Objetivos das escalas de estimativa**

A título de exemplo, no campo das aptidões podemos propor os seguintes objetivos:
> avaliar a capacidade intelectual como aptidão geral para estabelecer relações, adaptar-se a situações novas, resolver problemas etc.;
> avaliar o grau de atenção;
> avaliar o desenvolvimento psicomotor por meio do desenvolvimento postural, da coordenação visomanual etc.;

> avaliar as aptidões para a aprendizagem escolar, como compreensão verbal (vocabulário), aptidão numérica (conceitos quantitativos), aptidão perceptiva (relações espaciais, constância de forma, orientação espacial) etc.;
> avaliar a maturidade para leitura mediante as variáveis de organização perceptiva, reprodução audiomanual de estruturas rítmicas, concreção/abstração lexical, memória audiovocal, reconhecimento de diferenças espaciais etc.

c. **Elaboração de escalas**

Na elaboração de uma escala, devem ser considerados os seguintes requisitos:
> especificar com clareza os objetivos que se quer verificar;
> selecionar as características da conduta avaliável que mais se destacam e que, ao mesmo tempo, sejam independentes entre si;
> estabelecer unidades de observação sobre condutas claramente observáveis;
> estabelecer a unidade de observação em função da quantidade de características isoladas como necessárias para atender ao objetivo da escala;
> garantir que mais de uma pessoa intervenha na observação para evitar o desvio do observador e obter uma avaliação mais precisa.

d. **Estrutura da escala**

Depois de selecionadas as características, cada uma passa a ser um item da escala. O número de itens é determinado em função da importância e da amplitude do objetivo a avaliar. Recomendamos que os itens não sejam poucos nem excessivos.

Quanto à redação dos itens, sugerimos o seguinte:
> A definição das características deve ser feita sempre em termos de conduta observável.
> A característica deve estar definida de forma unívoca, de maneira que o observador entenda o único sentido que possui.
> Os itens devem ser independentes uns dos outros, de forma que as características não se envolvam mutuamente.

e. **Tipos de escalas**

Entre os diversos tipos de escalas de estimativa, apresentamos as quatro descritas na sequência.

Escalas numéricas

O observador indica a intensidade ou o grau da conduta marcando um número, que oscila entre 0 e 5. Anteriormente, já terá sido estabelecida a correspondente equivalência entre o valor numérico e o grau de presença da conduta.

As equivalências entre critérios e qualificações costumam ser:

5. Satisfatório	Muito grande	Excelente
4. Suficiente	Grande	Bom
3. Regular	Médio	Regular
2. Insuficiente	Pequeno	Baixo
1. Insatisfatório	Muito pequeno	Muito baixo

Modelo 5.6 – Exemplo de escala numérica sobre avaliação do serviço de biblioteca

Marque de 1 a 5 o grau em que foram atingidos os seguintes objetivos em relação à biblioteca de sua escola:	1 – 2 – 3 – 4 – 5
Incentivar a leitura.	
Adquirir hábitos de frequência e funcionamento da biblioteca.	
Adquirir hábitos para o cuidado e a conservação dos livros.	
Ampliar o acervo bibliográfico.	
Realizar intercâmbios pessoais de livros entre amigos e colegas.	
Fazer empréstimos de livros da biblioteca.	

Escalas verbais

São as mais utilizadas e consistem em registrar as características mediante expressões verbais mais ou menos descritivas. A graduação pode ser como a que segue:

sempre	muito	muito deficiente (até 3)
quase sempre	bastante	insuficiente (3-4)
às vezes	normal	suficiente (5)
poucas vezes	pouco	bom (6)
nunca	nada	notável (7-8)
		excelente (9-10)

Modelo 5.7 – Exemplo de escala de autoestima

Aspectos ou características	Sempre	Quase sempre	Às vezes	Poucas vezes	Nunca
1. Em minha vida tudo está um pouco bagunçado.					
2. Estou farto do trabalho que tenho de fazer.					
3. Sinto que os outros não me aceitam como sou.					
4. Eu gostaria de ser diferente.					
5. Tenho certeza de que meus colegas não simpatizam comigo.					
6. Tenho a sensação de que não sirvo para nada.					
7. Sou enrolado.					
8. Na verdade, acho que não tenho uma boa opinião sobre mim mesmo.					
9. Quando me comparo aos outros, acho que fico para trás.					
10. Tenho vergonha de mim mesmo.					

Escalas gráficas

Essas escalas não utilizam a classificação numérica, que é substituída por uma graduação verbal similar às anteriores, de maneira que emprega uma representação gráfica na qual se localizam os termos valorativos.

Modelo 5.8 – Exemplo de escala gráfica

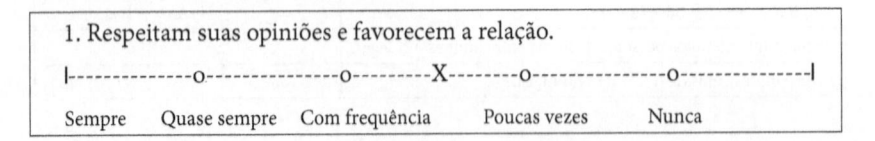

1. Respeitam suas opiniões e favorecem a relação. |--------------o---------------o---------X--------o---------------o--------------| Sempre   Quase sempre   Com frequência   Poucas vezes   Nunca

Escalas descritivas

Essas escalas contêm uma descrição muito breve, mas clara e precisa, dos graus ou categorias que servem para valorar cada característica ou item.

Utilizando o mesmo item anterior, ficaria assim:

Modelo 5.9 – Exemplo de escala descritiva

1. Você acha que seus pais respeitam suas opiniões?					
Sempre estão dispostos a respeitar suas opiniões. Respeitam as opiniões favorecendo a relação.	Costumam respeitar suas opiniões *quase sempre*. São bastante democráticos.	*Com frequência* respeitam suas opiniões, mas antes querem saber o assunto e pedem informação.	*Poucas vezes* respeitam suas opiniões. Não lhes interessa o que você pensa.	*Nunca* respeitam suas opiniões. Evitam ouvi-lo. Não se preocupam com "suas coisas".

Dificuldades das escalas de estimativa

A aparente facilidade no uso dessas escalas não nos deve fazer esquecer que estão sujeitas a diversos desvios. Vejamos o que dizem a respeito Postic e Ketele (1992):

> **Erro por abreviação** – O observador reconstrói a "mensagem observada" eliminado os detalhes.
> **Erro proveniente da perda da parte "intermediária" da mensagem** – Quando a unidade de observação é, principalmente, longa, o observador emite uma apreciação com base nos comportamentos percebidos no início e no fim do período.
> **Erro de encerramento** – Quando a mensagem é pouco clara, o observador tende a "fechá-la" para torná-la significativa em uma direção determinada.
> **Erro de simetria** – Quando a mensagem é pouco clara e é preciso fazer sua avaliação várias vezes sucessivamente, alguns observadores têm a tendência de anotar suas observações uma vez em um sentido e outra vez em outro.
> **Erro de tendência central** – Quando os graus extremos da escala de estimativa são mal expressos ou quando a mensagem é pouco clara, outra tendência frequente dos observadores é recorrer aos graus centrais da escala.
> **Erro por aumento do contraste** – Consiste em deixar de lado alguns comportamentos e exagerar em outros.

> **Erro por associação com as primeiras observações** – Quando o observador precisa estimar uma mesma categoria em várias ocasiões, pode sentir-se inclinado a deixar-se levar pelas primeiras impressões.
> **"Efeito halo"** – A estimativa de uma determinada categoria explícita ou implicitamente superior, na opinião do observador, contamina os julgamentos sobre as outras categorias.
> **Erro por assimilação do que era esperado** – É motivado pela influência de determinadas características do observado ou do experimentador (gênero, características pessoais, sociais etc.).
> **Erro devido à posição do observador** – Quando a estimativa é omitida intimamente, podem ocorrer distorções que a teoria da atribuição deixa evidentes.

3.1.5.2 Técnicas e instrumentos de observação indireta

Registros cumulativos – portfólios

É uma técnica de observação indireta que consiste na compilação de toda a documentação e material referente à trajetória pessoal do aluno durante o decorrer de um ano escolar ou de todo seu histórico acadêmico. Sua importância está no fato de permitir que o professor-tutor, a escola e os pais obtenham uma visão global do desenvolvimento do aluno durante sua permanência em um nível ou etapa do sistema educacional. No fim do ano escolar, no arquivo da escola deve haver uma pasta (registro cumulativo ou portfólio como arquivo pessoal) de cada aluno, contendo o *registro* de tudo aquilo que for relevante em sua trajetória escolar e pessoal.

A técnica do portfólio como uma modalidade de registro cumulativo é mais utilizada para avaliar execuções ou procedimentos específicos e apoia-se na *reunião e no armazenamento de informação* sobre os objetivos alcançados durante um período de formação ou aprendizagem. Centra-se na análise do processo seguido até se adquirirem certas competências ou aprendizagens e na análise dos resultados. O portfólio engloba informação reunida em um período de tempo, que pode ser mais ou menos amplo, podendo centrar-se no *processo* (mostrando os progressos que vão sendo obtidos) ou no *produto* (mostrando o domínio adquirido no final de um período de formação).

É uma ferramenta muito útil em sala de aula e também na prática tutorial. Nela são registradas sistematicamente as produções e as atividades de cada aluno nas sucessivas sessões de tutoria, conforme os temas abordados, os interesses formativos, o desenvolvimento do programa tutorial etc.

Basicamente, um registro cumulativo ou portfólio deve conter:

> **ficha de inscrição**, na qual devem constar os dados de identificação do aluno e de seus pais: nome, idade, endereço, telefone, ocupação ou profissão, nível social etc.;
> **histórico do aluno**, com todos os dados referentes a antecedentes pessoais, familiares, escolares etc.;
> **registros das observações** realizadas a respeito do aluno no decorrer do ano letivo: registros de casos, descrições, fichas de controle, escalas de avaliação etc.;
> **registros das entrevistas** realizadas com os pais, com os professores etc.;
> **informes de avaliação**, informe psicopedagógico, informes de tratamento de especialistas, como neurologista, psicopedagogo, logopedista etc., conforme cada caso;
> **amostra dos trabalhos ou produções significativas** do aluno de cada período do ano escolar, acompanhada de observações feitas pelo professor-tutor a respeito de sua evolução durante o desenrolar das atividades escolares.

Enfim, no *registro cumulativo* ou portfólio devem constar todos os aspectos da evolução formativa do aluno nos sucessivos momentos da vida escolar e de sua repercussão no desenvolvimento pessoal.

Cadernos

Essa técnica proporciona grande variedade de informação mediante a análise e o estudo dos trabalhos e das atividades que o aluno vai realizando nas sessões de tutoria. Além de observar a evolução de um aluno pelo *caderno de tutoria,* também é muito útil observar os *cadernos de classe,* ou cadernos de trabalho, nos quais o aluno faz exercícios, práticas, tarefas de casa e demais atividades escolares. Esse material fornece ao professor-tutor ampla e variada informação sobre a *história da aprendizagem* de cada aluno, com suas conquistas e dificuldades. Mediante a *análise de conteúdo* desses *cadernos*, consegue-se uma informação fundamental para que a ação tutorial seja realista, eficiente e personalizada.

Para fazer a *análise de conteúdo*, podemos utilizar alguns dos seguintes instrumentos:

> *registros de aspectos significativos*: erros, lacunas, dificuldades etc.;
> *arquivo de exercícios realizados na tutoria*: temas, incidências, situações relevantes, atitudes observadas etc.;
> *fichas de reforço ou de reabilitação*;
> *diversas ações* de caráter formativo;
> *ficha de acompanhamento* da evolução de um aluno;
> *diário do professor*.

Escalas de atitudes

Conceito e características

A atitude é a predisposição aprendida com a conduta, que inclui processos cognitivos e afetivos que tendem a resolver-se de uma maneira determinada.

As atitudes constituem um campo de objetivos educacionais de importância crescente no currículo. Dado que uma das características das atitudes é que são passíveis de modificação, é necessário contar com instrumentos de avaliação que indiquem a evolução e o desenvolvimento delas em função de objetivos concretos e reais.

Os instrumentos mais utilizados para medir as atitudes são as escalas. Por elas, conhecemos o grau em que uma atitude se apresenta em relação a questões específicas em um sujeito determinado. As características que deve ter a redação dos itens constantes de uma escala estão descritas a seguir.

a. **Relevância**

As opiniões reunidas nos itens devem ser relevantes e claramente relacionadas com a atitude.

b. **Clareza**

A maioria das normas usadas para redigir os itens estão relacionadas à clareza e preconizam:

› *utilizar expressões simples*, facilmente compreensíveis para quem vai responder e que não possam ser interpretadas de diversas maneiras. A falta de clareza ou a excessiva generalidade das formulações provoca, com frequência, respostas evasivas (resposta central) ou *aquiescência*;
› *evitar as duplas negações*. Em geral, convém ser cauteloso no uso de expressões negativas que podem induzir à confusão;
› *evitar* ou usar com cuidado *expressões universais*, como *sempre*, *nunca* e similares; atentar também para o uso de determinados advérbios, como *somente*, que pode causar ambiguidade;
› não utilizar expressões que incluam duas afirmações ou opiniões: a pessoa que vai responder pode estar de acordo com uma parte do item e não com a outra.

c. **Discriminação**

Devem ser evitadas expressões com as quais previsivelmente todos ou quase todos estarão de acordo ou em desacordo, pois se trata do estabelecimento de diferenças entre os sujeitos. Por essa razão, os itens devem refletir "opiniões", e não "fatos" comprováveis.

d. **Bipolaridade**

Por *bipolaridade* entende-se que, preferencialmente, alguns itens devem ser positivos e outros, negativos. É preferível que haja o mesmo número de itens positivos e negativos, considerando-se que uma atitude favorável se manifesta, às vezes, como concordância e, em outras, como desacordo.

Tipos de escalas

As escalas mais habituais na prática tutorial são as seguintes: 1) escala de Likert ou de *pontuações somadas*; 2) escala de Osgood ou de *diferencial semântico*; 3) escala de Thurstone ou de *valores escalonados*; e 4) escalograma de Guttman.

a. **Escala de Likert ou de pontuações somadas**

Conceito e características

Consiste em uma série de itens ou afirmações sobre um objetivo determinado, e a respeito do qual o sujeito deve indicar seu grau de concordância ou desacordo. A técnica de Likert baseia-se nos seguintes princípios e postulados:

> É possível estudar dimensões de atitude com base em um conjunto de enunciados que operem como reativos para os sujeitos.
> Os sujeitos podem situar-se na variável de atitude do ponto de vista mais favorável ao mais desfavorável. A variação das respostas será devida a diferenças individuais dos sujeitos.
> A avaliação dos sujeitos quanto à variável *atitude* não indica uma distribuição uniforme sobre o contínuo de atitude, e sim sua posição favorável ou desfavorável em relação ao objeto estudado.

Fases na construção

> Preparação dos itens iniciais;
> Atribuição de pontuações aos itens e aos sujeitos;
> Análise dos itens iniciais para a seleção;
> Avaliação da escala definitiva.

Para a preparação dos itens iniciais, a primeira coisa a fazer é definir claramente a dimensão de atitude que se quer medir e identificar as condutas que a refletem. Esclarecido esse ponto, deve ser listada uma série de itens, em forma de proposições ou enunciados, que façam referência a essa atitude.

A redação e a apresentação dos itens devem permitir aos sujeitos formar *"juízos de valor"* (o que *"deveria ser"*), e não *"juízos de fato"* (o que *"de fato é"*). Uma hipótese plausível é que a ordem com que os itens se apresentam influa nas respostas; por esse motivo, devem ser mostrados sempre na mesma ordem.

Para evitar as respostas estereotipadas, os enunciados devem estar combinados entre si, de maneira que não fiquem, no início, aqueles que denotem uma atitude positiva ou favorável e, no final, aqueles que indiquem atitude negativa ou desfavorável, ou vice-versa. Deve haver um número de itens suficiente para medir todos os graus de atitude, formulados de maneira clara e precisa. O número definitivo de itens de um questionário deve ficar em torno de 30 questões.

Para responder aos itens, costuma-se utilizar 5 categorias: 5 = *muito de acordo;* 4 = *de acordo;* 3 = *indiferente;* 2 = *em desacordo* e 1 = *muito em desacordo.*

Depois de preparados os itens iniciais, é necessário avaliá-los. Para isso, deve ser selecionada uma amostra de sujeitos representativa da população cujas atitudes se deseja medir e, depois disso, deve ser aplicado o questionário.

Para atribuir pontuações aos enunciados e aos sujeitos, utilizamos as 5 categorias já apontadas, que têm valores que vão de 1 a 5 pontos. A pontuação total dos sujeitos será a soma dos pontos atribuídos a cada categoria escolhida no conjunto dos elementos. O teste estatístico utilizado para verificar se um elemento é discriminativo ou não é o *t de Student*. Também podemos utilizar o *chi-quadrado* para verificar se um determinado elemento discrimina entre grupos extremos.

Modelo 5.10 – *Exemplo de questionário de necessidades de alunos conflituosos*

Caro professor: Precisamos conhecer sua valiosa opinião a respeito dos problemas causados pelas denominadas *crianças conflituosas* em sala de aula, se recebem algum tipo de atenção e se julgam conveniente que esses alunos contem com ajuda específica de tipo terapêutico. Agradecemos por responder às perguntas a seguir, assinalando com um X o local correspondente.					
Questões	5 Muito de acordo	4 De acordo	3 Indiferente	2 Em desacordo	1 Muito em desacordo
1. São as crianças que geram conflitos em sala de aula.					
2. É difícil trabalhar em classe com essas crianças.					
3. Eu gostaria de saber coisas sobre essas crianças para poder ajudá-las.					

(continua)

(Modelo 5.10 – conclusão)

Questões	5 Muito de acordo	4 De acordo	3 Indiferente	2 Em desacordo	1 Muito em desacordo
4. Eu me esforço para compreendê-las, mas consigo pouco.					
5. Com frequência, sofrem dificuldades na aprendizagem.					
6. Em cada sala, há alguma criança conflituosa.					
7. Os comportamentos dessas crianças não afetam o rendimento dos colegas.					
8. A convivência no colégio é afetada pelas condutas dessas crianças.					
9. Não tenho problemas para integrá-las em sala de aula.					
10. Faltam às aulas por motivos justificados.					
11. Com frequência me interrompem durante a aula.					
12. Têm pouca motivação para o estudo.					
13. Sabem assumir a responsabilidade que lhes é atribuída.					
14. Utilizam adequadamente o material de classe.					

Vantagens e desvantagens da escala

Entre as principais *vantagens*, apontamos as seguintes:

› Permite a utilização de itens que não estão diretamente relacionados com a atitude que se pretende medir.
› A construção da escala é simples.
› O número de itens necessários para a confecção da escala costuma ser menor que o da escala de Thurstone; sua confiabilidade costuma ser muito elevada.
› As possíveis respostas a cada item permitem maior grau de informação sobre a atitude estudada.

Entre as *desvantagens*, temos:

› A magnitude comparativa não expressa quanto um sujeito é mais favorável na atitude em relação a outro; também não estabelece qual é a quantidade de mudança experimentada nos sujeitos com aplicações posteriores.

> A pontuação de um sujeito costuma ter um significado um pouco confuso, visto que é possível obter a mesma pontuação de atitude com itens de conteúdo diferente.
> Apresenta garantia de unidimensionalidade inferior à da técnica de Thurstone.

b. **Escala de Osgood ou de diferencial semântico**

Conceito e características

A escala de *diferencial semântico* de Osgood (1916-1991) é construída formulando-se dimensões que servem para medir a atitude em relação a um objeto e definindo-se para cada dimensão dois termos opostos. Em uma escala de Likert, apresentam-se asseverações sobre um objeto; em uma de diferencial semântica, expõe-se o objeto e mede-se a reação que provoca mediante uma série de dimensões bipolares. Osgood criou essa escala para estudar o significado de algumas palavras ou termos, daí o atributo *semântica*. A flexibilidade dessa escala fez com que sua aplicação se estendesse a medições de atitudes, motivações, crenças e fenômenos relacionados.

A técnica do diferencial semântico seleciona um conceito e pede ao sujeito que o avalie em função de vários critérios ou aspectos. Cada critério ou aspecto é enunciado como uma dupla de adjetivos bipolares (bom/ruim) e pergunta-se ao sujeito em que lugar do intervalo que vai de *bom* até *ruim*, em sua opinião, está situado esse conceito.

Com o exemplo seguinte, pretende-se medir a atitude inicial dos alunos ou dos pais para com o professor.

*Modelo 5.11 – Exemplo de aplicação
da escala de Osgood*

Meu professor é								
Bom	1	2	3	4	5	6	7	Ruim
Simpático	1	2	3	4	5	6	7	Antipático
Alegre	1	2	3	4	5	6	7	Triste
Gentil	1	2	3	4	5	6	7	Sem consideração
Compreensivo	1	2	3	4	5	6	7	Incompreensivo
Ou usando a escala:	-3	-2	-10	1	2	3		

Elaboração, aplicação e avaliação

Para a elaboração de uma escala de Osgood, podem ser considerados os seguintes critérios:

> selecionar os conceitos, pessoas, atividades etc. sobre os quais se deseja que os alunos expressem opinião (professores, pais, colegas, atividades etc.);
> elaborar uma lista de palavras/estímulo (adjetivos contrários) relacionadas à atividade a avaliar (forte/fraco, tranquilo/agitado etc.);
> dispor as duplas de adjetivos de forma alternada, atribuindo-se uma classificação numérica a cada grau da escala segundo a estrutura escolhida.

A aplicação da escala não apresenta nenhuma dificuldade, pois os alunos classificam o tema em questão contornando com um círculo a pontuação ou marcando com um X o local.

A avaliação pode ser feita somando-se as pontuações atribuídas a cada escala ou dupla de adjetivos, considerando-se que o segundo termo deve ser negativo.

c. **Escalas de Thurstone ou de valores escalonados**

Conceito e características

A *escala de Thurstone* nos dá a possibilidade de construir um instrumento (escala) que serve para a medida e a análise de atitudes. Esse autor fundamenta sua técnica no seguinte: a) quando se produz um número de opiniões repetidas sobre cada estímulo (enunciado ou proposição), seja de um mesmo sujeito, seja de um grupo, a variação das estimações ocorre segundo a curva normal de probabilidade; b) com isso, é possível estabelecer uma escala diferencial, ou escala de *intervalos aparentemente iguais*, na qual os itens ou os enunciados são selecionados, de modo que podem ser escalonados, expressando um contínuo subjacente.

O modelo de Thurstone é bastante complexo, pois, após a primeira fase de reunião de afirmações diversas sobre o tema previsto e sua posterior seleção, até deixá-las entre 20 ou 30, vem a parte mais complexa, na qual cada afirmação é passada para uma ficha, que é entregue aos juízes (entre 200 e 300) com a finalidade de que cada um as organize em 11 grupos ou escalões (entre +5 e −5, incluindo o 0). Depois de eliminados os itens inadequados, a escala fica reduzida a 20 ou 25. A cada item é atribuído o valor escalar médio resultante da atribuição de cada juiz.

Modelo 5.12 – Exemplo de escala de avaliação da atitude em relação ao estudo

> Leia todas as questões com atenção. Assinale apenas as afirmações com que está de acordo. Circule o número da questão com a qual concorda.
>
> 1. Sinto curiosidade por ampliar meus conhecimentos, mas não vejo o interesse ou a necessidade de muitos deles.
> 2. Acho que existem muitas outras coisas que não estão nos livros e são dignas de se aprender.
> 3. Acho que, quando estudo certas matérias, estou perdendo tempo.
> 4. Acho que, quando estudo, realizo uma tarefa útil para a sociedade e para mim.

Fonte: Lázaro y Asensi (1989).

Fases na construção

› *Coleta de informação* quanto às opiniões e às atitudes em relação ao objeto a medir. É necessário tomar essas opiniões de uma maneira ampla e variada (representativa), para que possam abranger opiniões e atitudes de todo tipo, favoráveis, desfavoráveis e neutras.
› *Classificação*, por um conjunto amplo de juízes (como já apontamos, entre 200 e 300), *da informação reunida* em um determinado grupo de categorias que incluam diversos graus de aceitação e rejeição do objeto medido. Os juízes devem classificar as frases reunidas não pela própria atitude, e sim pela ordem de aceitação ou rejeição que cada uma represente.
› *Atribuição de valores escalares* a cada enunciado em função do número de juízes, que incluem uma determinada frase a cada categoria. O valor escalar é o correspondente à média dessas qualificações.
› *Seleção dos enunciados ou frases* que atendem a certos requisitos:
  › igualdade de intervalos a cada dois enunciados consecutivos;
  › homogeneidade na interpretação dos enunciados pelos juízes, expressos mediante Q (amplitude semi-interquartil);

> pertinência ao conteúdo medido – a pontuação dos sujeitos é a mediana dos valores escalares do conjunto dos enunciados selecionados da escala.

Vantagens e desvantagens da escala

Entre as *vantagens* dessa técnica que mais se destacam, cabe apontar as seguintes:

> Permite fazer a avaliação de atitudes de um dado grupo ao longo de um contínuo que vai do polo positivo ao negativo.
> Representa um refinamento na medida, visto que o valor dos itens está fundamentado em uma prova de caráter objetivo (prova de juízes).
> Quando o sistema de medida é o intervalo, proporciona um método adequado para comparar pontuações e mudanças de atitude nos sujeitos e nos grupos.

Entre as *desvantagens* dessa escala, encontram-se as seguintes:

> O processo de elaboração da escala é longo e complexo, mas o computador facilita a tarefa.
> Apesar de o princípio que fundamenta essa técnica ser o da medição em intervalos, o conteúdo e a elaboração a transformam em uma escala ordinal; nesse sentido, fica sem resolução o problema da distância nos intervalos aparentemente iguais da escala.
> A influência dos juízes interfere na avaliação dos itens.
> Há críticas quanto ao problema da unidimensionalidade – embora a técnica postule a medição de uma atitude, frequentemente atinge outras dimensões diferentes da que se quer medir.
> É necessário definir a exatidão quanto ao escalonamento normal de atitude, bem como das polaridades.

d. **Escalograma de Guttman**

É uma técnica que apresenta diferenças básicas em relação às de Likert e Thurstone. As técnicas destes últimos (intervalos aparentemente iguais e estimações somadas) alimentam sistemas para a seleção de um conjunto de respostas que devem constituir o instrumento de medida. A análise escalar de Guttman cuida apenas da avaliação dessas respostas, dado que foram selecionadas mediante qualquer outro método.

Construção da escala

A preparação da escala técnica de Guttman requer a observação dos seguintes passos:

> **Preparação de um conjunto de itens sobre a atitude que se quer medir**
> – Não existe um critério comum a respeito do número de itens que devem ser preparados nessa técnica, mas o habitual é que o universo de itens fique reduzido a 30 ou 40 enunciados.

> **Administração dos itens aos sujeitos** – Os sujeitos adotam a posição de juízes que expressam seu grau de acordo ou de desacordo com as proposições que lhes são apresentadas.

> **Atribuição de pontuações aos itens** – Guttman indicou alguns procedimentos de atribuição de pontuações em função das alternativas de resposta:
> > Pontuações alternativas de resposta dicotômica – A atribuição de valores numéricos corresponde a respostas favoráveis ou desfavoráveis à proposição apresentada:

Modelo 5.13 – Exemplo de pontuações alternativas de resposta dicotômica

As tarefas escolares são necessárias			
Pontuação:			
Sim (favorável)		O	1
Não (desfavorável)		O	0

> > Alternativas múltiplas de resposta – A categorização se apresenta de forma graduada, com o objetivo de cobrir mais fielmente o contínuo de atitude. A atribuição de pontuações é feita de forma continuada em função do número de categorias de respostas possíveis. A prática habitual é manter cinco alternativas graduadas numeradas de 0 a 4, reservando-se a maior pontuação para a resposta mais favorável à atitude em questão.

> **Análise dos itens para a formação de séries escalonadas** – Depois de submeter os itens à avaliação dos juízes, o conjunto de respostas é submetido à análise

com o objetivo de reordenar os tópicos de modo que apareçam de forma cumulativa e hierarquizada. Para o traçado do escalograma devemos considerar:

› o cômputo da pontuação total para cada juiz: é calculado somando-se os valores obtidos em cada item;
› a ordenação dos juízes: o sujeito com pontuação mais alta em primeiro lugar, o segundo com pontuação mais alta em segundo lugar, e assim sucessivamente.

Modelo 5.14 – Escalograma de seis itens com resposta favorável/desfavorável

Ordem sujeitos	4	2	6	3	1	5	Pontuações sujeitos
1	1	1	1	1	1	1	6
2	1	1	1	1	1	1	6
3	1	1	0	1	1	1	5
4	0	1	0	1	1	1	5
5	0	1	1	1	1	1	5
6	0	0	1	1	1	1	4
7	0	1	1	1	0	1	4
8	0	0	0	1	1	1	3
9	0	0	1	1	1	0	3
10	0	0	0	1	1	1	3
11	0	0	0	0	0	0	0
12	0	0	0	0	1	1	2
13	0	0	0	0	0	1	1
14	0	0	0	0	0	0	0
15	0	0	0	0	0	0	0
Pontuação categorias	3	6	7	10	11	12	

3.2 A interrogação

Para a utilização adequada da interrogação como técnica a serviço da orientação e da tutoria, é necessário instaurar um processo que deve começar com a formulação dos objetivos que se pretende atingir. As técnicas de interrogação permitem ao professorado obter dos alunos ou de seus pais informações de *modo direto*. Essas técnicas podem ser muito úteis para fazer questionamento no terreno das atitudes, preferências, interesses, apreciações, valores, problemas afetivos ou acadêmicos do alunado. Entre as técnicas de interrogação, destacamos as mais adequadas à prática tutorial: a *pesquisa de opinião* (questionário) e a *entrevista*.

3.2.1 Pesquisa de opinião

A *pesquisa de opinião* é uma técnica de coleta estruturada de informação que tem como objetivo a análise de uma população com base nos dados obtidos sobre o que expressam ou manifestam os indivíduos que a compõem. É uma técnica que se aplica de forma generalizada a todos os campos, sendo muito útil no âmbito da educação e das demais áreas sociais. Permite conhecer opiniões, atitudes, crenças, expectativas, motivações de um grupo/classe ou de todo o alunado.

A pesquisa de opinião apresenta três grandes características:

› Baseia-se nas *manifestações expressas pelos próprios sujeitos* e não na análise de seus atos, como ocorre na técnica da observação.
› Trata-se de uma técnica adequada *para obter e analisar informação sobre um grande número de sujeitos*, ao contrário do que ocorre com a observação.
› Também é própria dessa técnica a *possibilidade de conhecer aspectos subjetivos*, como opiniões ou crenças, campos inacessíveis por meio da observação.

Os métodos para realizar a pesquisa de opinião são variados e têm diversas modalidades: *pessoal, por correio, por telefone, por internet*. Mas o importante na técnica da pesquisa de opinião é o instrumento por meio do qual podemos realizá-la: o *questionário*.

3.2.1.1 Questionário

a. Definição e características

É um instrumento de interrogação de massa que permite obter informação sobre qualquer tema procedente de um grande número de pessoas. Consiste em uma série de perguntas sobre um problema ou uma situação que é o alvo de estudo e que previamente foi delimitado e desmembrado em questões (*itens*). Sua finalidade na tutoria é possibilitar uma rápida visão da situação pessoal, familiar ou escolar do aluno com base em suas próprias respostas.

Os questionários podem ser de vários tipos, como explicitado na sequência.

Segundo a *finalidade*, podem ser:

› **Descritivos** – Definem a situação a estudar.
› **Explicativos** – Indagam sobre causas de um fenômeno determinado.

Segundo o *tipo de perguntas*, podem ser:

› **Abertas** – Dão liberdade ao inquirido para responder.
› **Fechadas** – Oferecem uma gama de respostas. Podem ser:
    › perguntas dicotômicas: escolhe-se entre duas opções;
    › perguntas de múltipla escolha;
    › diretas: não têm outro sentido além do que transmitem;
    › indiretas: pretende-se descobrir com elas, de forma projetiva, dados que não estão expressos na resposta.

Podemos encontrar questionários já padronizados, mas são mais adequados aqueles elaborados pela própria escola em função de suas características ou do tema a respeito do qual se pretende obter informação.

b. Etapas na elaboração de questionários

As etapas na construção do questionário são as seguintes:

› prever o sentido e a utilidade de cada questão depois de delimitado o campo de estudo e as questões que interessam;
› realizar uma pré-pesquisa (entrevistas individuais etc.) aberta para coletar opiniões que servirão para a formulação do questionário;

- planejar o questionário, estruturando-se:
  - o tipo de pergunta mais adequada;
  - a ordem das perguntas e a disposição do questionário;
  - o número de perguntas (as necessárias);
  - a redação das perguntas (claras e simples).
  - os aspectos formais (classe, cor, tipo de impressão, tipo de codificação, margens etc.);
  - as "perguntas de alívio" ou sem importância para evitar a monotonia e o cansaço;
  - os materiais que devem acompanhar o questionário (instruções para preencher, cartas solicitando colaboração etc.).

c. **Normas para a elaboração do questionário**

As normas que devem ser seguidas para a construção de um questionário têm tanta importância quanto o próprio instrumento, pois devem permitir normatizar as respostas reunidas e evitar os desvios derivados da interpretação subjetiva. A formulação deve ser feita com a finalidade de não favorecer a confusão.

Em linhas gerais, as normas que se devem levar em conta na construção são as seguintes:

- A redação das perguntas deve ser muito precisa, de maneira que admita apenas uma interpretação única e clara.
- Devem ser evitadas as perguntas muito diretas para que o questionário seja respondido com sinceridade. É recomendado que os questionários sejam anônimos.
- O número de perguntas deve ser o necessário. Sugere-se introduzir alguma pergunta similar para detectar falta de segurança ou de seriedade no sujeito que responde ao questionário.
- Os resultados da análise devem ser aplicados apenas ao grupo inquirido. Para generalizar os resultados, é necessário dispor de uma amostra representativa da população.

› É conveniente aplicar o questionário previamente (estudo piloto) para detectar falhas em itens analisando-se as respostas obtidas, bem como para registrar os incidentes mais significativos.

d. **Tipos de questionários**

Questionário fechado

Trata-se de um tipo de questionário restrito que solicita aos sujeitos respostas breves, como *sim* ou *não*, ou pede que assinalem uma dentre várias respostas sugeridas.

Esse tipo de questionário é fácil de ser preenchido pelo aluno e requer pouco tempo.

Modelo 5.15 – Exemplo de questionário sobre hábitos de estudo

	Sim	?	Não
1. Gostaria de dispor de um lugar totalmente a seu gosto para estudar?			
2. Procura deixar de lado seus problemas pessoais quando tem de estudar?			
3. Costuma fazer resumos ou esquemas das lições que estuda?			
4. Estuda de boa vontade as matérias de que não gosta?			
5. Estuda com verdadeira intenção de aprender e de memorizar o que está estudando?			
6. Deixa para a última hora a preparação da maior parte das matérias?			
7. É difícil prestar atenção a certos professores?			
8. Pergunta ao professor quando não entende algo?			
9. Sabe encontrar com rapidez qualquer tema no livro recorrendo ao índice?			

Questionário aberto

Nesse instrumento, é solicitada uma resposta livre, ou seja, redigida pelo próprio aluno. Dado que essas respostas são mais longas e profundas, costumam ser mais difíceis de analisar e interpretar.

Modelo 5.16 – Exemplo de questionário para o aluno

Por favor, responda às seguintes perguntas para que possamos ajudá-lo no planejamento de seus programas.			
Nome:	Série:	Idade:	Data:
1. De que matéria você mais gosta? Por quê?			
2. De que matérias você não gosta? Por quê?			
3. Faça uma lista de atividades que você realiza em seu tempo livre.			
4. Que tipo de livros você gosta ler?			
5. Que tipo de programas de televisão você gosta de ver?			
6. Quais são seus planos para o futuro?			

e. **Limitações do questionário**

› Os questionários enviados pelo correio costumam ter uma perda estimável de aproximadamente 30%.

› As mudanças de humor e estado de ânimo dos alunos costumam condicionar as respostas.

› Na construção de um questionário, é necessário ter certo conhecimento sobre pesquisa educacional. Também é preciso fazer uma avaliação prévia com uma pequena amostra de alunos ou professores. Para o tratamento estatístico do questionário, é importante obter uma correlação entre cada item e todos os demais, com a finalidade de selecionar os que tenham uma correlação alta (validação interna do questionário).

3.2.2 A entrevista

A entrevista é uma situação em que se estabelece um diálogo entre pessoas (professor-aluno, professor-pais etc.) a fim de se obterem dados informativos específicos. Não se trata, portanto, de uma conversa regular ou de um mero interrogatório, visto que se pretende alcançar fins pedagógicos, por meio do aprofundamento de informações relacionadas a aspectos diversos, como interesses, problemas de aprendizagem, atitudes ou solução de conflitos.

A entrevista é o modo mais direto de obter informação. É uma técnica para coletar informação não padronizada, subjetiva e não quantificável, e os resultados são quase sempre individuais, embora careçam de objetividade suficiente para serem comparados com uma norma padronizada. De todo modo, é de grande importância como contribuição complementar para a análise de fatos ou situações específicas.

a. **Conceito e características**

A entrevista é uma conversa organizada com o fim de se compreender um comportamento ou se esclarecerem as opções de uma situação ou um problema. Os tutores a utilizam para colher informação ou aconselhar seus alunos. Pode ser estruturada e sistemática ou, ao contrário, mais aberta e flexível, conforme a situação e as necessidades. Trata-se de uma técnica para:

> coletar informação;
> solucionar uma conduta problemática;
> ajudar o aluno em qualquer processo de tomada de decisões.

Essa técnica *se caracteriza* por:

> **Flexibilidade** – Obtém-se informação não apenas do sujeito, mas também do entorno social e do passado da pessoa. Permite diversos níveis de profundidade em certos temas. Pode ser suspensa quando se desejar e prolongada quando se julgar conveniente.
> **Clima de confiança** – A entrevista permite criar um clima de confiança que não é possível em outras técnicas. Esse clima pode ser essencial para a sinceridade do entrevistado, para sua motivação e para que manifeste seus sentimentos, às vezes, mais importantes que o tema de que se está tratando.

A **tipologia** da entrevista pode ser estabelecida segundo dois aspectos:

> **Grau de estruturação**
>> **Estruturada** – Os temas são definidos de antemão. As perguntas já aparecem formuladas. Às vezes, há uma gama restrita de respostas. A uniformidade é uma vantagem, ao passo que o inconveniente surge quando queremos indagar sobre aspectos desconhecidos.

> **Semiestruturada** – Existe um programa geral, mas há certa liberdade para incluir outros temas. As respostas não estão prefixadas. Como vantagem, podemos apontar que permite maior flexibilidade, mas podem surgir fatores afetivos. O inconveniente surge na hora de registrar respostas.

> **Aberta** – Não existe programa estabelecido, apenas se tenta atingir um objetivo. A vantagem é que surgem temas imprevistos e é possível sondar para realizar, mais tarde, uma entrevista estruturada. O inconveniente é que podem ficar de fora temas essenciais.

> **Finalidade**

>> **Informativa** – Serve para coletar dados para identificar situações ou dar possíveis soluções.

>> **Orientadora** – Ajuda o aluno a esclarecer sua situação e a adotar posturas que o levem a superá-la.

>> **Seletiva** – Serve para conhecer aptidões da pessoa para o desempenho de um cargo.

>> **Clínica** – É considerada uma técnica de diagnóstico.

>> **Social** – Indaga sobre o entorno social e familiar do sujeito.

A entrevista, no âmbito da orientação, cumpre a função de coleta de informação para análise e interpretação das dimensões de aprendizagem do sujeito e da interação entre as funções intelectuais e os processos afetivos, no marco de uma relação de trabalho.

A entrevista utilizada pelo tutor é um excelente recurso para sua tarefa orientadora, permitindo-lhe obter mais conhecimento a respeito do aluno e sua repercussão no processo de ajuda.

Portanto, a entrevista, na dimensão do tutor, é uma comunicação interpessoal feita por meio de uma conversa que configura uma relação dinâmica e compreensiva desenvolvida em um clima de confiança e aceitação, com a finalidade de informar e orientar.

Para que a entrevista seja eficaz, é preciso determinar claramente os objetivos desde o início e aplicar adequadamente certas técnicas.

Uma entrevista não é uma mera conversa informal, nem um monólogo por parte do tutor, no qual o aluno não é levado em conta, nem um interrogatório em que o aluno é julgado, nem uma discussão inoperante na qual se trocam acusações e desculpas.

b. **Fins da entrevista inicial**

Vamos apontar como objetivos básicos da entrevista os seguintes:

> obter dados sobre o aluno;
> fornecer ao aluno informação e orientação sobre aspectos acadêmicos, profissionais ou pessoais de seu interesse;
> proporcionar ao aluno um conhecimento mais profundo de si mesmo e do mundo que o cerca;
> ajudar o aluno a enfrentar problemas e situações para tomar boas decisões.

c. **Objetivos da entrevista**

Destacamos os seguinte objetivos da entrevista:

> perceber o aluno ou, quando for o caso, o grupo familiar, tal como se apresenta na entrevista e verificar se ocorrem mudanças ao longo dela;
> prestar atenção ao que o sujeito verbaliza e apreciar as características da linguagem quanto à clareza ou falta dela no modo como se expressa;
> estabelecer o grau de coerência ou discrepância em tudo o que é verbalizado e em tudo o que se capta da linguagem não verbal;
> estabelecer um *rapport* com o aluno a fim de evitar possíveis bloqueios e criar um clima favorável;
> captar o tipo de relação que o aluno estabelece com seu tutor (dependência, confusão, submissão, receio etc.);
> verificar o tipo de relação que o aluno estabelece com seu grupo familiar e vice-versa;
> determinar o motivo real da entrevista;
> conhecer a realidade do aluno em diferentes âmbitos.

d. **Utilização da entrevista**

A utilização da entrevista depende do tipo de entrevista e da informação necessária para determinar de que tipo de ajuda o aluno precisa.

Julgamos necessário considerar as variáveis de tempo, lugar e delimitação de papéis entre o tutor e o aluno:

> **Tempo** – Refere-se ao horário e ao tempo de duração da entrevista. Esta não pode ser interminável e, além disso, o aluno precisa aprender a usar, da melhor forma possível, um tempo determinado.
> **Espaço** – É o marco ambiental em que se realiza a entrevista, o qual deve ter as melhores condições para isso (mobiliário, ausência de barulho, de interrupções, temperatura adequada etc.).
> **Papel de cada participante** – O tutor é o entrevistador, e o aluno, o entrevistado.

O tutor não deve entrar em outra relação que não seja a própria de sua profissão. A reserva e o caráter confidencial do conteúdo da entrevista são informações que devem ficar muito claras desde o primeiro momento.

e. **Qualidades do entrevistador**

O professor-tutor deve atender, no mínimo, a estes requisitos básicos:
> ter certas qualidades *pessoais*;
> ter conhecimento sobre *técnicas e procedimentos para entrevistar*;
> ter *atitudes* adequadas e específicas;
> ter *hábitos* e *experiência* prática.

Entre as qualidades do entrevistador, encontram-se:
> saber observar e ouvir;
> possuir maturidade afetiva e equilíbrio interior;
> ser objetivo e imparcial;
> não ser agressivo nem autoritário;
> possuir capacidade de empatia;
> aceitar o aluno e compreendê-lo;
> ser cordial, afável e acessível;

- respeitar a intimidade do entrevistado;
- ser sincero, paciente e sereno;
- ser prudente e respeitar o sigilo profissional.

f. **Marco da entrevista e atitude do aluno**

A disposição do aluno para colaborar com o tutor na solução de um problema ou dificuldade de aprendizagem é determinante. As atitudes que devem estar presentes e que são defendidas por diversas teorias e postulados são as seguintes:

- **Demanda de compreensão** – Ao procurar ajuda, o aluno age impelido pelo desejo de compreender o que lhe acontece (dificuldades, problemas etc.) e que o preocupa. Isso é o que o tutor deve entender, esforçando-se para transmitir ao aluno sua disponibilidade para atendê-lo.

- **Demanda de dependência** – Encontra-se mais ou menos encoberta no entrevistado. Se o tutor aceitar esse pedido, perpetuará um estado de infantilidade imutável.

- **Demanda de aceitação total** – O tutor deve aceitar o entrevistado integralmente, sem rejeição, sem condenações nem juízos de valor. O tutor não deve, utilizando-se de suas ideias e valores, tentar suplantar as convicções do entrevistado.

- **Demanda de se livrar de todos os problemas** – Para isso, é mister que o aluno tome consciência, mediante intervenções e atitude do tutor, da necessidade de infundir o desejo de saber, de conhecer a si mesmo e de se dispor a desenvolver, em conjunto com o tutor, uma tarefa de investigação acerca do motivo de consulta.

- **Demanda de relação fundamentada na sinceridade e na mútua colaboração** – O tutor deve mostrar, com atitudes e intervenções, que seu papel é o de um profissional disposto a oferecer toda a ajuda possível por meio de seu preparo profissional e de seus conhecimentos técnicos, e não o de colega ou pai. A relação de trabalho deve fundamentar-se na honestidade, na busca da verdade e na cooperação.

> **Interesse pelo entrevistado** – O ajuste estrito do horário, a esmerada atenção às palavras do aluno, o esforço por recordar todos os detalhes, o cuidado em oferecer as intervenções não como uma imposição, e sim como algo que pode ser aceito ou rejeitado, a atitude de servir de depositário de emoções sem responder da mesma forma são provas de consideração e interesse que o aluno deve captar perfeitamente.
> **Oferta de tolerância e aceitação** – Significa a contenção dos sentimentos do aluno por parte do tutor sem cair na falsa atitude de protetor ou de total acordo ou conformidade.
> **Neutralidade** – Se o tutor permanecer bastante ciente de que seus juízos e opiniões sobre qualquer assunto de interesse humano não são nem melhores nem piores que os do entrevistado, nem têm por que prevalecer sobre os deste, ficará clara a sua neutralidade ao tratar de qualquer sentimento.
> **Empatia** – É a capacidade de sentir com o outro. Trata-se de entender o que o outro nos comunica, mas isso não deve ser confundido com o fato de nós mesmos termos essas vivências. Entendemos o problema do outro, mas não é problema nosso. Na escuta empática, como processo intuitivo, o tutor deve considerar as seguintes sugestões:
>   > deixar a iniciativa para o entrevistado, tanto quanto possível;
>   > manter silêncio até que tenha uma convicção razoável de que entende o que o entrevistado está tentando comunicar;
>   > ouvir o tema (ou temas) que surgem durante a entrevista; se, depois de um tempo, ainda estiver perdido, expressar isso para obter a colaboração do sujeito;
>   > voltar-se para a atividade, mas comunicando uma atitude descontraída;
>   > ser conciso sem por isso ser monossilábico;
>   > resistir à tentação de mostrar-se esperto ou brilhante;
>   > evitar sentenças dogmáticas; em vez disso, destacar o caráter experimental das intervenções;
>   > não dizer nada se sentir que não há nada a dizer;

> manter-se à margem das tentativas do sujeito de distrair as atividades orientadoras importantes; evitar papos, *fofocas* etc.;
> ser compassivo para com as dificuldades do entrevistado;
> ter o cuidado de fortalecer a autoestima do sujeito;
> não competir com o entrevistado em nenhuma área;
> ser simplesmente honesto a todo momento, nunca dissimular;
> conhecer suas próprias limitações;
> ter consideração para com o sofrimento do sujeito;
> evitar a rigidez e os rituais;
> não assumir o papel de pai substituto ou autoritário;
> admitir francamente quando não está em boas condições físicas ou psíquicas.
> **Calor** – O tutor mostra com seus gestos e tons de voz que a outra pessoa não lhe é indiferente.
> **Espontaneidade** – Por meio dela, o tutor contribui para criar um clima de liberdade, criatividade e permissividade.
> **Iniciativa** – O tutor desempenha um papel ativo, motivando para a tarefa e estimulando as capacidades do grupo familiar.
> **Atitude docente** – O tutor assume um papel docente, situa sua atividade em uma determindada concepção pedagógica da relação de trabalho e mobiliza nela todos os seus recursos didáticos destinados a facilitar a aprendizagem, que constitui parte essencial do processo. O tutor aplica os seguintes princípios pedagógicos: motivar para a tarefa, esclarecer os objetivos, reforçar o avanço da tarefa, ter clareza do método expositivo, utilizar exposição aberta e recursos facilitadores do processo de investigação e compreensão da situação etc.

g. **Atitudes e sentimentos perturbadores da entrevista**

O entrevistador e o entrevistado formam um grupo, ou uma totalidade, no qual seus integrantes estão inter-relacionados e a conduta de ambos é interdependente.

A interdependência e inter-relação, bem como o condicionamento recíproco de suas respectivas condutas, ocorrem por meio do processo de comunicação. Nesse processo, a palavra tem um papel fundamental, mas também a comunicação não verbal intervém ativamente: gestos, atitudes, timbre e tonalidade afetiva da voz etc.

O fenômeno da transferência e contratransferência remete aos sentimentos hostis e negativos e aos afetos experimentados nas primeiras relações objetais, sendo considerados, durante muito tempo, perturbadores da entrevista. Mas apontamos que inevitavelmente esses sentimentos e afetos surgem, de maneira que o entrevistador deve registrá-los e gerenciá-los como elementos emergentes da situação presente e das reações que provoca no entrevistado.

A seguir, sintetizamos algumas *dificuldades* que, com frequência, perturbam a entrevista.

Por parte do entrevistador

› Pressionar o entrevistado para falar de aspectos de sua vida que são especialmente dolorosos para ele;
› Fazer juízos de valor ou comentários aprobativos ou reprovativos em relação a outra pessoa;
› Mostrar sentimentos que podem interferir na relação, por exemplo, julgando o entrevistado;
› Ser incapaz de despertar e manter o interesse e a confiança;
› Desconhecer a estrutura, as pressões e os limites impostos nessa relação;
› Reagir à fala do entrevistado de acordo com seus próprios problemas, sentimentos ou juízos de valor;
› Não compreender o entrevistado como uma pessoa cujos conflitos internos se manifestam na relação com o entrevistador;
› Projetar os próprios conflitos e frustrações;
› Menosprezar as probabilidades de atingir um objetivo particular em um período de tempo determinado.

As relações do entrevistado são configuradas por uma grande dependência, pelos conflitos internos e pela importância das defesas de sua personalidade diante do olhar do outro.

A atitude do sujeito ao longo da entrevista é difícil de determinar e depende da combinação de vários fatores: nível cognitivo, tolerância à frustração, amor pela verdade, capacidade de estabelecer uma relação de trabalho etc.

Por parte do entrevistado
› Falta de comunicação e pouca habilidade verbal;
› Circunstâncias familiares, sociais, de saúde física etc., que constituem seu entorno;
› Ideia de que o orientador é um ser excepcional, que oferece soluções maravilhosas;
› Presença e estado físico, bem como a situação emocional;
› Falta de motivação e pouco interesse;
› Atitude quanto à relação de trabalho: falta de entusiasmo, incapacidade de superar os obstáculos etc.;
› Interpretação errônea que o entrevistado costuma dar às perguntas do orientador;
› Fantasias e perda do contato com a realidade, que dificultam as relações interpessoais;
› Ideia de que as intervenções no âmbito da aprendizagem produzem efeitos rápidos e estão imunes a dificuldades;
› Tempo e finalização da entrevista, que remete a aspectos organizacionais;
› Mentira como defesa e pontos cegos;
› Insatisfação derivada da entrevista por não atender a determinadas expectativas.

h. **Técnicas para a entrevista**

Apresentamos, a seguir, algumas técnicas que o tutor pode aplicar na realização da entrevista. Com suas intervenções verbais, o tutor cria novos pensamentos, ideias e perspectivas no entrevistado.

> **Técnica de concordância** – É o conjunto de elementos que permitem estabelecer uma relação de cordialidade entre o entrevistador e o entrevistado, em um clima de mútua confiança. O objetivo é facilitar uma atitude de abertura que promova a comunicação por meio da manifestação de compreensão e interesse compartilhado sobre assuntos comuns.

> **Técnica de organização** – Consiste em determinar as condições em que a entrevista vai ser realizada: finalidade, lugar, duração, confidencialidade a respeito do que se falar etc.

> **Técnica de confrontação** – É utilizada para dirigir a atenção do entrevistado a aspectos de seu comportamento ou de suas verbalizações, dos quais não se deu conta adequadamente, mas que pode ser capaz de reconhecer por si mesmo.

> **Técnica do silêncio** – É uma técnica muito utilizada em orientação. Os silêncios do tutor favorecem a expressão e a reflexão do aluno e adaptam o ritmo da entrevista ao ritmo deste, dando-lhe uma sensação de tranquilidade e disponibilidade.

> **Técnica do esclarecimento** – O tutor resume, sintetiza e realça a comunicação com o aluno. O tutor percebe o essencial da comunicação do aluno e transmite essa percepção como uma reprodução mais estilizada e cristalina de seu próprio pensamento.

> **Técnicas de reflexo de sentimento** – Consiste em o tutor expressar, em termos novos, os sentimentos subjacentes ou as atitudes essenciais que se encontram sob o discurso do aluno. É uma técnica que deixa claros os sentimentos que estão por trás do conteúdo das palavras.

> **Técnica da síntese** – Essa técnica volta-se para o conteúdo da comunicação. Resume-se o que o aluno expressa verbalmente, tanto com a finalidade de destacar os aspectos mais essenciais do exposto quanto para incitá-lo a prosseguir em sua comunicação.

> **Técnica de elucidação** – Na elucidação ou no esclarecimento propriamente dito, o tutor tenta informar o aluno sobre determinados sentimentos, desejos

ou ideias que, não sendo explicitamente expressos na comunicação, estão nela presentes e a configuram.

› **Técnica da sinalização** – Consiste em chamar a atenção sobre aspectos que o aluno aborda, mais ou menos intencionalmente, de modo superficial, com a finalidade de que preste atenção a eles.

i. **Tipos de entrevista**

Existem vários modelos para a realização de uma entrevista, entre os quais destacamos os seguintes:

› **Entrevista informativa** – Sua finalidade é reunir ou fornecer dados sobre algum problema ou dificuldade do aluno.
› **Entrevista diagnóstica** – É especialmente útil para o conhecimento dos interesses, das atitudes e das atividades extracurriculares do aluno. Esse tipo de entrevista é muito utilizado também para o esclarecimento de um problema ou para avaliar as dificuldades de aprendizagem.
› **Entrevista terapêutica** – Por sua complexidade, esse tipo de entrevista representa mais problemas para o tutor. Pode ser utilizada quando os problemas pessoais e desajustes do aluno não têm muita gravidade.
› **Entrevista de orientação** – Por suas características, costuma ser muito apropriada para o tutor. Tem por finalidade ajudar o aluno a obter mais conhecimento de si mesmo e do mundo que o cerca, esclarecer suas possibilidades, orientá-lo para resolver problemas, ajudá-lo no processo de amadurecimento, esclarecer na tomada de decisões etc.
› **Entrevista livre** – Não está sujeita a um esquema fixo; fica por conta da dinâmica da própria situação. Esse tipo de entrevista requer grande experiência e domínio por parte do tutor. Pode oferecer uma rica e profunda informação, mas há o risco de se perder tempo, de se passar facilmente de um ponto a outro, além de haver interferência da subjetividade do tutor.
› **Entrevista estruturada** – Segue-se uma sequência de perguntas prefixadas. Geralmente, estas costumam concentrar-se nestes grandes tópicos: histórico familiar, escolar, pessoal e social. Esse modelo de entrevista tem a vantagem

da rapidez, da facilidade e de ter certa objetividade, porém é menos rica e profunda que a entrevista livre e tem tendência à monotonia.

> **Entrevista semiestruturada** – Compartilha características com as duas entrevistas anteriores. Pode começar com a busca de informação específica por parte do tutor, dando-se, posteriormente, liberdade ao aluno para expor seus problemas, incluindo o que desejar. O tutor pode intervir para apontar situações de bloqueio, inquirir sobre aspectos da vida do entrevistado, preencher "lacunas", fazer apontamentos etc. Na última fase, a entrevista é fechada, tornando-se de novo estruturada, e é complementada com os aspectos ou dados que não surgiram ou não ficaram suficientemente claros e que se consideram necessários.

> **Entrevista inicial** – Tem por objetivo fazer contato com o aluno para apresentar-se a ele e expor o motivo da entrevista. É importante para gerar um clima de confiança ou de aceitação mútua, para definir posteriores intervenções orientadoras.

> **Entrevistas periódicas** – São as que o tutor mantém com o aluno ao longo do processo de orientação.

> **Entrevista final** – É a que encerra o processo de orientação. De acordo com a lei do encerramento (teoria da *Gestalt*), é necessário transmitir o resultado de uma comunicação estabelecida. A orientação que se dá nessa entrevista provoca no aluno o desejo de um plano de ação de escolha livre.

> **Entrevista com os alunos** – Nesse modelo, deve-se partir da realidade pessoal de cada aluno e, portanto, considerar a idade, o gênero e a personalidade.

> **Entrevistas com os pais** – A finalidade da entrevista do tutor com os pais é que se conheçam e se compreendam mutuamente. Permite um intercâmbio de informação sobre a criança, desenvolve um plano conjunto de atuação educacional e ajuda a orientar a educação dos filhos.

Na entrevista com os pais, é conveniente considerar as seguintes sugestões:
> marcar um horário para evitar coincidências;

> preparar as entrevistas com cuidado; para isso, convém repassar a informação sobre o aluno;
> dispor de um ambiente o mais agradável possível;
> cercar a entrevista de um clima de simpatia e gentileza;
> referir-se ao aluno de modo favorável e começando pelo positivo;
> usar um vocabulário claro, simples, específico e adaptado a eles;
> manter uma postura de sinceridade e prudência;
> realizar um registro dos dados mais importantes.

3.3 Outras técnicas a serviço da tutoria

3.3.1 Sociograma

O sociograma, ou teste sociométrico, pode ser definido como um conjunto de procedimentos de observação e análise das relações entre grupos e que se expressam em uma série de índices e esquemas gráficos. Permite medir e descrever a estrutura das relações socioafetivas que subjazem nos grupos pequenos. Essa técnica consiste em pedir a todos os membros de um grupo que determinem com quais colegas desejariam ou não se encontrar em uma atividade determinada.

Entre as *características* do sociograma, podemos apontar:

> É utilizado em grupos naturais, cujos membros se conhecem perfeitamente.
> A investigação se centra em desejos subjetivos.
> As perguntas baseiam-se em critérios determinados.
> As respostas são levadas em conta, na medida do possível, visto que a ferramenta visa à intervenção.

As *funções* que o sociograma desempenha podem ser classificadas em:

> **Descritiva** – Descreve a estrutura interna do grupo – se o grupo está formado como tal, quais são os indivíduos mais significativos do grupo e as relações entre duas ou mais pessoas relativamente fortes.

> **Explicativa** – Serve para relacionar aspectos da estrutura global com outros aspectos – quais são os valores e as preferências do grupo e a relação entre solidariedade e obediência às normas.

3.3.2 Técnicas de dinâmica de grupo

O mais importante nas técnicas de *dinâmica de grupo* é desenvolver habilidades desejáveis no educando, tais como: habilidades para aprender a aprender, a investigar, a expressar-se, a saber ouvir, a saber discutir, a saber raciocinar, a experimentar e atuar em grupo.

As técnicas de dinâmica de grupo são uma ajuda válida para a socialização de alunos. É necessário conhecer o grupo e sua estrutura, bem como seus problemas. Entre outras, podemos destacar:

> **Assembleia** – Consiste em reunir o grupo todo para tratar um tema de interesse coletivo, com o objetivo de analisá-lo, dialogar e tomar decisões. Favorece a participação do grupo todo. Finalidade: aprender a discutir, favorecer a participação de todos e obter a coesão do grupo.
> **Mesa-redonda** – Consiste em um grupo reduzido de especialistas que defendem pontos de vista divergentes ou contraditórios sobre um tema e que expõem seus critérios de forma sucessiva. Finalidade: aprender a formar uma opinião pessoal, identificar um problema e explorá-lo.
> **Phillips 6/6** – Essa técnica parte da divisão de um grupo grande em subgrupos de seis pessoas, que durante seis minutos se reúnem para discutir um tema e chegar a uma conclusão. Finalidade: permitir e promover a participação ativa de todos os membros do grupo, obter as opiniões de todos em um tempo muito breve e tomar decisões.
> **Brainstorming** – Consiste em produzir o maior número de ideias possível sobre um determinado tema ou problema real. É realizado em grupos reduzidos, concebido para estimular a livre apresentação de ideias. Finalidade: encontrar novas ideias, desenvolver a originalidade e a criatividade,

estabelecer novas relações, demonstrar que os problemas não têm só uma solução, e sim várias, e estimular a capacidade de intuição.

> *Role playing* – Consiste em representar uma atuação típica. Pede-se a duas ou mais pessoas que representem uma situação da vida real, assumindo papéis presentes no caso. Finalidade: visualizar e compreender um problema que afeta o grupo, fazer uma pessoa viver e sentir um problema real e provocar uma vivência comum a todos os membros.

4. Resumo

O conjunto de técnicas de observação sistemática, como parte dos vários procedimentos, recursos e instrumentos da prática tutorial, pode ser sintetizado nos itens que recordamos a seguir:

> Na *observação* como técnica de coleta de dados, o observador contempla intencionalmente, mas sem modificar e provocar os fenômenos.
> Os estudos de observação são intencionais, estruturados e controlados.
> As qualidades da observação sistemática são *pertinência, validez, confiabilidade* e *possibilidade de transferência*.
> Apesar das limitações, a observação oferece as vantagens de permitir obter informação do aluno em seu meio natural, favorece a orientação do aluno e proporciona dados para complementar as informações obtidas por outros meios.
> Para fazer uma boa observação, é preciso considerar, previamente, as seguintes etapas: definição dos objetivos, proposta, observação e registro dos comportamentos observados, análise e sugestões.
> Os campos ou áreas nos quais o tutor pode obter informação de seus alunos são: aptidões, atitudes, personalidade, interesses e sociabilidade; em alguns casos, mediante a observação e, em outros, por meio da entrevista.
> As técnicas e os instrumentos de coleta de dados mais comuns são o *registro de incidentes*, as *listas de controle*, as *escalas de estimativa*, os *questionários*, as *escalas de atitudes* e as *entrevistas*.

> Por meio da observação e da entrevista, é possível chegar a um conhecimento mais profundo dos alunos a fim de orientá-los e ajudá-los em suas dificuldades.

5. Referências

CAMPOY, T. J. (1996): "La entrevista en el marco diagnóstico". *Comunidad Educativa*, 232, abril, 37-41.

CAMPOY, T. J. (1996): "La observación tutorial del alumno". *Comunidad Educativa*, 233, mayo, 22-26.

BUENDÍA, L. (1994): "Técnicas e instrumentos de recogida de datos"; en Colás, M. P. y Buendía, L.: *Investigación educativa*. Sevilla: Alfar, 201-248.

EVERTON, C. M. y GREEN, J. L. (1986): "Observation as inquiry and method"; en Wittrock, M. (ed.): *Handbook of research on teaching*. Nueva York: Macmillan, 162-213.

FERNÁNDEZ, P. (1991): *La función tutorial*. Madrid: Castalia/MEC.

FLANAGAN, J. C. (1954): "La téchique de l'incident critique". *Revue de Psychologie Appliquée*, 2.

KNAPP, R. H. (1978): *Orientación del escolar*. Madrid: Morata.

LÁZARO, A. y ASENSI, J. (1989): *Manual de orientación escolar y tutoría*. Madrid: Narcea.

LERNER, L. (1976): "Observación directa del comportamiento"; en Waisberg, I.: *Manual de trabajos prácticos en la psicología educacional*. Buenos Aires: Kapelusz, 241-242.

LÓPEZ, J. (1984): *Las escalas de actitudes (2), metodología y teoría de la psicología*. Madrid: Uned, 233-281.

MORALES, P. (1988): *Medición de actitudes en psicología y educación*. San Sebastián: Ttarttalo.

POSTIAC, M. y KETELE, J. M. de (1992): *Observar las situaciones educativas*. Madrid: Narcea.

POZAR, F. F. (1983): IHE. *Inventario de hábitos de estudio.* Madrid: TEA.

RODRÍGUEZ, M.L. y GIL, T. N. (1983): *Modelos de intervención en orientación educativa y vocacional.* Barcelona: PPU.

SÁNCHEZ, M.E. (1982): "Trastornos de conducta"; en VV. AA: *Educación especial.* Madrid: Cincel, 241-286.

SÁNCHEZ, S. (1993): *La tutoría en los centros docentes.* Madrid: Escuela Española.

SELLTIZ, C. y otros (1976): *Métodos de investigación en las relaciones sociales.* Madrid: Rialp.

unidade
didática
seis

programação da ação tutorial

1. Introdução

O planejamento da ação tutorial é uma sequência organizada de ações em busca de um fim. A ajuda que se espera do tutor relaciona-se à orientação dos alunos, com vistas a melhorar certos aspectos pessoais, profissionais e escolares dos estudantes sob sua responsabilidade, solicitando ajuda à equipe ou ao orientador da escola nos momentos necessários.

O planejamento tutorial deve ser feito porque garante a continuidade e a coerência da orientação da escola; constitui um suporte que dá segurança na prática da tutoria na escola e em sala de aula; permite o ajuste das atividades aos objetivos, às prioridades, ao contexto da escola e do grupo. Por último, a elaboração do plano fica justificada pela intenção de melhora e sua posterior incorporação ao planejamento geral da escola, favorecendo-se, assim, que os planos sejam compromissos reais de ação, e não meros trâmites burocráticos.

O plano de ação tutorial (PAT) é um dos instrumentos mais poderosos da orientação escolar e acadêmica. Se esse programa for adequado às necessidades dos alunos, segundo sua natureza e o contexto que os cerca, a ação tutorial ocorrerá de maneira satisfatória para os discentes, para os seus pais, para a sociedade em geral e, logicamente, para os próprios profissionais.

> *O planejamento da ação tutorial é igualmente necessário e útil em qualquer âmbito em que se desenvolva, seja nas escolas, seja na universidade, seja na empresa. O que for indicado nesta unidade didática, assim como o que foi exposto nas anteriores, será aplicável a outros âmbitos com as necessárias adaptações às peculiaridades e aos contextos que os caracterizam.*

2. Objetivos

1. Conhecer e avaliar o que é um plano de ação tutorial;
2. Estabelecer as fases de um programa de ação tutorial;
3. Determinar as características de um plano de ação tutorial;

4. Refletir sobre a necessidade de avaliar os programas;
5. Elaborar programações de atividades tutoriais.

3. Conteúdos

3.1 Programação da ação tutorial

3.1.1 Conceito de plano de ação tutorial (PAT)

A orientação educacional é um processo de ajuda inserido na atividade educacional, cujo objetivo é contribuir para o desenvolvimento integral do *aluno da escola*, da *universidade* ou do *aprendiz profissional*, a fim de capacitá-los para uma aprendizagem autônoma e para uma participação ativa e crítica em seu processo de amadurecimento e de preparação para incorporação à sociedade nas melhores condições possíveis.

De acordo com esse conceito, podemos definir o PAT como a resposta que, de modo sistemático e intencional, uma instituição de ensino oferece para concretizar operativamente a concepção da orientação educacional que quer desenvolver em favor de seus estudantes. Para realizar essa tarefa, é necessária a presença da figura do tutor na estrutura organizadora das escolas – pessoa que tem a responsabilidade de coordenar a ação orientadora em relação a um grupo de alunos e a cada um deles individualmente considerados. Em outras palavras, a ação tutorial tem como finalidade atender aos aspectos do desenvolvimento, amadurecimento e aprendizagem dos alunos tomados individualmente ou como grupo.

As funções de orientação e intervenção nas escolas devem ser desenvolvidas no marco da concepção educacional e curricular. Com base nessa concepção, *tutoria*, *orientação*, *apoio educacional* e *intervenção psicopedagógica especializada* fazem parte do currículo, entendido como oferta educacional integral dirigida a todos os aspectos da aprendizagem e do amadurecimento da personalidade dos alunos.

> *"O plano de ação tutorial é o marco no qual se especificam os critérios da organização e as linhas prioritárias do funcionamento da tutoria na instituição de ensino."*
> *(MEC [Espanha], 1996)*

A ação tutorial implica exercer uma tarefa de mediação do tutor em relação ao aluno, à família e ao corpo docente. Isso supõe um conjunto de ações cuja finalidade é praticar na escola uma educação de qualidade, entendida nos seguintes termos:

> articular e dar coerência, por parte da equipe docente, à proposta curricular oferecida aos alunos;
> aprofundar o conhecimento dos alunos para que o processo de ensino-aprendizagem esteja o mais adaptado possível a suas necessidades;
> favorecer maior nível de integração dos alunos a seu grupo, de maneira que se crie um bom clima para a aprendizagem e o desenvolvimento pessoal;
> estabelecer relação com as famílias dos alunos fundamentada na colaboração.

3.1.2 Características de um PAT

As atividades de orientação e tutoria afetam elementos *pessoais, materiais, organizacionais* e *técnico-pedagógicos* muito diversos, que precisam harmonizar-se para atuar adequadamente. Estes devem ser combinados de maneira correta e eficaz, com a finalidade de atingir os objetivos previstos. Como características gerais que devem ser consideradas, apontamos as seguintes:

> O plano organizacional deve se adequar ao contexto em que nos situamos, em relação às possibilidades, recursos e pessoas. Assim, é necessário conhecer os interesses e as expectativas dos alunos e de suas de famílias, a disponibilidade de técnicos em orientação etc.
> O plano organizacional deve ser funcional e operativo para que seja eficaz. Devem ser programadas atividades que realmente possam ser realizadas.
> O plano organizacional deve ser produzido com base em um enfoque de trabalho em equipe, com o desejo de envolver seus membros no programa e aumentar a participação e a responsabilidade.
> O plano organizacional deve propor atividades que visem diretamente à consecução dos objetivos previstos.

> O plano organizacional deve prever um sistema de avaliação contínua, com a finalidade de proporcionar informação sobre sua efetividade, bem como a possibilidade de introduzir as mudanças pertinentes para sua melhora.
> O plano organizacional deve basear-se na humanização do sistema escolar e favorecer a melhora de relações entre os membros da comunidade educacional.

3.1.3 Requisitos e garantias de um PAT

De maneira geral, um plano é uma sequência ordenada de ações direcionadas a determinadas metas. Portanto, um PAT deve levar em conta os seguintes aspectos ou requisitos:

> O ato de planejar significa refletir com o professorado e os demais agentes da educação.
> O PAT deve ser realista e realizável.
> O plano se projeta ao futuro, mas deve considerar também o passado e uma revisão do presente.
> O plano é uma hipótese de trabalho que haverá de ser constatada na prática.
> O plano não é fechado, e sim algo que vai sendo construído, o que implica um estado de revisão permanente.

Atendendo-se a esses requisitos, são obtidas as seguintes *garantias* de um adequado planejamento:

> **Garantia de continuidade** – A orientação é um processo que se estende ao longo de toda a vida escolar do aluno. Porém, o tutor, agente mais importante dessa orientação, muda a cada ano. Portanto, como garantir o caráter processual da ação orientadora se não houver planejamento e coordenação continuada?
> **Garantia de coerência e eficácia das ações** – É necessário estabelecer prioridades e distribuir no tempo, de uma maneira coordenada, a grande quantidade de funções e tarefas relativas à orientação, a fim de evitar sobreposições e repetições.

> **Garantia de ajuste das atividades a certos objetivos e prioridades** que atendem às características e às necessidades da escola, do nível escolar e do grupo de alunos.
> **Garantia de racionalização do uso dos meios e recursos** disponíveis e de busca de outros apoios que sejam necessários.
> **Garantia de participação e compromisso** de todos.

Portanto, antes de elaborar o PAT, é necessário garantir que os aspectos a seguir sejam contemplados:
> *formação específica e permanente do professor-tutor;*
> *atitude favorável e colaborativa da equipe docente;*
> *acordos consensuais sobre critérios de atuação;*
> *análise dos contextos definitórios da instituição educacional;*
> *análise das características próprias de cada curso;*
> *relação fluente com o âmbito familiar;*
> *seleção e priorização de atividades factíveis.*

3.1.4 Níveis do planejamento

O planejamento da ação tutorial se estrutura em *três níveis*:

> **Nível normativo** – É competência dos orgãos administrativos da educação. Constitui um marco geral no qual se estabelecem o orçamento técnico, as funções, as estruturas e os princípios organizacionais básicos da ação orientadora e tutorial. Em muitos aspectos, é mais orientador que prescritivo.
> **Nível participativo** – Cabe à instituição educacional pôr em andamento um amplo processo de participação que comprometa todos os seus componentes, para elaborar um PAT que seja incorporado ao projeto curricular. Dado que as escolas gozam de certo nível de autonomia curricular, pedagógica e organizativa, o planejamento da ação tutorial deve refletir as peculiaridades da instituição e ser uma manifestação dos sinais da identidade desta. Isso é uma tarefa de toda a equipe docente.

› **Nível operativo** – É definido pelo tutor de acordo com as características e as necessidades do grupo para levar à prática o PAT.

Nenhum professor questiona a necessidade da programação docente nem da ação tutorial. A programação no âmbito tutorial leva em conta, fundamentalmente, a coordenação, os blocos de conteúdo, as atividades de aprendizagem e a avaliação. A programação tutorial obriga as equipes docentes a obterem maior coerência na realização das atividades orientadoras. Na dinâmica da escola, os programas de formação devem ser elaborados com rigor, fixando o tempo e os recursos com grande flexibilidade, mas sem renunciar aos acordos imprescindíveis de cada etapa, ciclo e curso.

3.1.5 Justificativa para a elaboração de um PAT

As considerações dos parágrafos anteriores já trazem, de alguma forma, justificativas para a necessidade e a conveniência do planejamento da ação tutorial. Um plano permite garantir a continuidade e a coerência da orientação da escola, independentemente da mobilidade do professorado. O plano também possibilita a coordenação das ações do professorado que trabalha com um mesmo grupo de alunos, desde que esteja aberto à análise, à discussão e ao consenso.

Além do material de apoio (livros didáticos, programações dos departamentos etc.), é necessário um guia de ação, planos traçados de forma específica e operacional que deem consistência e sejam referência na prática da tutoria na escola e na sala de aula. Isso também transmite certa segurança e confiança às ações em nível individual que os tutores costumam realizar e que não estão imunes a certa sensação de solidão e de fracasso.

Do mesmo modo, o planejamento favorece o ajuste das atividades aos objetivos, às prioridades manifestadas e ao contexto da escola e do grupo.

Por último, justifica-se a elaboração do plano pela intenção de melhora e sua posterior incorporação ao planejamento geral da escola, com vistas a buscar a coerência e a racionalidade no planejamento, evitando-se atuações desnecessárias ou pouco realistas que conduzem a uma situação de pouca motivação para a ação. No quadro seguinte, expomos alguns dos aspectos prévios a serem levados em conta ao se iniciar o processo de programação da ação tutorial.

Figura 6.1 – Aspectos prévios à elaboração do plano

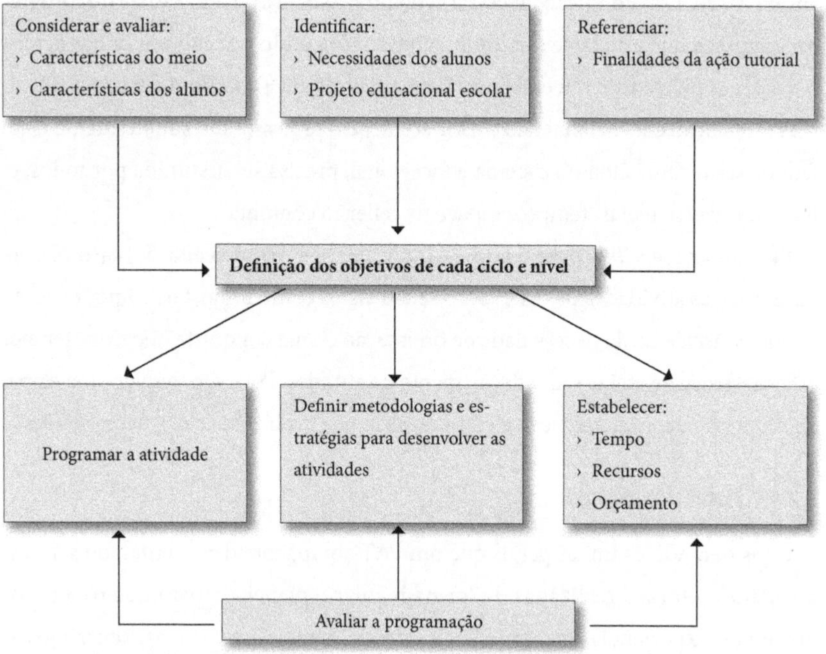

```
┌─────────────────────────┐  ┌─────────────────────────┐  ┌─────────────────────────┐
│ Considerar e avaliar:   │  │ Identificar:            │  │ Referenciar:            │
│ › Características do meio│  │ › Necessidades dos alunos│  │ › Finalidades da ação tutorial│
│ › Características dos alunos│ │ › Projeto educacional escolar│ │                    │
└─────────────────────────┘  └─────────────────────────┘  └─────────────────────────┘
              │                          │                          │
              └──────────────→ Definição dos objetivos de cada ciclo e nível ←──────────────┘
                          ┌───────────────┼───────────────┐
                          ▼               ▼               ▼
              ┌───────────────────┐ ┌───────────────────┐ ┌───────────────────┐
              │                   │ │ Definir metodologias│ │ Estabelecer:      │
              │ Programar a atividade│ │ e estratégias para│ │ › Tempo          │
              │                   │ │ desenvolver as    │ │ › Recursos        │
              │                   │ │ atividades        │ │ › Orçamento       │
              └───────────────────┘ └───────────────────┘ └───────────────────┘
                          ▲               ▲               ▲
                          └───────── Avaliar a programação ─────────┘
```

3.2 Realização de um PAT

A realização de um PAT implica três aspectos fundamentais:

› elaboração do plano;
› incorporação do PAT ao plano geral de tutoria da escola;
› aplicação do plano de tutoria da escola em programações de ação tutorial de *etapa, ciclo* e *classe.*

3.2.1 Configuração de um PAT

Um PAT abrange um conjunto de atividades sistemáticas, planejadas e orientadas a determinadas metas, em resposta a necessidades educacionais. A configuração de um plano ou programa inclui todos os componentes que devem estar presentes, bem como o conjunto ordenado de passos que devem ser seguidos para realizar as diversas ações.

Como fase prévia à realização de um PAT, deve-se levar muito em conta a *ensibilização*. Essa condição, necessária no processo de implantação de um programa, significa que este deve ser compreendido, discutido e aceito em linhas gerais não apenas pelo corpo docente, mas também por toda a comunidade educacional.

A orientação educacional não vai ser aceita pelo professorado simplesmente pelo fato de ser reconhecida no sistema educacional; precisa ser assumida por todos, e isso requer estratégias, tempo e espaço de reflexão conjunta.

Essa *fase de sensibilização* é imprescindível para a maior aceitação, caso não se deseje que as atividades de orientação sejam vistas como impostas, como "de fora". Tomar consciência da necessidade de orientação é uma conquista que exige tempo, reflexão, troca de ideias e amadurecimento de atitudes. Portanto, requer uma etapa de motivação, conscientização e compreensão dos problemas e das necessidades.

3.2.1.1 Fases de um PAT

Considerando as linhas gerais que um PAT abrangente deve conter, ou seja, as atividades tutoriais realizadas de forma regular e planejada para que os alunos obtenham experiências e competências previamente especificadas, sugerimos a configuração representada na figura a seguir.

Figura 6.2 – Fases de um PAT

```
┌─────────────────────────────────────────┐
│  MOTIVAÇÃO – REFLEXÃO – SENSIBILIZAÇÃO  │
└─────────────────────────────────────────┘
```

1. Avaliação de necessidades
› Análise do contexto
› Determinação de necessidades
› Priorização de necessidades

2. Programação
› Objetivos e conteúdos
› Destinatários
› Metodologia
› Recursos
› Tempo
› Custos

3. Implementação
› Aprovação
› Aplicação
› Atividades
› Supervisão do progresso

4. Avaliação

Avaliação de necessidades

Esta fase determina as ações necessárias para atingir um propósito ou uma meta. Para isso, é preciso fazer um correto planejamento mediante:

> análise do contexto;
> determinação das necessidades;
> priorização das necessidades.

1. Análise do contexto

A análise e o estudo da realidade socioambiental e educacional da comunidade educacional permitem nos adaptarmos ao máximo a esse contexto que vai configurar o programa.

Como pautas para esse estudo, sugerimos, de acordo com Rodríguez (1991), os indicadores descritos a seguir.

a. **Estudo da dinâmica sociológica da escola**
› Descrição geográfica (localização, dados de população, profissões mais comuns etc.);
› Descrição socioeconômica (densidade populacional, preferências mais comuns etc.);
› Descrição educacional/cultural (instituições de ensino na região, tipos de escolas, zonas esportivas etc.);
› Marco escolar (situação da escola, tipo de escola, número de alunos etc.);
› Aspectos da dinâmica familiar (média de filhos por família, índice de natalidade, taxa de ocupação e desemprego etc.);
› Relações e projeção externa da instituição educacional (reuniões planejadas, escola de pais, tipo de atividades etc.).

b. **Estudo da dinâmica e da organização da instituição**
› Propostas educacionais próprias e determinantes da escola (tipo de formação, ideário pedagógico, programação da ação orientadora etc.);
› Órgãos de governo e gestão da instituição (critérios de participação, organograma de funcionamento da escola etc.);
› Organização da dinâmica educacional e instrutiva (funções do professor, do tutor, do coordenador de ciclo etc.).

c. **Estudo dos resultados da instrução, da avaliação e da educação**
› Critérios para proceder às avaliações formativa e somativa (sistema de coleta de dados, formas de avaliar etc.);
› Níveis médios das notas escolares (análise dos níveis, necessidades de recuperação, índices de reprovação por matéria etc.);
› Comunicação dos resultados das notas da instrução e do processo do aluno (sistema de comunicação das avaliações aos pais, tipos de folhas de controle, prevenção das dificuldades etc.);

› Tomada de decisões para escolher estudos, ramos (profissões que os alunos conhecem melhor, influências de pais e colegas etc.);
› Atividades de lazer e organização do tempo livre (atividades mais frequentes, uso do tempo livre, atividades em grupo etc.);
› Estudo dos hábitos de trabalho intelectual (atitudes para com o estudo, descrição das condições de estudo etc.).

d. **Como se desenvolve o processo ensino-aprendizagem na escola**
› Horários e calendários das atividades cotidianas (funções do chefe de estudos, distribuição das matérias em horas, necessidades do aluno etc.);
› Estrutura e relações em grupo/classe (número de alunos, escolha de representantes etc.);
› Qualidade da relação entre o professorado e os alunos (estilo de relação, relação entre os professores etc.);
› Apreciação da conduta e da disciplina (sistemas de orientação preventiva, regulamento disciplinar, sistema de sanções etc.);
› Organização e planejamento da dinâmica corretiva (atividades de recuperação por matérias, por alunos, por grupos etc.);
› Estimativa das características pessoais e contextuais dos alunos (histórico familiar e acadêmico, folha de registro individual etc.).

e. **Análise dos serviços de orientação psicopedagógica**
› Organização do serviço (roteiro que o guia, pessoal que o compõe, recursos etc.);
› Oferta de serviços (à equipe docente, aos alunos, às famílias etc.);
› Estudo especial da ação dos tutores (tempo disponibilizado, programação de atividades etc.);
› Descrição das necessidades de uma instituição educacional em função do futuro PAT (necessidades dos alunos, necessidades dos professores etc.).

2. Determinação de necessidades

A avaliação de necessidades, para Kaufman (1982), é uma análise formal que mostra e documenta lacunas ou espaços existentes entre os resultados atuais (o que já existe) e os resultados que se desejam alcançar. Organiza essas lacunas (necessidades) em ordem de prioridades e seleciona as necessidades que vão ser atendidas no programa.

As finalidades básicas de uma análise de necessidades consistem em:

> ajudar os professores a tomar decisões apropriadas acerca dos serviços que devam ser oferecidos aos alunos;
> obter informação que possa ser comunicada a outros grupos de pessoas diferentes dos tutores (professores, pais etc.);
> levar todos os implicados no PAT a compreendê-lo, aceitá-lo e apoiá-lo.

Existem diversos modelos e métodos para fazer a análise de necessidades. O modelo CIPP (Contexto, Entrada [*Input*], Processo, Produto), desenvolvido por Stufflebeam *et al.* (1971), inclui a análise de necessidades como um componente da avaliação do contexto.

O modelo *colegial comunitário* foi desenvolvido por Tucker (1974). Implica o planejamento técnico para possibilitar a tomada de decisões em relação a categorias de necessidades educacionais e sua ordem de importância; o desenvolvimento de planos para detectar essas necessidades; a distribuição do orçamento de forma a atender às necessidades prioritárias fixadas; a análise do benefício que representa criar uma necessidade, em relação ao custo; o desenvolvimento de um método dinâmico de avaliação da eficácia dos sistemas educacionais.

O modelo de *decisão educacional* de Witkin (1978) propõe entender a avaliação de necessidades como um processo sistemático para estabelecer prioridades e tomar decisões a respeito da atribuição de recursos educacionais. As perguntas que guiam as pautas de atuação costumam ser: *Quer avaliar as necessidades? Por que desejamos fazer a avaliação? Qual será o alcance da avaliação? Quais métodos podemos usar para a coleta de dados? Quais são os recursos de que dispomos? Que problemas esperamos resolver com a avaliação?*

Gysbers e Moore (1981) e Gysberg e Henderson (1988) propõem um *processo sistemático para melhorar um programa*. Sugerem que se faça a análise de necessidades depois de selecionado um modelo de programa fundamentado no desenvolvimento e depois de estabelecidas as competências desejadas pelos alunos. O inventário seria elaborado para colher dados sobre as percepções que os alunos têm a respeito das competências que desenvolveram e das que gostariam de desenvolver.

Os modelos de *elementos organizacionais* em que Kaufman trabalhou incluem referências avaliadoras de tipo interno e externo e diferença entre esforços de organização, resultados de organização e impacto social. Os dois primeiros elementos do modelo seriam entendidos como os meios utilizados para a consecução de objetivos que posteriormente serão sancionados pela referência externa.

O modelo *cíclico* é aplicado por Kenworty (1980) e Witkin (1979). Na primeira fase do modelo, faz-se uma análise comparativa da atividade normal de um processo com o guia de objetivos a alcançar; as diferenças entre ambos levam ao nível de "necessidades primárias". Nessa fase, faz-se uma lista de necessidades básicas, em ordem de prioridade, para cada tipo de atividade da escola. Na segunda fase, identificam-se as causas das necessidades anteriormente detectadas, as condições e as circunstâncias em que os desajustes ocorrem; essa fase acaba com uma análise detalhada das necessidades revisadas. Na terceira fase, analisam-se os resultados das duas fases anteriores e, após um novo processo de busca de causas, estabelecem-se as atuações pertinentes voltadas à satisfação das necessidades prioritárias.

Collison (1982) sugere outro procedimento para fazer uma análise de necessidades em estudantes de educação secundária:

> introdução de uma lista de interesses ou preocupações dos alunos;
> esclarecimento dessas preocupações e coleta das respostas do grupo;
> discussão acerca dos dados e das respostas do grupo às preocupações;
> discussão acerca dos problemas mais importantes, da solução real ou ideal para os problemas e dos recursos de que se dispõe para resolver esses problemas;
> resumo e avaliação.

Hays (1977) descreve um processo para conduzir uma análise de necessidades em um contexto escolar. Considera os seguintes passos:

> obter um compromisso inicial de todas as partes interessadas;
> esclarecer o propósito;

> planejar o processo;
> coletar e resumir a informação;
> analisar a informação;
> divulgar os resultados;
> julgar a evidência;
> planejar a melhora do programa.

A tendência da *análise de necessidades*, para Sanz (1990), deve responder a três questões básicas:

> Quais são os componentes essenciais de uma análise de necessidades?
> Pode uma análise de necessidades formal atingir resultados melhor que uma análise informal?
> Os programas construídos com base em dados proporcionados por uma análise de necessidades têm menos possibilidades de eliminá-las ou reduzi--las que os programas com base na intuição ou nas preferências pessoais?

As respostas a essas e outras questões poderiam ajudar a melhorar os procedimentos e as aplicações da análise de necessidades e o desenvolvimento de um programa de ação tutorial.

A tendência é incrementar cada vez mais o planejamento de programas de ação tutorial como meio de desenvolvimento das tarefas do tutor e utilizar a análise de necessidades como um meio fundamental de melhorar esse planejamento.

Para avaliar as necessidades, o procedimento pode ser muito variado, mas o mais utilizado é o estudo tipo *"survey"*, no qual se colhem opiniões, crenças, preferências e percepções dos fatos de um conjunto de sujeitos por meio principalmente de questionários escritos e entrevistas. Em alguns casos, incorporam-se técnicas de observação em todas as suas gamas e variantes (diários, registro de casos, análise de incidentes críticos, gravações, ação/observação etc.). Para Tejedor (1990), entre as técnicas de observação, seria necessário diferenciar, pelo menos, três níveis segundo o grau de estruturação utilizado pelo investigador:

> *estruturação fraca* (diários, atas de visitas, participação em reuniões de trabalho etc.);
> *estruturação intermediária* (notas de amostras, casos, análise de incidentes críticos, gravações etc.);
> *estruturação forte* (método experimental, participação na ação etc.).

3. Priorização de necessidades

As necessidades tutoriais não podem ser atendidas sem ser priorizadas; portanto, faz-se necessário graduar a intervenção para que o planejamento seja satisfatório.

Dessa maneira, depois de determinadas as necessidades, estas devem ser ordenadas em função de sua importância, e o tutor identifica, segundo os meios humanos e materiais de que disponha, quais vai poder tentar satisfazer.

Isus (1990) propõe um modelo para a avaliação de necessidades no momento da tomada de decisões, ao término dos estudos pré-universitários. Esse modelo distingue entre *necessidades primárias*, que tentam identificar os vazios ou deficiências nos serviços prestados, e *necessidades secundárias*, as quais se centram no nível organizacional interno – necessidades próprias das instituições e dos orgãos administrativos educacionais. São discrepâncias entre os recursos ideais para satisfazer as necessidades dos programas curriculares e os recursos atuais. O modelo também diferencia entre *critério intrínseco* ou *mérito* – pelo qual se devem analisar as discrepâncias entre a realidade e o ideal sob critérios de mérito, ou seja, segundo a excelência ou a eficácia determinada por especialistas e profissionais – e *critério extrínseco* ou *valor*, que é o valor de uma situação ou programa educacional em função dos efeitos que produz nas pessoas às quais se aplica.

Quadro 6.1 – Modelo de avaliação de necessidades

Critérios	Necessidades secundárias Processos	Necessidades primárias Resultados
Intrínseco ou mérito	Modelo de tratamento Modelo de interação Modelo do sistema social Modelo curricular	Mérito do programa segundo: › Pessoas implicadas › Entorno acadêmico › Entorno familiar › Especialistas em educação
Extrínseco ou valor	Inspeção administrativa	Impacto social Valores: › Atuais para inserção › Ideais (sociedade, mudança)

Programação

Depois de estabelecida uma ordem de necessidades e uma priorização, esta fase deve deixar claro quais são os objetivos, os destinatários, a metodologia, os recursos, a disponibilidade de tempo e os custos, quando for o caso.

Em um modelo de planejamento de tipo linear, segundo Rodríguez *et al.* (1993), deve-se responder a estas questões:

› *Sobre o quê?* – Conteúdos do PAT.
› *A quem?* – Destinatários.
› *Como?* – Atividades.
› *Com quê? Com quem?* – Recursos materiais e humanos.
› *Quando?* – Disponibilidade de tempo.
› *Quanto?* – Custos.

a. **Objetivos e conteúdos do programa** – Os objetivos e conteúdos do programa relacionam-se às necessidades detectadas no estudo do contexto da escola e do grupo de alunos com quem se vai trabalhar. Trata-se de apontar as áreas nas quais se vai atuar. Por exemplo: facilitar a integração dos alunos a seu grupo e ao conjunto da vida escolar; contribuir para a cooperação educacional entre o professorado e os pais dos alunos; colaborar com o Departamento de Orientação nas adaptações curriculares para os alunos que delas necessitem. Os conteúdos são os núcleos temáticos sobre os quais versará o programa, sendo trabalhadas paralelamente à definição dos objetivos.

b. **Destinatários** – Referem-se ao grupo de alunos a que o programa se dirige. Da análise de necessidades feita para estabelecer os objetivos do programa saem também as características de seus destinatários. Do mesmo modo, de acordo com as características do nível educacional dos alunos, faz-se a priorização das necessidades.

c. **Metodologia** – São as diversas atividades e estratégias programadas para atingir os objetivos. O número de atividades formuladas para cada objetivo é determinado pela realidade do grupo a que se dirige o programa.

d. **Recursos** – O bom resultado das atividades depende de prever com antecedência os recursos, tanto materiais quanto humanos, necessários para a execução do programa. Devem ser determinados os materiais de que se precisa para o desenvolvimento das atividades, o tipo de recursos etc.

e. **Disponibilidade de tempo** – Especifica-se o número total de horas que o programa terá e sua distribuição em relação aos objetivos e aos conteúdos, bem como seu calendário. Na disponibilidade do tempo, deve-se considerar o calendário escolar e a organização própria do trabalho.

f. **Custos** – Esse tópico se refere ao orçamento para a execução do programa. O custo é determinado pela amplitude do programa de ação tutorial e pelo tipo de recurso utilizado.

Implementação

Depois de aprovado pelos responsáveis competentes (Comissão de Coordenação Pedagógica, corpo docente, Conselho Escolar), o PAT é incluído no projeto curricular escolar. A implementação significa a aplicação do programa planejado mediante a realização prática de tarefas específicas dentro da atividade tutorial, utilizando-se os instrumentos e os recursos estabelecidos previamente.

Nesta fase, é preciso prestar especial atenção à execução das atividades do programa para fazer as variações necessárias, tanto no que diz respeito ao número de atividades quanto no que se refere ao seu conteúdo.

Ao longo da execução do programa, modificações e ajustes vão sendo feitos como consequência de fatores externos ou internos. Quando, por alguns desses fatores, é preciso reestruturar o programa, impõe-se uma nova priorização das atividades e dos objetivos em função do tempo disponível e da realidade do grupo/classe.

Figura 6.3 – Ação tutorial

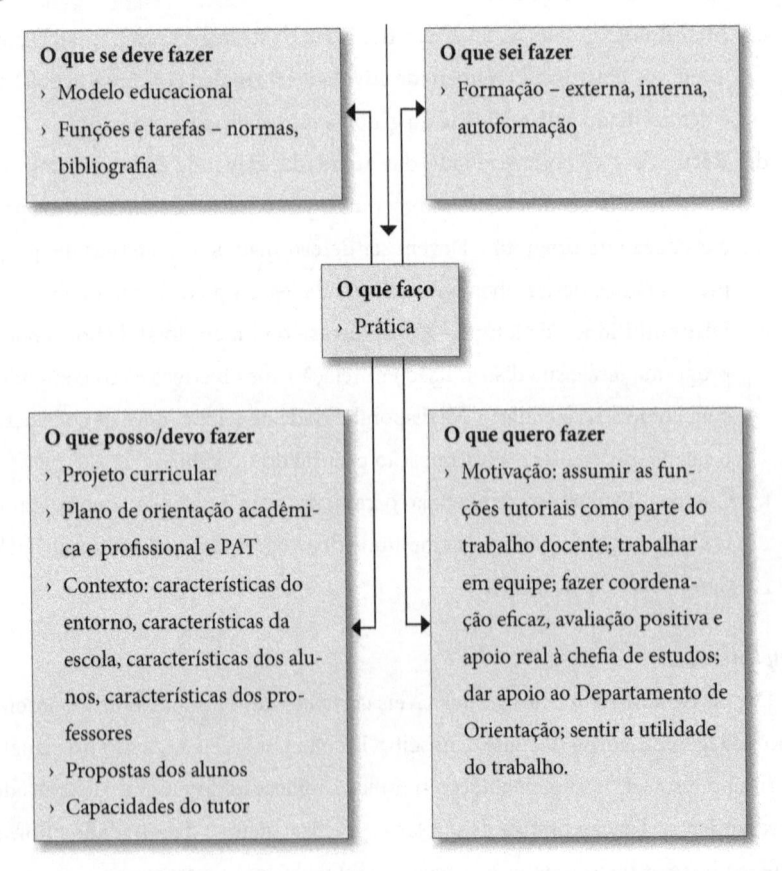

O que se deve fazer
› Modelo educacional
› Funções e tarefas – normas, bibliografia

O que sei fazer
› Formação – externa, interna, autoformação

O que faço
› Prática

O que posso/devo fazer
› Projeto curricular
› Plano de orientação acadêmica e profissional e PAT
› Contexto: características do entorno, características da escola, características dos alunos, características dos professores
› Propostas dos alunos
› Capacidades do tutor

O que quero fazer
› Motivação: assumir as funções tutoriais como parte do trabalho docente; trabalhar em equipe; fazer coordenação eficaz, avaliação positiva e apoio real à chefia de estudos; dar apoio ao Departamento de Orientação; sentir a utilidade do trabalho.

Avaliação

A avaliação do PAT como organização e também dos resultados concretos do processo orientador é fundamental para verificar se foram atingidos os objetivos previstos e para corrigir os desajustes entre o planejamento inicial e a realidade detectada.

A avaliação do programa não deve ser vista como um produto final, e sim, segundo Trump (1975, p. 17), como um processo dinâmico que gera mudanças no programa.

a. **Necessidade da avaliação**

A avaliação como componente imprescindível na configuração de um PAT está justificada porque:

> permite verificar se a função tutorial está satisfazendo aos alunos;
> serve para um contínuo melhoramento do programa;
> evita decisões sobre o programa fundamentadas em intuições, desvios, impressões, coisas difíceis de justificar;
> proporciona informação a todos e favorece a tomada de decisões;
> testa o preparo dos professores-tutores e faz enfrentar a necessidade de fazer sua tutoria funcionar.

b. **Vantagens da avaliação**

São as seguintes as vantagens da avaliação:

> receber constante informação sobre o grau de efetividade do programa;
> poder identificar alunos cujas necessidades não estejam sendo satisfeitas;
> escolher e utilizar as técnicas de orientação com base em sua efetividade;
> poder eliminar atividades tutoriais inúteis.

c. **Meios de avaliação**

Quando nos propomos à avaliação de um PAT, estamos interessados em dois aspectos importantes:

> O que o tutor realizou?
> Quais são os efeitos do trabalho do tutor nos alunos?

Existem diversos meios para realizar a avaliação (entrevistas, autoinformes, registros etc.,), mas deve-se garantir que esses meios sejam viáveis, abordáveis e pouco onerosos na prática.

3.2.2 Incorporação do PAT ao plano geral de tutoria da escola

Nesta fase, o PAT de cada etapa ou nível deve ser incorporado aos organismos de decisão sobre ação tutorial que afetam o projeto educacional e o plano geral de tutoria incluído no projeto curricular, com o objetivo de integrar e coordenar todas as ações. A maneira de fazer isso consiste em analisar o plano de melhora identificando os aspectos que afetam cada nível de decisão sobre a ação tutorial. Os diferentes níveis de concreção, bem como os elementos que corresponderiam a cada um, são os que se apresentam nos itens descritos a seguir.

a. **Documento básico – projeto educacional escolar**

O PAT que cada professor-tutor elaborar deve ser incorporado às decisões já tomadas no projeto educacional. Esse plano é construído pelo chefe de estudos em conjunto com os tutores e deve ter especial consideração para com as atividades referentes à orientação escolar, profissional e vocacional dos alunos da escola, bem como à fixação do calendário de reuniões com os pais, os alunos e as equipes docentes de acordo com a lei vigente.

b. **Plano Marco de Ação Tutorial coordenado pelo Departamento de Orientação**

Este segundo nível de concretização é incorporado ao projeto curricular de etapa. Os principais elementos que podem fazer parte desse plano são os seguintes:
> **Justificativa do plano** – Trata-se da análise do contexto e de sua materialização nas decisões do projeto educacional que afetam a tutoria.
> **Planejamento geral das sessões de avaliação e qualificação dos alunos**, bem como calendário de exames ou de provas extraordinárias.

> **Reuniões dos professores-tutores** – Estabelecem-se as sessões conjuntas dos tutores com os professores do grupo de alunos. A finalidade das relações entre o tutor e a equipe docente podem ser as seguintes: a) reunir e fornecer informação sobre o grupo/classe no que se refere a atividades do Departamento de Orientação e a circunstâncias e situação do grupo quanto a temas relacionados com seu rendimento e integração; b) analisar o processo de ensino-aprendizagem no grupo/classe em geral e em diferentes áreas em particular; c) estudar as circunstâncias que acompanham a problemática apresentada por determinados alunos e orientar as intervenções educacionais; d) supervisionar os acordos selados nas reuniões.

> **Designação de tutores** – A escola deve estabelecer critérios para a designação de tutores considerando a lei vigente. Em todas as instituições de ensino, deve haver um tutor para cada grupo de alunos. Ele deve ser designado pelo diretor da escola segundo sugestão do chefe de estudos, preferencialmente escolhido entre o professorado que lecione uma mesma matéria ou área a todos os alunos do grupo. Sempre que possível, deve-se ouvir a opinião do alunado para a designação dos tutores que lhes caibam. Se, distribuídas as tutorias, alguns grupos ficarem sem atendimento por falta de professores disponíveis, a tutoria desses grupos será assumida por professores que desempenhem outras funções diretivas ou de coordenação.

> **Horário dos tutores** – A escola deve definir a hora de tutoria com os alunos e estabelecer critérios, conteúdos e procedimentos para a comunicação dos tutores com os pais e para suas reuniões com o Departamento de Orientação. A lei indica as horas de dedicação à ação tutorial do professor-tutor e a obrigatória permanência na instituição educacional. Uma das horas deve ser dedicada às entrevistas com os pais de alunos, previamente convocados por iniciativa dos interessados. Essa hora tem de ser fixada de forma que facilite o comparecimento de pais, considerando-se suas circunstâncias de trabalho. Uma segunda hora deve ser adaptada ao horário dos alunos, de maneira que não coincida com o horário de aula e permita reuniões periódicas do tutor

com seu grupo. Uma terceira hora pode ser dedicada às tarefas administrativas próprias da tutoria.

› **Competências que os tutores têm de assumir** nos outros âmbitos de intervenção do Departamento de Orientação – Referem-se ao apoio a ser dado ao processo de ensino-aprendizagem e à orientação acadêmica e profissional.

› **Procedimento para difundir, acompanhar e avaliar o plano de tutoria com os tutores** – Devem ser previstos os momentos adequados, contando-se com a cobertura necessária para realizar essas tarefas.

› **Repertório de atividades e recursos**, organizados por âmbitos de atuação, que possa ser útil aos tutores em suas programações.

› **Linhas de atuação em relação aos âmbitos da tutoria** – A ação tutorial é desenvolvida em três direções principais e em cada uma delas se determina uma série de objetivos. No PAT, procura-se especificar os objetivos e/ou as prioridades em relação a: a) *alunos* (avaliação, verificação de interesses e aptidões, facilitação do desenvolvimento e da recuperação acadêmica, análise de metodologias e procedimentos didáticos, exame da adequação dos conteúdos dos programas e da consecução dos objetivos); b) *outros professores*; e c) *pais de família*. A seguir, apontamos possíveis ações que podem ser desenvolvidas em um programa de ação tutorial no que se refere a esses âmbitos das aspirações educacionais da escola.

› Em relação aos alunos:
  › obter as condições ótimas para a aprendizagem;
  › conhecer as características pessoais dos alunos a fim de contribuir com o desenvolvimento da personalidade deles e com o ajuste da resposta educacional a capacidades, motivações e interesses de cada um;
  › saber como enfrentar os próprios fracassos e erros;
  › favorecer os processos de amadurecimento e de orientação educacional dos alunos;
  › ajudar os alunos a tomar decisões em relação ao itinerário acadêmico e profissional mais adequado a suas capacidades, interesses e motivações;

- desenvolver a capacidade para se relacionar com si próprio, com as outras pessoas e com os colegas;
- ensinar o aluno a conhecer-se e a aceitar a si mesmo;
- desenvolver atitudes de responsabilidade e autorrealização;
- determinar ações voltadas à prevenção, à detecção e à intervenção diante das dificuldades de aprendizagem;
- assessorar e orientar os processos de aprendizagem mediante técnicas e hábitos de estudo, de reflexão, de expressão etc.;
- fomentar atitudes positivas para com o estudo;
- facilitar a integração dos alunos no grupo/classe e no conjunto da dinâmica escolar;
- orientar as sessões de avaliação do grupo, detectar as mudanças de nível de classe e coordenar a ação com os outros professores;
- favorecer a coesão do grupo, o nível de participação e colaboração;
- cuidar do cumprimento do regulamento interno, modificando as condutas não desejáveis e conquistando a confiança;
- proporcionar ao grupo informação escolar, bolsas, estudos etc.;
- atuar como moderador entre seu grupo e os demais, entre o grupo e os professores etc.;
- programar as recuperações do grupo em matéria de aprendizagem;
- organizar e coordenar atividades extracurriculares;
- dar atenção aos alunos com problemas familiares;
- respeitar profundamente o aluno como pessoa.

> Em relação à equipe educacional, essa cooperação tem por finalidade o intercâmbio eficaz de informações a respeito dos alunos e a cooperação amistosa para conseguir o melhor andamento do grupo/classe. As ações sugeridas são as seguintes:
> - informar aos professores as características dos alunos, bem como solicitar e coletar informação dos professores sobre os estudantes;
> - ser porta-voz das opiniões e dos desejos dos professores perante os alunos;

> estimular a integração do professorado na equipe educacional;
> evitar a dispersão do professorado, unificando critérios;
> convocar, organizar e presidir reuniões periódicas do professorado;
> coordenar e presidir as juntas de avaliação;
> ajudar a programar e a planejar as matérias;
> ser porta-voz da equipe educacional perante as famílias;
> coordenar ações e informar o professorado sobre o andamento das recuperações;
> cooperar com o Departamento de Orientação;
> transmitir à direção os problemas e as sugestões dos professores;
> coordenar e organizar atividades complementares com o professorado;
> cooperar com coordenadores e direção na elaboração do currículo;
> informar sobre as diferentes situações dos alunos, como condição econômica, social, pessoal, familiar etc.;
> fornecer dados quando requeridos;
> orientar sobre temas que forem surgindo ao longo do curso: avaliação, programação e metodologias didáticas etc.

> Em relação aos pais de família, o objetivo é compreender melhor o aluno. Assim, sugerimos as seguintes ações:
>> informar aos pais sobre as características pessoais de seus filhos, os problemas afetivos e o rendimento acadêmico;
>> informar aos pais sobre o comportamento de seus filhos, bem como obter informação dos pais sobre a conduta de seus filhos;
>> conhecer os pais e o ambiente familiar em aspectos como estrutura familiar, relacionamento com os filhos, relacionamento entre os irmãos etc.;
>> obter a colaboração familiar nas tarefas educacionais da escola;
>> ajudar os pais a resolver os problemas e as dificuldades que encontrarem na educação de seus filhos;
>> reunir-se com os pais quando necessário;

> colaborar com as associações de pais de alunos;
> organizar e coordenar reuniões conjuntas com pais e alunos;
> ser porta-voz das famílias perante a equipe educacional;
> sugerir encaminhamentos a outros especialistas;
> ser elo entre os pais e a escola, o ambiente familiar e a instituição educacional etc.

3.2.3 Concretização do plano geral de tutoria da escola

Esse momento se caracteriza pela integração e, portanto, pela adaptação do plano geral de tutoria da escola a cada uma das etapas e níveis educacionais. Para isso, recomendamos a observação dos aspectos comentados a seguir.

a. **Apoiar a execução da ação tutorial**

Para aplicar o plano, é necessário elaborar e desenvolver estratégias que permitam estabelecer condições mais adequadas para a realização das atividades nele previstas. Entendemos que, na aplicação de um PAT, devem ser garantidas certas condições, como as seguintes:

> disponibilidade de tempo real no horário do tutor e dos professores para trabalhar com os alunos, os pais e entre os professores;
> promoção de atividades discutidas e validadas pelo grupo de professores, que permitam o desenvolvimento real das propostas de ação apontadas no plano, com possibilidade de serem adaptadas, em cada caso, à realidade da sala de aula e do professor;
> assessoria psicopedagógica durante o desenvolvimento do plano e de ações de acompanhamento e avaliação que permitam um reajuste contínuo;
> maturidade suficiente do grupo de tutores para o desenvolvimento de tarefas de colaboração, aprendizagem e apoio profissional entre iguais, para a aplicação das atividades planejadas; habilidades de comunicação em grupo e liderança eficaz por parte do orientador da escola.

b. **Acompanhamento e avaliação**

O acompanhamento tem como finalidade descrever o que foi feito e por que razão, valorizando propostas de melhora. A importância do acompanhamento reside na melhora real da ação tutorial no desenvolvimento do que foi planejado para a realidade da sala de aula; por isso a necessidade de um ajuste contínuo, seguindo-se critérios úteis para o desenvolvimento do aluno e para a melhora das competências do professor.

O acompanhamento do PAT consiste, pois, na aplicação de um conjunto de procedimentos de trabalho em grupo que permita o apoio entre os setores implicados, a assessoria do Departamento de Orientação e, enfim, um desenvolvimento positivo e em condições de ser generalizado a outras dimensões da escola passíveis de melhora.

A necessidade surge porque a instituição educacional é um lugar de formação e promoção de mudança, e isso se consegue com ações concretas de desenvolvimento de planos e de acompanhamento do trabalho de classe do professor. O apoio ao desenvolvimento dos planos de tutoria é uma oportunidade para introduzir mudanças e modificar esquemas de pensamento do professorado. É uma ocasião para favorecer o trabalho em grupo e superar situações de isolamento profissional dos professores. O pensamento crítico, o contraste de propostas, a reflexão de professores e alunos sobre o que e por que fazem permitem a reorientação das práticas docentes.

A avaliação educacional visa ao controle, à medição do comportamento, sendo necessário estabelecer critérios claros que tendam a definir os resultados de um programa. Lafourcade (1985) afirma que a avaliação é útil para:

> - saber quais objetivos foram cumpridos no ciclo didático projetado;
> - fazer uma análise das causas que podem ter motivado deficiências na consecução das metas propostas;
> - adotar uma decisão em relação ao complexo causal que levou à concreção parcial dos objetivos previstos;
> - aprender com a experiência e não incorrer em erros no futuro.

A avaliação da ação tutorial deve apresentar uma série de características, como as seguintes:

› Deve ser entendida como um processo e tem um caráter dinâmico; nela se aplicam procedimentos científicos.
› Deve coletar informação válida e confiável.
› Deve favorecer a tomada de decisões.
› Deve estar contextualizada e ajustada às condições reais do programa.
› Deve se referir a um conjunto sistemático de ações aplicadas para atingir os objetivos propostos.
› Deve permitir fazer uma avaliação dos resultados e dos processos.

A avaliação da ação tutorial pode ser feita dos pontos de vista *formativo* e *somativo*, considerando a distinção entre ambos os tipos: as formas de avaliação que contribuem para o aperfeiçoamento de um programa em desenvolvimento devem ser consideradas como avaliação formativa, ao passo que as formas de avaliação voltadas à verificação da eficácia dos resultados de um programa devem ser consideradas como avaliação somativa.

A *avaliação formativa* é direcionada ao processo e ao produto. A *avaliação do processo* informa até que ponto as atividades se desenvolvem a bom ritmo, bem como sobre as modificações ou explicações necessárias no plano inicial, o grau de aceitação dos participantes do programa, o planejamento real que está sendo feito à margem do inicial e os custos da realização.

A *avaliação do produto* dos programas de ação tutorial pode ser definida como a constatação de modificações nas atitudes, nos conhecimentos, nas aptidões e nos comportamentos derivados da aplicação de um PAT. No final, o que se deve considerar é quais fatores do processo de orientação implicam efeitos relacionados com o PAT. O processo a seguir compreende:

› avaliação do trabalho em relação a uma série de normas;
› emprego de testes de rendimento elaborados ou padronizados;
› análises feitas por pessoas treinadas;
› realização das comparações oportunas para verificar avanços.

A *avaliação somativa* tem como objetivos verificar:
› os esforços em termos de tempo, se foram adequados;
› os índices de rendimento econômico do programa;
› a conveniência de generalização de sua aplicação a outros âmbitos da orientação;
› a necessidade de outros esforços complementares;
› a vinculação de seus resultados a futuras aplicações do programa.

3.3 Fatores condicionantes da ação tutorial

Para que a ação tutorial se desenvolva adequadamente, é preciso considerar uma série de fatores, tanto internos (escolares) quanto externos (extracurriculares), entre os quais se incluem fatores humanos, materiais e organizacionais que podem atuar como condicionantes do processo de implantação do sistema tutorial. Entre esses condicionantes, apontamos os descritos na sequência.

a. **Fatores humanos**

Condicionantes pessoais do professorado:
› Estilo pessoal;
› Formação profissional;
› Estabilidade na escola;
› Grau e tipo de relação entre os professores;
› Motivação e nível de expectativa;
› Número de alunos atribuídos a cada tutor;
› Relação entre o número de cursos e o número de professores;
› Estilo de atuação da equipe diretiva;
› Tipo de relacionamento e clima de convivência estabelecido com os alunos e os pais;
› Clima democrático, de respeito, participação e tolerância na comunidade educacional;
› Existência do Departamento de Orientação, com pessoas habilitadas e colaboradoras atuando nele.

Condicionantes pessoais dos alunos:

> Nível de inteligência dos grupos de alunos;
> Diferentes interesses manifestos;
> Grau de aspirações dos alunos;
> Desenvolvimento físico e situações de incapacidade;
> Clima de convivência gerada na escola;
> Tipo de relacionamento com professores e pais;
> Grau de participação e compromisso;
> Relações de afetividade entre alunos e professores;
> Diferentes formas de conduta e comportamento.

Condicionantes pessoais dos pais:

> Nível de aceitação e envolvimento no projeto educacional escolar;
> Tipo de relação estabelecido com os tutores de seus filhos;
> Nível sociocultural e atividade profissional;
> Grau de colaboração e participação na escola;
> Disponibilidade e presença na escola, como em conselhos escolares, associação de pais, escola de pais etc.

b. **Fatores materiais**

> Espaço disponível para tutorias ou salas de atendimento;
> Salas de usos diversos para palestras, conferências, trabalho com o grande grupo etc.;
> Funcionamento do ar-condicionado e serviço de limpeza;
> Localização da escola (ruídos, umidade, poluição etc.);
> Disponibilidade de salas para fazer atividades de programação tutorial;
> Material fungível (testes, projetor, fotocopiadora, material de reeducação, arquivos, bibliografia sobre orientação etc.).

c. **Fatores organizacionais**

> **Programação** – O PAT deve estar comprometido com a programação geral da escola.

> **Horários** – Os horários devem ser estabelecidos pela lei vigente, além do que se considerar conveniente para o bom cumprimento do PAT.
> **Agrupamentos** – A possibilidade e a disposição por parte da escola de permitir agrupamentos com diferentes fins, tanto de tipo vertical quanto horizontal, favorecem o desenvolvimento de atividades tutoriais.

d. **Metodologia**

Em todo processo de planejamento, é preciso determinar que tipo de metodologia é o mais adequado em função dos fins educacionais que se quer atingir, dos conteúdos selecionados e dos destinatários. Isso servirá para articular os recursos, as atividades e as técnicas que colocarão o método em andamento. Determinar a metodologia a seguir, ou o caminho a percorrer, representa organizar os eventos de tal forma que se possa atingir os objetivos estabelecidos.

e. **Fatores extracurriculares**

Na elaboração de um PAT, é preciso levar muito em conta os aspectos externos à escola que podem atuar como condicionantes das atividades propostas. Entre esses fatores, apontamos os seguintes:

> **geográficos**: localização da escola, tipo de estabelecimento de ensino (rural, urbano, periférico), utilização de transporte, dispersão da população, topografia irregular, horários, tipo de edificação da escola, clima rigoroso etc.;
> **socioculturais**: meios de vida, tipo de população, receitas familiares, taxa de desemprego, existência de bibliotecas no bairro, proximidade de museus e centros culturais e recreativos, instalações esportivas etc.

3.4 Modelos de planejamento

3.4.1 Programação de atividades tutoriais por objetivos

A título de exemplo, propomos, a seguir, uma programação focada em objetivos a serem alcançados por meio de atividades que o tutor deve realizar em função do tempo e dos recursos necessários.

Quadro 6.2 – Exemplo de programação de atividades tutoriais por objetivos

Atividade: "Comemoração da Constituição" Data: 1ª semana de dezembro	Curso: **Bacharelado**

OBJETIVOS
1. Conhecer a Constituição Espanhola de 1978 como norma suprema de convivência em paz de todos os espanhóis;
2. Captar a importância da Constituição por meio de atividades tutoriais que se desenvolvem nesta semana.

ATIVIDADES
› Explicação da Constituição por parte do tutor;
› Trabalhos em equipes e posterior debate;
› Confecção de murais alusivos ao tema e posterior exposição;
› Visita à prefeitura;
› Mesa-redonda presidida por diferentes representantes políticos.

METODOLOGIA
Em uma primeira fase, trata-se de criar um clima favorável no grupo de alunos em relação ao valor da Constituição e despertar interesse quanto à necessidade de acatá-la e cumpri-la. Os pontos de reflexão podem ser os seguintes:
› processo na elaboração da Constituição;
› direitos e deveres dos cidadãos.

Uma segunda fase centra-se na discussão e na análise em grupo sobre diversos aspectos da Constituição. O papel do tutor é indicar pautas para a discussão, coordenar certos conceitos, se preciso, e coordenar o debate.

Para isso, deve-se:
› propor atividades com as quais se conclua que a democracia é a melhor forma de convivência;
› mostrar a necessidade de proteger todos os espanhóis e povos da Espanha no exercício dos direitos humanos;
› fornecer informação sobre o funcionamento das Cortes Gerais;
› trabalhar em pequenos grupos para traçar uma síntese geral do tema;
› organizar uma mesa-redonda, depois da palestra, na qual um ou dois membros de cada grupo apresentem à classe a informação reunida;
› pôr os alunos em contato com autoridades locais.

RECURSOS
› Livros sobre a Constituição;
› Cartolinas, marca-texto etc.;
› Pessoas: autoridades locais, tutores;
› Fichas para o controle de participação dos alunos.

3.4.2 Programação de atividades tutoriais por trimestres

De acordo com o plano e o projeto educacional escolar, no início do ano letivo, deve ser elaborada a programação tutorial com a determinação dos objetivos, da metodologia, das atividades e dos recursos, fazendo-se, no final, a avaliação global do programa.

Um aspecto especialmente interessante na programação tutorial é estabelecer por etapas educacionais um guia de objetivos e ações nos diversos cursos. A título de exemplo, reproduzimos alguns modelos de programações que podem servir como orientação para a realização de outras, conforme as necessidades e as intenções educacionais em cada caso.

Quadro 6.3 – Exemplo de PAT em Educação Infantil

Infantil	Alunos	Pais	Professor
Objetivos	› Integrar-se na classe: acolhimento e adaptação; › Adquirir hábitos: sociais, de companheirismo e de participação; › Obter uma atitude positiva para consigo mesmo.	› Continuar fomentando a relação com os pais; › Envolver cada vez mais os pais nas atividades da classe.	› Conseguir maior coordenação de equipe, unificando cada vez mais os critérios; › Atuar em coordenação com o ciclo seguinte.
Atividades	› Apresentação da sala de aula como uma continuidade da casa do aluno; › Jogos de convivência; › Exercícios de autoestima.	› Entrevistas individuais; › Reuniões de grupo; › Participação em atividades.	› Reuniões de ciclo; › Reuniões de nível; › Reuniões com o ciclo de Educação Primária.

(continua)

(Quadro 6.3 – conclusão)

Infantil	Alunos	Pais	Professor
Distribuição no tempo	› Durante todo o ano.	› No começo do ano; › A cada trimestre; › Em saídas, excursões, festas.	› Durante todo o ano; › Em reuniões no início do ano e em cada avaliação; › No final do ciclo e no começo da Educação Primária.
Recursos	› Alunos; › Tutores; › Contribuições da equipe psicológica; › Escolhidos pelos tutores.	› Pais; › Tutores; › Modelos de entrevista; › Modelos de questionários.	› Tutores; › Projeto curricular; › Projeto educacional; › Livros didáticos; › Programação de classe; › Expedientes.
Metodologia	› Participação ativa nos jogos, nos trabalhos e nas responsabilidades; › Coleta de dados familiares e acadêmicos; › Propostas de melhora.	› Reuniões; › Entrevistas; › Participação ativa em sala de aula com opiniões, presença ou recursos materiais.	› Consultas aos projetos educacional e curricular; › Elaboração de programas; › Informes; › Expedientes; › Exposição de critérios para unificar.
Avaliação	› Uma inicial: coleta de dados por meio de uma entrevista familiar. › Observações durante o período de adaptação. › Outra a cada trimestre. › Uma final, correspondente a cada nível. › Avaliação do positivo e do negativo.	› Controlando a frequência dos pais e o grau de envolvimento nas propostas; › Avaliando a preocupação individual pela formação de seus filhos.	› Avaliando se as proposições feitas foram positivas ou negativas, se devem ser reforçadas ou retificadas.

Quadro 6.4 – Exemplo de PAT em Educação Primária

Educação Primária – 1º Ciclo	Alunos	Pais	Professor
Objetivos	› Conhecer uns aos outros; › Facilitar a integração em classe; › Adquirir hábitos de comportamento e trabalho.	› Fomentar o relacionamento com as famílias.	› Reunir critérios sobre objetivos, atividades e materiais a utilizar; › Atuar em coordenação com o ciclo seguinte.
Atividades	› Apresentação do tutor e dos alunos; › Jogos; › Confecção de cartaz com normas de comportamento; › Manutenção da ordem e da limpeza no trabalho.	› Reuniões e entrevistas preparadas pela equipe de ciclo; › Participação em atividades propostas pelo tutor.	› Reuniões de ciclo; › Reuniões dos professores do ciclo com os professores do ciclo seguinte.
Distribuição no tempo	› Segunda quinzena de setembro; › Todo o ano.	› No começo do ano; › A cada trimestre; › Em entrevistas individuais.	› Durante todo o ano; › Último mês do ano e primeiro do seguinte.
Recursos	› Jogos de apresentação; › Alunos; › Professor; › Jogos e material para sua realização; › Cartaz; › Proposta de trabalho; › Cadernos.	› Modelos de entrevista; › Modelos para confeccionar as reuniões; › Pais; › Tutor; › Alunos.	› Tutores; › Livros didáticos; › Projeto curricular; › Programação de aula; › Tutores dos dois ciclos; › Informes; › Expedientes.
Metodologia	› Facilitação da integração no grupo; › Participação ativa; › Jogos.	› Entrevistas individuais; › Reuniões gerais com o grupo; › Participação em festas, atividades extracurriculares.	› Debate entre tutores.

(continua)

(Quadro 6.4 – conclusão)

Educação Primária – 1º Ciclo	Alunos	Pais	Professor
Avaliação	› Coleta de dados por meio da observação.	› Atas de reuniões: assistência, interesse, responsabilidade	› Avaliação dos objetivos propostos; › Discussão das atividades realizadas; › Avaliação das reuniões; › Ata de reunião.

Quadro 6.5 – Exemplo de programação trimestral de atividades de tutoria (I)

Curso: 3º ESO	Título da Sessão: "Integração educacional dos estudantes"	1º trimestre	Data:	Primeira sessão

OBJETIVOS
1. Fazer com que os alunos se conheçam entre si; 2. Obter uma primeira aceitação no grupo; 3. Analisar os sentimentos de cada membro perante o grupo; 4. Obter um clima positivo em classe.
ATIVIDADES
› Elaborar conjuntamente uma série de normas; › Realizar trabalhos em equipe; › Compartilhar a tomada de decisões sobre os objetivos e os valores do grupo; › Diagnosticar e analisar, tutor e alunos conjuntamente, as dificuldades para se relacionar; › Realizar uma avaliação conjunta dos recursos que cada membro pode oferecer para um ambiente favorável; › Responder ao questionário "Meus sentimentos em relação ao grupo".
METODOLOGIA
› Favorecimento do conhecimento mútuo, de atitudes de confiança, aceitação e compreensão mútuas. Os pontos de reflexão podem centrar-se na discussão e análise em grupo sobre cada aspecto apontado. O professor pede aos alunos que escrevam em uma folha qualidades e defeitos pessoais que julgam ter. Posteriormente, faz-se um debate. › Emprego de técnicas de grupo (*role-playing*, Phillips 6/6, estudos de caso, técnica do rumor etc.) para resolver diferenças.

(continua)

(Quadro 6.5 – conclusão)

Curso: 3º ESO	Título da Sessão: "Integração educacional dos estudantes"	1º trimestre	Data:	Primeira sessão
› Entrevistas com os alunos que apresentam mais dificuldades de integração ao grupo. ‹br› › Aplicação de técnicas sociométricas. ‹br› › Trabalho em pequeno grupo (5 ou 6 pessoas) após a resposta pessoal ao questionário. Pede-se que respondam a algumas questões. Mais tarde, faz-se um debate.					

RECURSOS
› Testes sociométricos;
› Papel;
› Fotocopiadora;
› "Escala de avaliação do clima de grupo".
AVALIAÇÃO DA SESSÃO

Quadro 6.6 – Exemplo de programação trimestral de atividades de tutoria (II)

Curso: Bacharelado	Título da sessão: "A educação em valores"	1º trimestre	Data:	Segunda sessão

OBJETIVOS
1. Alcançar o conhecimento pessoal e dos outros;
2. Estabelecer valores comuns como metas da educação;
3. Descobrir as possibilidades dos valores;
4. Melhorar as relações interpessoais;
5. Obter uma melhora na aceitação pessoal e dos outros.

(continua)

(Quadro 6.6 – conclusão)

Curso: Bacharelado	Título da sessão: "A educação em valores"	1º trimestre	Data:	Segunda sessão

ATIVIDADES

› Proporcionar aos alunos oportunidades para uma ação pessoal e social baseada em seus valores;
› Selecionar um tema, unidade, problema ou assunto da matéria que vai ser trabalhada e anotar os fatos importantes que se deseja que os alunos conheçam ou aprendam;
› Desenvolver perguntas que permitam ao estudante relacionar os fatos e os conceitos com sua própria experiência pessoal;
› Apresentar uma série de frases que os alunos devem completar ("frases inconclusas");
› Favorecer condutas alternativas contrárias à rejeição dos valores. Para isso, pedir aos alunos que em uma folha enumerem uma série de atividades (esportivas, teatrais, excursões etc.);
› Propor atividades relacionadas com a tomada de decisões de seleção e aceitação de valores;
› Desenvolver uma lista de perguntas ou atividades que requeiram que o estudante faça algumas afirmações avaliadoras ou que tome posição acerca de algum problema de valores relacionado com o tema.

METODOLOGIA

› "Discussão de dilemas morais", método em que se parte da discussão de um conflito moral (hipotético ou real) e se exige a busca de novas soluções, o que faz progredir o juízo moral.
› Técnica de discussão baseada na ideia de que o desenvolvimento moral pode ser promovido mediante interações com os iguais. Nessas discussões entre iguais, sem líderes, o objetivo é a construção cooperativa de resoluções e a conciliação de diferenças.
› Técnica de análise e construção conceitual, que tem por objetivo introduzir termos com uma elevada carga moral para que sejam compreendidos em profundidade. Seguem-se os três passos seguintes: a) explicação do termo; b) identificação: funcionamento em casos problemáticos; c) modelo: exemplos característicos em que se usam valores ou conceitos similares e valores ou conceitos opostos.
› Estudo de casos, com o que se pretende que os participantes discutam e proponham soluções para uma situação problemática.
› Técnica de tomada de decisões. O processo passa pelas seguintes fases: a) definição do problema; b) identificação de alternativas; c) esclarecimento de valores; d) coleta e exploração de informação; e) avaliação de alternativas; f) planejamento experimental; g) acompanhamento.

RECURSOS

› Lista com "frases inconclusas";
› Papel e recortes de jornal;
› Fotocopiadora.

AVALIAÇÃO DA SESSÃO

Quadro 6.7 – Exemplo de programação trimestral de atividades de tutoria (III)

Curso: Bacharelado	Título da sessão: "Técnicas de estudo"	1º trimestre	Data:	Terceira sessão
OBJETIVOS				
1. Conseguir a melhora na organização do estudo;				
2. Dominar as estratégias de aprendizagem em sala de aula, como ler um livro didático, fazer anotações em classe, destacar e resumir um texto.				
ATIVIDADES				
› Confeccionar e cumprir um horário de estudo;				
› Adotar posturas que não sejam cansativas e que permitam certo nível de atividade e dedicação ao estudo;				
› Tirar pequenos períodos de descanso a cada certo tempo de estudo;				
› Consultar dicionários ou livros em caso de necessidade;				
› Anotar o que não se entende para perguntar ao professor ou aos colegas;				
› Estudar em grupo somente quando já houver feito o estudo pessoal e caso tenha dúvidas a esclarecer;				
› Determinar o lugar de estudo e o tempo que vai lhe dedicar;				
› Ler o título, o índice, o prólogo, a introdução ou outros dados do autor que indiquem a quem se dirige o texto, qual é sua formação etc.;				
› Ler o início e o final de algum capítulo de um livro para ver se as expectativas previstas são atendidas;				
› Ler rapidamente, por cima, para ver se o que o livro propõe nos interessa ou é útil;				
› Ler devagar, destacar ou fazer anotações ou até fazer pequenas anotações à margem;				
› Anotar data, matéria e professor, para poder reunir e organizar melhor as anotações;				
› Escrever apenas as questões importantes (o que o professor indica, o que escreve na lousa, as definições, o que mais se repete etc.);				
› Escrever com letra legível e deixar espaços em branco;				
› Repassar as anotações o quanto antes;				
› Destacar as definições e o que considera mais importante;				
› Destacar com cores os termos mais importantes;				
› Organizar e distribuir as ideias de forma lógica;				
› Construir várias frases ligando as palavras mais importantes para que incluam o sentido do texto;				
› Fazer um resumo com as últimas frases.				

(continua)

(Quadro 6.7 – conclusão)

Curso: Bacharelado	Título da sessão: "Técnicas de estudo"	1º trimestre	Data:	Terceira sessão

METODOLOGIA
› Como ponto de partida, fazer uma sensibilização sobre o tema. Podem ser debatidos os seguintes aspectos: sentido que cada aluno dá ao estudo, necessidade de utilizar técnicas que possam ajudar a tornar o estudo mais eficaz, análise de algumas causas que incidem no baixo rendimento escolar etc.   › Confeccionar seu horário em função das horas em que mais rende e gosta de estudar. Nesse horário, as matérias devem ocupar um número de horas proporcional à sua importância e à dificuldade pessoal do aluno.   › Para a prática de leitura, recomenda-se que a vista "varra" uma área extensa, e não que vá palavra por palavra.   › Para fazer um esquema, sugere-se ler previamente e destacar os pontos importantes. Depois de ler e destacar, fazer um esquema seguindo os pontos destacados. Depois de fazer o esquema e sabendo que o compreende, confeccionar um resumo. Depois, passar esse resumo para uma ficha ou um caderno, que será de grande ajuda nas avaliações.   › De acordo com a metodologia ativa, convém considerar a atenção individual aos alunos que necessitarem.   › Apresentar métodos que incluam sistemas para melhorar a organização no estudo, leitura de livros, técnicas de destaque, síntese e esquemas.
RECURSOS
› Questionários sobre técnicas de estudo (Pozar, 1983); questionário para a preparação do seminário sobre técnicas de estudo (Fernández, 1991, p. 136); questionário de técnicas e hábitos de estudo (Salas, 1993, p. 20-27); questionário sobre planejamento do estudo (Rodríguez *et al.*, 1993, p. 327-329);   › Material de trabalho para a melhora das técnicas de estudo;   › Diversos livros de leitura próprios do nível educacional;   › Fotocopiadora.

AVALIAÇÃO
 O que avaliar
   a. Na escola:
     › A atitude, o interesse e a participação do professorado e dos pais quanto à atividade.
   b. Nos alunos:
     › Grau de interesse e participação;
     › Uso das técnicas;
     › Autoavaliação sobre os hábitos adquiridos;
     › Grau de satisfação.
 Como avaliar
     › O modo mais simples pode ser por meio de um questionário ou prova objetiva aplicada paralelamente aos pais, aos professores e aos alunos.
     › Uma sessão conjunta destinada a avaliar qualitativamente a sessão será mais rica e interessante.
 Quando avaliar
     › No começo, para conhecer a situação inicial;
     › No fim da sessão, para verificar as mudanças que ocorreram em função dos objetivos propostos.

Quadro 6.8 – Exemplo de programação trimestral de atividades de tutoria (IV)

Curso: Bacharelado	Título da sessão: "Reunião de avaliação"	1º trimestre	Data:	Quarta sessão
OBJETIVOS				
1. Analisar os resultados globais da avaliação; 2. Estudar casos particulares.				
ATIVIDADES				
› Informar (tutor) aos alunos seu rendimento acadêmico; › Informar (cada professor) sobre o andamento de cada matéria; › Fazer sugestões para melhorar o rendimento da classe; › Fazer uma análise dos alunos com dificuldades de rendimento, estudando as possíveis causas do problema; › Confeccionar um estudo dos resultados da primeira avaliação para informar ao chefe de estudos e ao coordenador do Departamento de Orientação.				
METODOLOGIA				
› O tutor determina o tema que o grupo/classe vai tratar e a metodologia que vai ser aplicada. Com base nisso, cada aluno conta com um questionário que serve de base para avaliar o rendimento do grupo/classe. As perguntas do questionário fazem referência à: a) análise e avaliação do rendimento e b) proposta de melhora. › Aplica-se um Phillips 6/6 para chegar a conclusões em pequenos grupos sobre a resposta dada aos questionários. › Constitui-se uma assembleia de classe. O moderador abre um debate sobre os temas tratados nos grupos, unificam-se as intervenções e recolhem-se sugestões para levá-las à junta de avaliação. Posteriormente, elabora-se um relatório que reúne os acordos selados para apresentar na reunião de avaliação. › Os professores realizam uma assembleia para tratar dos seguintes pontos: análise dos resultados acadêmicos e causas da situação do grupo (em relação aos conteúdos desenvolvidos, à metodologia empregada e ao ambiente da classe diante das matérias). Apresentam opções de melhora para a próxima avaliação. › O tutor reúne e organiza os dados correspondentes ao grupo com base nos questionários feitos pelos alunos. A seguir, elabora um estudo e a estatística dos resultados acadêmicos dos alunos, tanto em nível grupal quanto individual. Também determina os casos individuais que convém analisar na junta.				
RECURSOS				
› Questionário de avaliação.				

(continua)

(Quadro 6.8 – conclusão)

Curso: Bacharelado	Título da sessão: "Reunião de avaliação"	1º trimestre	Data:	Quarta sessão
AVALIAÇÃO ⟩ Grau de cumprimento e assistência às reuniões; ⟩ Resposta à folha-resumo da avaliação; ⟩ Nível de compromisso por parte de todos para a melhora dos resultados acadêmicos para a segunda avaliação.				

4. Resumo

Em resumo, para elaborar um PAT, deve-se considerar que:

› É uma resposta sistemática e intencional que uma escola desenvolve para aplicar a orientação educacional, por meio de atividades planejadas e orientadas com base em metas e necessidades educacionais.

› A ação tutorial tem como finalidade atender aos aspectos do desenvolvimento, do amadurecimento e da aprendizagem dos alunos considerados individualmente ou como grupo.

› Entre as características de um PAT temos a necessária adequação ao contexto em que se implanta; o caráter funcional e operativo para que seja eficaz, com base em um enfoque de trabalho em equipe; a proposta de atividades em função dos objetivos; o desenvolvimento de um sistema de avaliação contínua para a melhora do próprio plano; o favorecimento da melhora de relacionamento entre os membros da comunidade educacional.

› A elaboração de um PAT requer, como fase prévia, um trabalho de sensibilização, motivação e reflexão.

› As fases de um programa de ação tutorial são: avaliação de necessidades, programação, implementação e avaliação.

› A avaliação de necessidades é feita mediante a análise do contexto e posterior seleção e priorização de necessidades.

› A programação abrange os objetivos do programa, os destinatários, a metodologia, os recursos, a disponibilidade de tempo e o custo.

› A implementação é a aplicação do programa mediante a realização das atividades.
› A avaliação do programa fornece informação para sua própria melhora.
› A programação de atividades tutoriais pode ser feita por objetivos, em relação à equipe de professores; pode ter caráter geral, em relação a um curso acadêmico etc.

5. Referências

ALBALADEJO, J. J. (1992): *La acción tutorial*. Alicante: Disgrafos.

COLLISON, B. B. (1982): "Needs assessment for guidance program planning: procedure. *School Counselor"*, 30, 115-121.

FERNÁNDEZ, P. (1991): *Las funciones del tutor*. Madrid: Castalia/MEC.

GALVE, J. L. y GARCÍA, E. M. (1992): *La acción tutorial en la enseñanza no universitaria (3 a 18 años)*. Madrid: Cepe.

GARCÍA, J. D. (1995): "La evaluación de programas en la acción tutorial". *Tutoría y Evaluación*. Barcelona: Cedecs, 185-188.

GARCÍA, R. J. y otros (1993): *Orientación y tutoría en la Educación Secundaria: estrategias de planificación y cambio*. Zaragoza: Edelvives.

GYSBERS, N. y HENDERSON, P. (1988): *Developing and managing your school guidance program*. Alexandria, VA: American Association for Conunseling and Development.

GYSBERS, N. y MOORE, E. (1981): *Improving Guidance programs*. Englewood Cliffs, N. J.: Prentice-Hall.

HAYS, D. G. (1977): "Responsible freedom for the school counsellor". *School Counselor*, 20, 93-102.

ISUS, S. (1990): "Modelo de valoración de necesidades en COU". *Revista Investigación Educativa*, 16 (8), 205-209.

KAUFMAN, R. (1982): *Identifying and solving problems: a system approach*. San Diego: University Associates.

LAFOURCADE, P. (1985): *Evaluación de los aprendizajes*. Madrid: Cincel.

LÁZARO, A. y ASENSI, J. (1989): *Manual de orientación escolar y tutoría*. Madrid: Narcea.

MONTANÉ, J. y MARTÍNEZ, M. (1994): *La orientación escolar en la Educación Secundaria*. Barcelona: PPU.

ORTEGA, M. A. (1994): *La tutoría en Secundaria Obligatoria y Bachillerato*. Madrid: Popular-Fuhem.

POZAR, F. F. (1983): *IHE (Inventario de hábitos de estudio)*. Madrid: TEA.

RODRÍGUEZ, M. L. (1991): *Orientación educativa*. Barcelona: Ceac.

RODRÍGUEZ, S. y otros (1993): *Teoría y práctica de la orientación educativa*. Barcelona: PPU.

SALAS, M. (1983): *Técnicas de estudio para enseñanzas medias y universidad*. Madrid: Alianza.

SÁNCHEZ, S. (1993): *La tutoría en los centros docentes*. Madrid: Escuela Española.

SANZ, R. (1990): *Evaluación de programa de orientación educativa*. Madrid: Pirámide.

STUFFLEBEAM, D. L. y otros (1971): *Educational evaluation and decision making*. Itasca, Il: Peacock.

TEJEDOR, F. J. (1990): "Perspectivas metodológicas del diagnóstico y evaluación de necesidades en el ámbito educativo". *Revista Investigación Educativa*, 16 (8), 15-37.

TRUMP, J. L. (1975): "Illustrative models for evaluating school programs". *Journal of Research and Development in Education*, 8, 16-31.

TUCKER, K. D. (1974): *A model for community needs assessment*. Report to Central Florida Community Colleges Consortium. Institute of Higher Education, University of Florida, Gainesville.

VIANA, T. (1991): *El profesor-tutor: consideraciones para mejorar la acción tutorial*. Valencia: Blázquez Ediciones.

WITKIN, B. R. (1978): *Before you do a needs assessment: important first questions*. Office of the Alameda Country Superintendent of Schools, Hayward, California.

WITKIN, B. R. (1979): *Model of cyclical needs assessment for management information system*. ESEA. California: Saratoga High School.

Os papéis utilizados neste livro, certificados por instituições ambientais competentes, são recicláveis, provenientes de fontes renováveis e, portanto, um meio responsável e natural de informação e conhecimento.

FSC
www.fsc.org
MISTO
Papel produzido a partir de fontes responsáveis
FSC® C103535

Impressão: Reproset
Fevereiro/2023